State
Capacity
Studies

国家能力研究：
理论、视域与实证

Theory,
Perspective
and Empirical Evidence

谢宜泽 ◎ 著

天津出版传媒集团

天津人民出版社

图书在版编目（CIP）数据

国家能力研究：理论、视域与实证 / 谢宜泽著. ——
天津 ： 天津人民出版社，2023.3
ISBN 978-7-201-19104-1

Ⅰ. ①国… Ⅱ. ①谢… Ⅲ. ①国家—行政管理—研究
—中国 Ⅳ. ①D630.1

中国国家版本馆CIP数据核字(2023)第 007803 号

国家能力研究：理论、视域与实证
GUOJIA NENGLI YANJIU：LILUN、SHIYU YU SHIZHENG

出 版	天津人民出版社	
出 版 人	刘 庆	
地 址	天津市和平区西康路 35 号康岳大厦	
邮政编码	300051	
邮购电话	(022)23332469	
电子信箱	reader@tjrmcbs.com	

责任编辑	佐 拉
装帧设计	汤 磊

印 刷	天津新华印务有限公司
经 销	新华书店
开 本	710 毫米×1000 毫米 1/16
印 张	17
插 页	2
字 数	200 千字
版次印次	2023 年 3 月第 1 版 2023 年 3 月第 1 次印刷
定 价	89.00 元

前　言

　　风起于青萍之末,而浪成于微澜之间。关于国家能力的研究,当初仅源于一个不甚成熟的偶然观察,即西方经济学主流理论普遍宣称,自由贸易可以优化资源配置、提高社会福利、实现互利共赢,但是2008年国际金融危机之后,部分西方发达国家却持续地掀起逆经济全球化和贸易保护主义、单边主义风潮,其中最激烈的表现当属在中国改革开放四十周年之际,作为世界第一大经济体的美国主动挑起对华贸易战并将其升级为科技战乃至金融战。听其言而观其行。为什么西方美妙的理论与它们实际的行动之间存在如此巨大的反差? 其深层次的原因无疑是错综复杂的,而将之与国家能力产生思维的勾连,则是在2019年底,当时党的十九届四中全会作出了坚持和完善中国特色社会主义制度、推进国家治理体系和治理能力现代化若干重大问题的决定,国家治理及其更基础的国家能力理论一时间成为学术界的热门话题。这让我隐约地感觉到,国际自由贸易既有互补性也有竞争性,而无论是互补性的国际贸易抑或竞争性的国际贸易,它背后均需要强大的国家能力作为支撑,可谓任何国家间的较量都是国家能力的外部延伸,国家竞争的关键在于国家能力的竞争,而以中美贸易摩擦为表征的东西方较量可能是作为慢变量的国家能力正在悄无声息地发生作用。这或许是一个再简单不过的道理，但却常被人们所遗忘。

正当我兴致盎然地计划开展实证研究以验证上述猜想时，却发现自己误入了"国家能力的丛林"。尤其是随着文献阅读的拓展与思考的不断深入，我逐渐发现，作为潜变量的国家能力其实并不是某种单一的能力称谓，而是一束由众多能力所组成的能力簇。而且由于不同学者的切入视角不同，国家能力簇的构成元素也不尽相同，故而无论是国家能力的概念、类型，还是国家能力的测度、结构，都处于众说纷纭的混乱局面，犹如一片盘根错节的知识丛林，让人置身其中莫衷一是、无所适从。当然，并非每一位研究者都必须清晰地知晓国家能力丛林的全貌才有资格采撷某一棵国家能力之树的果实，全然不顾繁盛茂密的国家能力森林而只钟情于某一种或某几种感兴趣的国家能力进行深入探讨亦未尝不可。不过，若要全面系统地了解国家能力，尚需一步一个脚印地从国家能力的基础研究做起。本着一探国家能力丛林究竟的好奇，我开启了不平坦的国家能力研究之旅，然后在无数个纠结的日夜中，跟跟跄跄地完成了此书，算作是对自己过去一段时间粗浅思考的一个交待与总结。

围绕着国家能力理论，拙著主要分为三大部分，即理论篇、视域篇和实证篇。其中，理论篇包括四章，主要聚焦国家能力研究的基础问题，探讨了国家能力的概念定义、类型维度、测度方式、层次结构以及作为国家能力具体表现的新型举国体制；视域篇包括三章，主要聚焦国家建构与国家发展的能力之维，基于国家能力的独特视角，重新审视中国共产党对当代中国国家建构的角色担当、中华民族伟大复兴的历史进程，以及美国率先挑起对华贸易战的内在原因；实证篇也涵盖了三章，主要聚焦国家能力的潜在作用与现实影响，从定量层面深入探讨了国家能力与经济全球化的关系，验证基础性国家能力之于主权国家尤其是发展中国家有效参与全球贸易体系的重要意义。

在理论层面,拙著为认识国家能力的层次结构提供了一个新的分析框架。基于国家发展的视角,借鉴需求层次划分方法,将国家所有努力的动机归结为生存、发展、超越三个方面,然后再将众说纷纭、体系混乱的国家能力类型梳理归纳为彼此共存、相互支撑、循序渐进、依次主导的三个层次:基础型国家能力、发展型国家能力和引领型国家能力,这为全景式地认识国家能力的内在结构塑造了一个框架,从而为推动国家能力研究的深入开展奠定了基础。

在视域层面,拙著为理解民族复兴的历史逻辑提供了一个新的叙事思路。关于民族复兴的历史叙事,主流话语通常将其艰辛过程生动地形容为"站起来""富起来"和"强起来"。然而换一个角度思考,在三次飞跃的明线叙事逻辑背后,支撑的暗线则是国家能力的形塑与演进。综观 1840 年以来尤其是新中国成立之后的复兴之路,可以发现,国家能力变化是综合国力变化的基础,综合国力提升是强大国家能力的结果。关于当代中国国家能力的产生源泉,与西方主流的社会中心论、国家中心论不同,政党中心论更符合历史逻辑,党领导人民进行国家建设已然成为当代中国国家成长的基本形态。在中华民族从低谷走向复苏继而走向胜利的奋斗征程中,中国共产党发挥了中流砥柱的作用,重塑了当代中国的国家自主性、国家汲取能力和国家强制能力,并将国家能力建构推进至国家治理能力现代化的崭新境界,成为国家能力提升最关键的变量。

在实证层面,拙著为探讨国家自主与经济开放的关系提供了一种新的可能。谈及国家自主与经济开放的关系,全球主义范式和国家主义范式存在两种截然相反的观点。全球主义范式认为,在经济全球化时代,全球主义和地方主义分别在外部和内部削弱国家主权,故而国家能力越强,经济一体化和贸易自由化越不可能。与之相反地,国家主义范式认为,主权国家不是经济全球化的牺牲者而是推动者,不只是被动地适应经济全球化的冲击,还可以主动地反作用于经济全球化。全球主义范式和国家主义范式的交锋主要是观念之争，现实世界是否真的如此，却仍有待于实证检验。为此，运用分层线性模型、中介效应模型和面板固定效应模型等实证方法，拙著定量分析了国家能力对国际贸易的影响，从而将国家自主和经济开放关系的范式争论转化为可证伪的具体问题争论。

此书的主体内容来自笔者在清华大学公共管理学院攻读博士学位时的博士论文，还有部分内容来自与博士导师以及其他合作者共同发表的论文。

在此，特别感谢我的授业恩师胡鞍钢教授，以及香港中文大学荣休讲座教授、清华大学公共管理学院特聘教授王绍光，他们二位早在20世纪90年代就合作发表了轰动一时的《中国国家能力报告》，入木三分地指出了国家能力建设的重要性，直接为国家的分税制改革提供理论依据，比后来者弗朗西斯·福山更早地、更强烈地意识到国家能力之于国家发展的重要意义。在向二位老师请教的过程中，我受益良多。除此之外，还要感谢清华大学公共管理学院江小涓教授、王亚华教授、杨永恒教授、周绍杰教授、高宇宁副教授、刘生龙副教授，日本名古屋大学薛进军教授、同济大学政治与国际关系学院门洪华教授，以及中山大学政治与公共事务管理学院梁平汉教授等前辈学人，他（她）们在不同场合对我的研究给予过指导、提出过建议、启发过思路。

感谢曾经的清华大学同窗杨雁翔、程文银、向辉、刘波、孙浩、张超、何理、张立等，以及北京大学国际关系学院博士后郭楚、博士生刘宁等好友的热情帮助和支持，感谢复旦大学马克思主义学院后期资助项目的出版经费支持，感谢天津人民出版社以及佐拉女士的精心编辑！

最后，谨以此书献给养育我的父母双亲以及我的爱人郭玉兰女士，感谢他（她）们无私的陪伴、勉励与支持！

目录
CONTENTS

理 论 篇

第一章　国家能力的概念定义与概念辨析

　　国家能力作为一个重要的学术概念,它的研究热度曾随着学术思潮和现实政治的转换几度沉浮。第二次世界大战之后,广受古典政治学关注的国家研究,因美国政治学界行为主义革命的兴起而一度陷入沉寂。当然,由于国家研究的式微,国家能力研究也自然而然地走向低谷。不过好景不长,行为主义革命催生的多元主义、结构功能主义等社会中心论范式并没有一直持续下去。20 世纪 70 年代,一场声势浩大的"找回国家(bringing the state back in)"学术思潮,对持续三十余年的行为主义进行深刻反思之后,将"国家"这个被政治科学技术性肢解的概念重新拉回至政治学研究的舞台中央。作为"回归国家"学派的支柱性概念之一,国家能力一时间成为学术研究的焦点。21 世纪初,由于第三波民主化浪潮和主张"国家最小化"的新自由主义思潮在世界范围内屡遭挫折,以及中国取得世所罕见的经济快速发展和社会长期稳定"两大奇迹",国家能力之于经济发展和社会稳定的重要意义在学术界重新得以重视。

　　20 世纪 90 年代中期,由于分税制改革的兴起,国内学术界曾短暂地爆发了一股国家能力研究的热潮,然而随着热潮的退去,之后便一直不温不火。直至党的十八大之后，党和国家高度重视国家治理体系和治理能力现代化建设，[①]国家能力或国家治理能力才又迅速成为学术界和政策界关注与热议的焦点。根据中国知网进行简单地检索可以发现，1992—2020 年，以"国家能力"或"国家治理能力"为关键词发表的中文学术论文共有 1030 篇，其中，2012 年之后发表的论文达到 922 篇，所占比例为 89.5%；而以二者为主题的中文学术论文更是不胜枚举，累计达到 8559 篇之多，2012 年之后共有 7310 篇，所占比例为 85.4%，2020 年达到 1671 篇的高峰，至今仍旧势头不减。[②] 除了论文发表数量庞大之外，关于国家能力的学术讨论，所涵盖的领域也非常多元。国家能力概念虽然起源于政治学，但随着研究的不断深入，它已经呈现跨学科的属性，广泛分布在政治经济学、政治社会学、公共管理学，甚至法学和历史学等领域，成为诸多学者竞相研究的经典问题。毫无疑问，国家能力已称得上是众多社会科学领域研究的关键命题。

不过，即便国家能力研究开展得如火如荼，呈现一派繁荣景象，但关于到底什么是国家能力，眼下学术界似乎难以形成清晰的共识，尤其是在不同学科广泛介入之后，更是"乱花渐欲迷人眼"，说法五花八门、莫衷一是，令人仿佛置身于"国家能力的丛林"，不由地升起一股无所适从之感。全面把握

---

① 比如，党的十八届三中全会提出："全面深化改革的总目标是完善和发展中国特色社会主义制度，推进国家治理体系和治理能力现代化。"在中华人民共和国成立 70 周年之际，2019 年 10 月末，党的十九届四中全会专门针对"坚持和完善中国特色社会主义制度、推进国家治理体系和治理能力现代化"做出战略部署，要求"到我们党成立一百年时，在各方面制度更加成熟更加定型上取得明显成效；到二〇三五年，各方面制度更加完善，基本实现国家治理体系和治理能力现代化；到新中国成立一百年时，全面实现国家治理体系和治理能力现代化，使中国特色社会主义制度更加巩固、优越性充分展现"。详见《中共中央关于全面深化改革若干重大问题的决定》（二〇一三年十一月十二日中国共产党第十八届中央委员会第三次全体会议通过），《人民日报》，2013 年 11 月 16 日第 1 版；《中共中央关于坚持和完善中国特色社会主义制度 推进国家治理体系和治理能力现代化若干重大问题的决定》（二〇一九年十月三十一日中国共产党第十九届中央委员会第四次全体会议通过），《人民日报》，2019 年 11 月 6 日第 1 版。

② 数据来源于中国知网：https://kns.cnki.net/KNS8/AdvSearch?dbcode = SCDB；访问日期：2021 年 3 月 13 日。

国家能力的概念含义,深入剖析国家能力的内在机理,是所有国家能力研究的重要基础。鉴于此,本章首先对国家能力的概念进行辨析。

第一节 国家能力的概念定义

国家能力作为一个独立概念虽然出现较晚,但是关于国家能力的想象却源远流长。在欧洲文艺复兴和启蒙运动早期思想家提出的一些理想型国家概念当中,许多都暗含了国家能力某些方面的实质性内容。比如,16世纪法国政治思想家让·博丹和意大利政治思想家尼可罗·马基雅维利提出的"主权国家"概念,认为主权是国家的一个基本属性,这便隐含地表达了国家面对外部威胁时必须具备捍卫主权不受侵犯的能力;霍布斯、洛克和卢梭等提出的"契约国家"概念,认为国家是共同契约塑造的产物,它的作用在于帮助人类社会摆脱或者预防弱肉强食、人人自危的自然状态,也即是说,国家必须具备最起码的保护个人生命、财产不受侵犯的能力。到了19世纪,马克思和恩格斯提出了"阶级国家"概念,认为国家是阶级斗争发展到一定阶段的产物,是一个阶级压迫另一个阶级的专制工具,换言之,国家必须具备对内维护阶级统治和镇压另一阶级反抗的能力。马克斯·韦伯在关于国家的经典定义之中,指出国家是在特定疆域内垄断暴力合法使用权的人类共同体。凡此总总,不一而足。无论是"主权国家""契约国家"还是"阶级国家",早期政治思想家普遍倾向于认为国家能力是国家不可分割的天然属性和基本性质(nature),是国家之所以成为国家并区别于其他政治行为体最鲜明的主体特征,它通常指的是国家依靠暴力的垄断地位保卫国家主权、私有产权、阶级统治的能力。

博丹和马基雅维利等早期政治思想家认为不具备基本能力的国家在激

烈的国际竞争中无法生存，国家能力是理所应当地伴随国家而产生。不过，值得注意的是，早期政治思想家们所说的国家主要指的是欧洲早期自发或者自觉形成的原生型国家。对于后发的次生型国家，国家天然地附带强大能力的隐含前提未必成立。第一次世界大战之后，无产阶级的伟大导师列宁和美国总统托马斯·威尔逊先后提出了"民族自决"的国际社会基本原则。① 第二次世界大战之后，随着帝国主义殖民体系的土崩瓦解，民族解放和民族独立运动风起云涌，在亚非拉等地区诞生了一大批新生民族国家。那些民族国家尤其是非洲和拉丁美洲国家绝大多数都没有国家统治的历史，国家的诞生并不与生俱来地拥有国家能力，因此，它们中的许多国家徒具国家之名而无国家之实，无法真正地像一个国家那样实行统治和顺利运转，与传统政治思想家的理想型国家差距甚远。国家之名与国家之实的分离，促使一些政治理论家开始关注国家能力的基本问题，逐渐提出了若干与国家能力相近或类似的概念。比如，哈佛大学著名政治学家塞缪尔·亨廷顿在 1968 年出版的《变化社会中的政治秩序》一书所提到的"有效政府"概念，开宗明义地亮明了其观点："各国之间最重要的政治分野，不在于它们政府的形式，而在于它们政府的有效程度。"②同年，内特尔（Nettl，1968）在一篇名为"作为概念变量的国家"的论文中对"国家性（stateness）"概念所进行的阐释，③虽然没有正式提出国家能力一词，但已经明显触及了国家能力的核心内容，均可谓是当代国家能力研究之滥觞。

正式提出并定义国家能力（state capacity）的学者当属"回归国家"学派。西达·斯考切波（Theda Skocpol）在其参与主编的一本名为"找回国家"的论

---

① 民族自决原则是指在帝国主义殖民统治和奴役下的被压迫民族具有自主决定自己的命运，摆脱殖民统治，建立民族独立国家的权利。

② ［美］塞缪尔·亨廷顿：《变化社会中的政治秩序》（第 1 版），王冠华、刘为等译，上海世纪出版集团，2008 年，第 1 页。

③ See Nettl J. P., The State as a Conceptual Variable, *World Politics*, 1968, 20(4).

文集中,提出了国家能力的概念并对其进行了定义,指出国家能力是国家实现目标之能力,尤其是国家遭遇强势社会集团的现实或潜在反对,或者面临不利社会经济环境时执行政策目标的能力。① 除此之外,比较有代表性的定义还有乔尔·米格代尔(Joel Migdal)基于国家观念和国家实践的二重性,指出国家能力是国家在决定社会生活按何种秩序组织起来的能力,它的本质是对社会的支配和控制能力,包括提取、渗透、规制和分配四个方面。② 在国内学者中,王绍光、胡鞍钢(1993)最早对这一概念进行了定义,二位学者视国家能力为实现国家意志和完成国家任务而动员人力、物力、财力的能力。③ 黄清吉(2013)基于国家－社会、国家－国际两个维度,也对国家能力的含义进行了阐释,指出国家能力是国家从社会积聚资源并将之转化为可资运用的力量,以实施对社会的统治和管理,应对他国竞争和挑战的整体效能。④ 因此国家能力天然地包含国家的统治管理能力和挑战应对能力。最近几年,曾经一度因宣扬历史终结论而名声大噪的日裔美籍学者弗朗西斯·福山(Francis Fukuyama)一改往昔的论调,指出成功地实现现代自由民主制,必须稳定地平衡国家、法治和问责三种制度,⑤逐渐意识到国家能力对于西方现代自由民主的重要意义,并在《国家构建:21 世纪的国家治理与世界秩序》

---

① 参见[美]西达·斯考切波:《找回国家——当前研究的战略分析》,载[美]彼得·埃文斯、[美]迪特里希·鲁施迈耶、[美]西达·斯考切波主编:《找回国家》,方力维、莫宜端、黄琪轩等译,生活·读书·新知三联书店,2009 年,第 10 页。

② 米格代尔所说的国家的双重性是指国家渗透社会的毋庸置疑的能力和在有意图地实施社会变迁上的令人惊讶的脆弱,好比投入池塘的一块巨石,它在池塘的每个角落都泛起了涟漪,却抓不住一条小鱼。另外,在米格代尔的国家能力概念中,国家和社会是一种零和博弈,它们在争夺对社会的控制,因而第三世界绝大部分国家,在他看来是强社会与弱国家的组合。强国家和强社会的可能性直至彼得·埃文斯(Peter Evans)提出"嵌入性自主(embedded autonomy)"的概念之后,才成为可能。详见[美]乔尔·米格代尔《强社会与弱国家——第三世界的国家社会关系及国家能力》,张长东、朱海雷、隋春波等译,江苏人民出版社,2012 年,第 9、17 页。

③ 参见王绍光、胡鞍钢:《中国国家能力报告》,辽宁人民出版社,1993 年,第 2 页。

④ 参见黄清吉:《论国家能力》,中央编译出版社,2013 年,第 25 ~ 29 页。

⑤ 参见[美]弗朗西斯·福山:《政治秩序的起源:从前人类时代到法国大革命》,毛俊杰译,广西师范大学出版社,2014 年,第 20 ~ 21 页。

一书中,基于国家职能和国家能力的维度,指出国家能力是国家职能实现的强度,它包括高效、清廉、透明的政策制定和政策执行能力以及执法能力。

除了上述代表性定义之外,关于"何为国家能力"？不同的学者还存在许多不同的见解,对此,德国赫尔梯行政学院的政治学者露西安娜·辛加拉尼(Luciana Cingolani,2018)专门针对过去近半个世纪的文献进行了梳理和总结(见表1.1)。

表1.1　国家能力的定义一览

作者	国家能力定义
Huntington(1968)	国家能力是组织和程序的持久性(durability)、复杂性(complexity)、适应性(adaptability)、一致性(coherence)和自主性(autonomy)
Tilly(1975)	在西欧国建构过程中,国家性指强制性的国家机器,它可以有效地汲取必要的资源并压制人们对资源汲取的抵抗
Rueschemeyer and Evans(1985)	国家能力是国家干预经济的有效性。有效干预需要有能力的官僚机构和良好配合、协调一致的国家组织
Levi(1988)	国家能力是国家通过增加收入提供集体产品(collective goods)的能力
Evans(1986,1995)	国家能力的核心是嵌入性自主性(embedded autonomy),即在生产结构中行政隔离和一定程度的国家嵌入的组合
Mann(1986,1993)	专断性权力(despotic power),即国家不与社会群体进行例行公事的协商而单方面推行自己意志的权力;基础性权力(infrastructural power),即国家与社会群体协商以贯彻自己意志的权力
Geddes(1996)	执行国家发起的政策的能力取决于征税、强制和对私人行动者形成激励的能力,以及在执行过程中作出有效官僚决策的能力,所有这些能力都有赖于一个有效官僚行政组织的存在
World Bank(1997)	国家能力是有效地进行和促进集体行动的能力
Weiss(1998)	国家能力是制定和实施增加社会可投资盈余的政策能力,或协调产业变革以适应不断变化的国际竞争环境的能力
Centeno(2002)	国家能力是有关政治权威机构执行其意愿和实施政策的能力
Fearon and Laitin(2003)	国家能力是政府的警察和军事能力以及政府机构深入农村地区的能力
Acemoglu et. al(2006,2011)	国家有效性涉及中央权力机构监督官僚机构的能力
Besley and Persson(2007,2008,2009)	强国家能力是指国家对产权和合同的良好执行;国家能力的核心是征收税款以提供公共产品和转移支付

作者	国家能力定义
Soifer(2008)	基础性权力表现在三个方面:国家与其辐射机构(radiating institutions)的关系,中央行政部门的能力,国家领土管辖能力
Scartascini et. al (2008)	政府能力通过公共政策的一系列属性体现出来:稳定性、适应性、连贯性、协调性、政策执行质量、公众关注度和实施效率
Cardenas(2010)	国家能力是国家从公众手中汲取税收收入的能力
Kocher(2010)	强国家具有五个可证伪的特征:集权和统一、征税能力、专业化官僚机构、对政权存在很少约束、强大的军队
DeRouen et. al (2010)	国家能力是国家完成其目标的能力,特别是在面对国家内部行为者抵抗之时
McBride et. al(2011)	国家能力是在外部力量和内部行为体影响之下国家承诺的实现水平
Hamm et. al(2012)	国家能力是基础性权力,即国家渗透至社会并实现其目标的能力
Knutsen(2012)	国家能力是通过一支高效的、遵守规则的官僚队伍对公共政策的成功实施
Krasner and Risse (2014)	国家能力是控制使用武力和执行规章制度的能力
Acemoglu et. al(2015)	国家能力是国家工作人员和机构存在性的概念化
Andrews et. al(2017)	国家能力是政策执行能力
Centeno et. al(2017)	国家能力是国家提供有价值的公共产品的能力,特别是提供秩序、有效经济发展和社会包容的能力

资料来源:Cingolani Luciana, The Role of State Capacity in Development Studies, *Journal of Development Perspectives*, 2018, 2(1−2).

　　以上国家能力定义绝大多数是从具体的研究出发,所阐述的是特定情境之下的国家能力表征,未必具有一般性。如果通过词源学追根溯源,将"国家能力"四字进行拆分,或许会有一些新的发现。"国家能力"一词在字面上可以拆分为"国家"和"能力"两个部分,其中,能力是它的本质属性,换言之,国家能力归根结底是能力的一种;当然,它又是一种特殊的能力,关键在于其拥有者和实施者是一种特殊的主体,即处于合法垄断暴力地位的国家。因此,国家能力涉及"国家"和"能力"两个不同的概念。

　　首先,关于什么是国家。目前学术界众说纷纭,根据不同的视角,通常有两种理解：一种是"韦伯－欣策式"国家，认为国家是能动的自主性行为体；另一种是"托克维尔式"国家，认为国家是一套对社会行为体施加约束的制度结构。关于两种理解的选择，田野（2013）指出，或将国家视为一种行为体，或将国家视为一套制度结构，二者必选其一，在同一个问题上，国家不可能既是一种行为体，又是一套制度结构。[①]

那么，国家能力的"国家"应当如何理解更为合适？笔者认为，只有将国家视为自主性行为体，国家能力才是可解释的，理由在于，国家制度虽然可以按照国家意愿约束社会行为体或让个人"不做什么"，但是却无法要求社会行为体或原子化个人按照国家意愿"去做什么"。换言之，作为制度结构的国家，可以规范社会或个人的意志，却无法表达自身独特的意志，国家能力只能被动地显现出来，却不能主动地表达出来，然而被动显现的国家能力是不完整的，是保守的，它无法展示国家能力的全部内容以及解释国家能力的能力从何而来的基本问题。至于更深入的层面，比如，哪一种角色才能够承担或者才有资格代表国家成为自主性行为体？有的观点认为是国家元首或政府首脑；有的观点认为是中央政府；也有的观点认为统治阶级是国家能力的终极主体，但同时统治阶级又是通过其掌握的国家机关或者委托国家机关来行使国家权力、统治和管理社会，因而国家机关是国家能力的现实主体（黄宝玖，2004）。[②]

总而言之，尚无定论，如果考虑现实世界各个国家政体类型的复杂程度，对此问题更是无从达成共识。所以，关于"谁能代表国家"这样的问题，它应当在具体的环境中给予回答，若抽象地追求统一答案，注定是无解的，而且它并不会因为争论的加剧而消弭或缩小分歧，比较现实的做法是放弃

---

① 参见田野：《探寻国家自主性的微观基础——理性选择视角下的概念反思与重构》，《欧洲研究》，2013 年第 1 期。

② 参见黄宝玖：《国家能力：涵义、特征与结构分析》，《政治学研究》，2004 年第 4 期。

无限还原的方法论,以虚拟的国家作为自主性行为体的统称。

其次,关于什么是能力。能力是一个生活常用但又混淆不清的概念,在英文语境中,ability、capability、capacity 等词都含有"能力"之意,它们的区别比较模糊,都可以用于表示一个人(动物)完成某个动作的能力,因此除了一些固定用法之外,它们在很多场合都可以相互替代。当然细究起来,根据英文语言习惯,它们还是存在细微差别。其中,ability 的用法最广,可以表示一切体力的或脑力的、先天获得的或后天习得的能力。capability 与 ability 的意思非常相近,通常表示为了实现某一特定目标的具体能力。它与 ability 的不同点在于,capability 通常表示能力的极限(extremes of ability)。根据牛津词典的解释,capacity 则意为领悟、理解或办事的能力(ability),[1]它通常表示先天的、潜在的能力;除此之外,capacity 还通常与体积、容量和数量等计量单位相关,表示对能力的一种度量,比如工厂的生产能力、汽车的机油装载能力等,这也是 capacity 区别于 ability 和 capability 的特殊用法。国家能力作为一个学术舶来词,它对应的英文原生词是 state capacity,因此归根结底仍属于 capacity 的一种。换言之,在英文语境中,国家之能力实际上是对国家行为体先天的或潜在的能力的一种度量或评价。在中文语境中,根据《现代汉语词典》的解释,能力是指"能胜任某项工作或事务的主观条件"[2]。

概言之,能力是完成某个目标必不可少的条件,从实证的角度来看,它总是和特定的主体完成一定的实践相联系,总是体现在一定的过程和完成的绩效之中。所以严格地讲,能力必须经过现实和实践的检验,脱离了具体的实践,能力便无法表现,人们也就无法评判和比较它的效果,从而也不被

---

[1]　The ability to understand or to do sth. Ability 指已经表现出来的实际能力。详见[英]霍恩比:《牛津高阶英汉双解词典》(第 8 版),赵翠莲等译,商务印书馆,2014 年,第 289 页。

[2]　中国社会科学院语言研究所词典编辑室编:《现代汉语词典》(第 7 版),商务印书馆,2016年,第 947 页。

人们所知晓,更无法被人们所测度。但是通常人们又默认能力具有相对稳定、相互关联、相互转化等特征,也即是能力是一个慢变量,它的变化是相对缓慢的,尤其是对于成熟的行为主体而言,其能力一旦形成之后,在短时间内的变化幅度不会太大;除此之外,不同的能力相互之间也具有一定的关联性甚至可以相互转化,由此意味着如果某一行为体在甲方面具有较强的能力,那么在与之相关的乙方面能力也不可能太弱,而且通过一定的形式,甲方面的能力可以在较短的时间内转化为乙方面的能力。依据能力的以上特征,能力可以是隐而不显的,但是人们可以根据同一主体的过去表现或者其他表现由远及近、由此及彼地感知、推测进而评判它潜在能力的高低。因此,国家能力是作为自主性行为体的国家完成特定任务必不可少的条件,它不是空泛的、脱离对象孤立存在的,而总是和国家的具体实践有关。同时,国家能力既可以在完成特定任务的过程中显现,也可以凭借国家过往实践或平时的表现进行合理推断。

面对纷繁复杂的国家能力定义,孙兴杰(2016)曾将它们归为两类:一曰意志论,即强调国家能力是国家实现其意志的程度;二曰互动论,即强调国家不是社会的仕婢,社会也不是国家掠夺的对象,二者各自拥有相对独立的活动空间,国家能力源自国家与社会的相互关系,表现为国家和社会持续地、良性地互动。① 如上文针对“韦伯－欣策式”国家和“托克维尔式”国家的比较,似乎意志论更符合国家能力的本意。其原因在于,唯有将国家抽象的拟人化,才可想象能力的存在,而国家和社会的互动关系严格意义上似乎无法构成一种能力,它本身无法形成一种动力源泉。当然,诚如互动论所言,和谐的而非零和的国家社会关系有利于国家能力更加持续地发展,也更有利于国家能力顺畅地实现。因此,意志论更可反映国家能力的本质,互动

---

① 参见孙兴杰:《国家能力论纲》,《社会科学战线》,2016 年第 1 期。

论应当理解为对意志论国家能力的补充,是对国家和社会关系的一种规范性认识或称之为理性的期待。

综合前人定义、词源分析和形成过程,关于国家能力的概念,一个总的判断是,在抽象层面,国家能力可被视为是作为自主性行为体的国家为实现其意志和完成其任务而调配社会资源的能力,其中国家是能动主体,实现国家意志或完成国家任务是目的,调配或动员是手段,社会资源是客体。能力的显现关键在于手段的有效程度,而有效程度的衡量标准在于实际效果与国家意志是否匹配。由于国家意志的主张通常在对抗和冲突的逆境中可以被更清晰地识别,因此国家能力一般在国家意志和社会意愿相违的特殊时刻表现的更为强烈。不过基于共同的愿景或国家的有效宣传,形成国家意志与社会意愿相吻合时,国家目标的完成通常是国家与社会的合力所致,而难以严格区分国家与社会的功劳大小,但是如前文所述,由于国家能力的形成一般源自历史的内生演化或理性的制度选择和偶然的外部干预,它具有相对的稳定性,因此国家能力的强弱也可根据细节和过往加以合理的推测。

在具体层面,国家能力不存在统一的定义,它因具体的实践场域不同而有所区别。究其原因,关键在于国家能力概念所涉及的主体、客体、目的和手段均极具开放性和复杂性,以至于它们在现实世界没有固定的对应物,只能在不同的时间、地点、场景不断地变换指代词。在应对国际挑战时,作为自主性行为体的国家通常是整体意义的国家;在处理央地关系时,作为自主性行为体的国家则是中央政府。面对国家、市场、社会的关系,作为自主性行为体的国家可以是具体的监管部门、调控部门抑或仅如邮局一样象征国家的普通机构。除此之外,在不同的情境,国家意志和国家任务也同样千差万别;而国家所调配的社会资源则既可能是人力,也可能是物力和财力,至于作为手段的调配,完全可能是强制的,也可能是有偿的或社会自愿配合的。

第二节　国家能力的概念比较

在社会科学的学术话语体系中，与国家相关的概念是一个庞大的理论谱系，比如综合国力、国家自主性、国家权力、国家职能、国家意志、国家治理能力等，国家能力概念与它们之间既有联系也有区别，若不加以区分，往往容易让人张冠李戴，因此，为了更深入地理解国家能力的内涵，实有必要对它们进行一番甄别。

一、综合国力和国家能力

在所有与国家能力相关的概念中，最容易与之产生混淆的当属综合国力（comprehensive national strength）。关于综合国力，绝大多数学者认为它是一个加总的概念，具有可加总的性质，综合国力及其各个组成部分是整体与局部的关系，它的各个组成部分可以化为同一单位进行运算。比如，国内早期研究综合国力的学者黄硕风（2006）认为，综合国力是一个主权国家生存与发展所拥有的全部实力（物质力和精神力）及国际影响力的总和力。[1] 胡鞍钢等（2015）认为综合国力一般指的是各类国家战略资源之总和，它在构成要素方面包括经济资源、人力资源、自然资源、资本资源、知识技术资源、政府资源、军事资源、国际资源八大类资源。[2] 在综合国力的构成要素当中，

---

[1]　参见黄硕风：《大国较量——世界主要国家综合国力国际比较》，世界知识出版社，2006 年，第 18 页。

[2]　参见胡鞍钢、郑云峰、高宇宁：《对中美综合国力的评估（1990—2013 年）》，《清华大学学报（哲学社会科学版）》，2015 年第 1 期。

现实主义国际关系理论奠基人汉斯·摩根索(Hans Morgenthau)在《国家间政治》一书中提出了九要素论,即地理、自然资源、工业能力、战备、人口、民族性格、国民士气、外交素质、政府素质。①

　　总的来看,学者们普遍认为,综合国力所谓的"力"属于一种客观存在的、由各类资源共同构成的国家实力,反映的是"力"的规模而非"力"的能效。关于综合国力和国家能力的关系,通常的观点认为,前者是后者的基础,后者可以反作用于前者。换言之,综合国力是国家力量的来源,国家能力是将潜在国家力量转换为现实国家力量的机制,国家能力增强可以提高综合国力和国际影响力,国家能力衰弱则可能使得原有的综合国力优势被削弱。比如,黄清吉指出二者概念中的国家是两个不同的实体,前者的国家是英文语境中的"nation",指的是作为文化共同体层面的民族国家,后者是"state",指的是作为上层建筑的国家机器构成的政权国家,综合国力是国家(state)和社会作为一个整体的现有力量,国家能力则是这种现存力量产生的机理和过程,综合国力可以比较国家间的实力差距,国家能力则可以洞察国家实力变化消长的深层原因。所以,即使综合国力和国家能力之间存在千丝万缕的关联,它们之间的界限仍然非常清晰,关键在于综合国力和国家能力概念中的"国"指的不是同一种类型的国家,所谓的"力"也不是同一种性质的力量。因此,一方面,综合国力虽然涉及的范围宽泛,但国家能力并不构成其子集,二者是相对独立的概念;另一方面,综合国力度量的是相对静态的力量加总,国家能力则主要反映的是相对动态的力量变化。

---

① 根据笔者的定义,摩根索的九要素论中既包含了综合国力的要素,也包含了国家能力的要素。详见[美]汉斯·摩根索:《国家间政治——权力斗争与和平》,[美]肯尼思·汤普森修订,徐昕、郝望、李保平译,北京大学出版社,2012年,第169~223页。

二、国家自主与国家能力

在国家学派的概念体系中,国家自主性与国家能力是两个基本维度和核心概念。[①] 虽然二者从字面上看似乎没有太多关联,但诚如田野(2014)所言,只有当国家能够提出自主性目标时,国家才有必要被看作一个重要的行为体;只有当国家能够有效追求自己的目标时,目标的独立性才会使得国家在政治中成为重要的行为体。[②] 也即是说,国家自主性是国家能力存在的前提,如果一个国家丧失了最基本的自主性,那么国家能力也就无从谈起。第二次世界大战之后,以结构功能主义、自由多元主义和"新马克思主义"等为代表的社会中心论一度认为国家要么是利益集团争斗的中立性舞台,要么是统治阶级联合的执行委员会,总之是缺乏独立性和能动性的依附性政治行为体。直至政治学的国家中心主义复兴,才逐渐改变上述认识的垄断局面,斯考切波从国家自身利益与支配阶级利益的不一致性中发现了国家自主性存在的可能,指出国家作为一种依赖于从社会中提取资源并进行分配的组织,在共同维护现有阶级秩序方面,其与主导阶级存在利益一致性,但在追求自身利益时,国家相对于支配阶级其又存在潜在自主性。[③]

因此,在国家学派的理论脉络中,国家虽然蔓生于社会,但它又非阿尔

---

① 参见曹海军:《"国家学派"评析:基于国家自主与国家能力维度的分析》,《政治学研究》,2013 年第 1 期。

② 参见田野:《国家的选择:国际制度、国内政治与国家自主性》,上海人民出版社,2014 年,第 61 ~ 62 页。

③ 参见[美]西达·斯考切波:《国家与社会革命:对法国、俄国和中国的比较分析》,何俊志、王学东译,上海人民出版社,2013 年,第 25 ~ 33 页。

蒙德(Almond)和鲍威尔(Powell)所说的仅局限于社会中法律和机构的意义,①而是具有独立于社会结构表达偏好和制定政策或绝对、或相对、或嵌入性的自由,这种自由正是国家自主性的源泉,同时为了确保这种自由,国家必然需要具有抵抗社会干扰、贯彻自身意志以及执行公共政策的能力,这种能力即国家能力。因此,一般而言,国家自主性与国家能力虽不等同,但是二者存在相互依存关系。一方面,国家自主性是国家能力之所以存在的基本前提,只有具备国家自主性的国家能力才是国家的能力,才是实现国家意志的能力,否则就不可称之为国家的能力,而是以实现国家意志为幌子变相地实现其他利益集团或社会团体意志的能力;另一方面,国家能力是保障国家自主性的重要基础,缺乏强大国家能力的支撑注定无法保证国家相对独立的自主性。

三、国家权力与国家能力

国家权力和国家能力两个概念从字面上看非常相似,仅一字之差,但事实上二者的含义却存在重大差别。在英文学术语境中,国家权力和国家能力概念中的国家指的都是同一种类型的国家,即作为国家机器的政权国家(state)。它们的关键区别在于"力"的属性不同,权力和能力虽然都包含了"力"所具有的"一个物体对另一个物体的作用"的基本含义,但是国家权力的重心在于"权",国家能力的重心则在于"能"。在英文中,权力和能力分别对应的是 power 和 capacity。在政治学领域,对权力的概念,较为广泛接受的是美国政治学家罗伯特·达尔(Robert Dahl)所给出的定义,即权力是指某

---

① 阿尔蒙德和鲍威尔认为,国家、政府、民族作为比较政治学旧的术语仅局限于法律和机构的意义,它们应当被新的术语"政治体系"取而代之。详见[美]加布里埃尔·阿尔蒙德、[美]小 G. 鲍威尔:《比较政治学——体系、过程与政策》,曹沛霖、郑世平等译,东方出版社,2007 年,第 3～4 页。

行为体使其他行为体服从或产生预期行为的能力,比如,甲方对乙方拥有权力,是指甲方具有使乙方做乙方不一定愿意做的事情。根据新自由制度主义国际关系理论代表性人物罗伯特·基欧汉(Robert Keohane)和约瑟夫·奈(Joseph Nye)的说法,权力源自非对称相互依赖,在某种关系中,依赖性较小的行为体常常拥有较强的权力资源,使得它有能力促动变化或以变化相威胁。[1]

因此,总的来说,权力反映的是相互关系,关系是权力的基础,脱离了关系,某一行为体便无法拥有或产生权力。关于国家权力,美国社会学家迈克尔·曼(Michael Mann)曾做了两种区分:一种是专断性权力(despotic power),即国家不与社会群体进行例行公事的协商而单方面推行自己意志的权力,属于强加于社会的权力(power over society);另一种是基础性权力(infrastructural power),即国家与社会群体协商以贯彻自己意志的权力,属于从社会中获得的权力(power through society)。[2] 关于二者的区别,李强(1998)指出专断性权力是国家权力,而基础性权力则是国家能力,高度集权的国家完全可能是比较无能的国家,国家管辖范围宽泛与否与其实际渗透社会的能力大小未必成正比。[3] 与之类似的,王绍光(2014)也指出迈克尔·曼所说的专断性权力是国家干预的范围,基础性权力是国家建设的基础设施,是基础性国家能力,它包括强制能力、汲取能力、濡化能力、国家认证能力、规管能力、统领能力、再分配能力、吸纳和整合能力八项,前三项属于近代国家的基本能力,中间四项是现代国家的基础能力,吸纳和整合能力则是民主国家的

① 参见[美]罗伯特·基欧汉、约瑟夫·奈:《权力与相互依赖》(第3版),门洪华译,北京大学出版社,2002年,第12页。
② 参见[美]迈克尔·曼:《社会权力的来源》(第二卷·上),陈海宏等译,上海世纪出版集团,2007年,第68~70页。
③ 参见李强:《国家能力与国家权力的悖论:兼评王绍光、胡鞍钢〈中国国家能力报告〉》,《中国书评(香港)》,1998年第11期。

基础能力。① 不同的是,埃里克·诺德林格等(Eric Nordlinger et. al,1988)认为,不能简单地将基础性权力或专断性权力等同于国家能力,国家能力表现为基础性权力还是专断性权力取决于国家意志和社会意愿的契合程度,当国家意志与社会意愿相同时,国家能力更多地体现为基础性权力的运用,而当国家意志与社会意愿相悖时,国家能力则更多地体现为专断性权力的运用和国家自主的要求。② 为了区别于国家权力,景维民、张慧君(2008)认为国家权力可以转换为国家能力,但是其转换关系表现为倒 U 型曲线,国家权力和国家能力存在最佳组合点,国家权力过于集中和分散都将不利于国家能力的提升,③就以达成国家目标而言,在一定限度之内,国家权力和国家能力并不冲突,但是国家权力一旦越界,它便将弱化国家能力。

综合分析,国家权力和国家能力的内含存在许多交叉重叠的部分,它们都是作为自主性行为体的国家达成国家目标或国家意志所依靠的手段,二者的不同在于手段的类型和目标的性质,通常来说,国家权力所依靠的手段是威慑,是自由裁量,有时甚至可以悖逆法治精神,它的实施基础在于别人对权力的恐惧。国家能力则不同,它的手段除了威慑之外,更多的是基于互动和商讨过程中产生的相互信任和对国家权威的主动服从,更强调在法治的轨道之内运行;除此之外,国家权力的实施通常不涉及目标的性质,也即是说,国家权力既可以是国家行善的工具,也可以是国家作恶的工具。而对于国家能力,人们通常潜在地假定国家意志的正义性,即使国家意志和社会意愿相违背时,人们也通常假设国家意志从长远角度出发更有利于民族进

---

① 参见王绍光:《国家治理与基础性国家能力》,《华中科技大学学报(社会科学版)》,2014 年第 3 期。

② See Eric A. Nordlinger, Theodore J. Lowi and Sergio Fabbrini, The Return to the State: Critique, *American Political Science Review*, 1988, 82(3).

③ 参见景维民、张慧君:《国家权力与国家能力:俄罗斯转型期的国家治理模式演进——兼论"梅—普"时代的国家治理前景》,《俄罗斯研究》,2008 年第 3 期。

步和社会发展，国家能力辅佐或帮助的是国家正义目标的实现，如果国家目标不具备正义性，国家能力终将不可持续，这也就是为什么人们总是警惕国家权力过大却很少警惕国家能力过大的原因。

四、国家职能与国家能力

在国家能力的定义中，始终无法摆脱的是对国家目标和国家意志的认识。从理论上讲，如果不知道一个国家的意图是什么，那么就意味着我们不了解国家能力应当作用的方向，进一步地，也就无从评判国家能力的强弱。然而到底什么是国家目标或国家意志，恐怕无人可以说得清楚。一个国家的目标和意志通常秘而不宣，甚至是高级机密，只能透过国家行为的端倪进行无法验证的猜测，令人难辨真假、难以捕捉；除此之外，国家目标和国家意志不仅因国家而异，即使同一国家也会因时间而异，甚至是同一时间也会因人的看法而异。那么既然如此，如何才能认识国家目标和国家意志？一种可行的办法是借助国家职能，一方面国家职能与国家目标、国家意志具有一定的关联，国家职能在一定程度上是国家目标和国家意志的反映；除此之外，国家职能是国家存在的正当性来源，不能履行基本职能的国家，通常而言也无法有效地实现国家目标和国家意志；另一方面，不同于国家目标和国家意志，人们对什么是基本性的国家职能大体存在一定共识，除此之外，国家职能虽然也会根据时代演进和政治思潮而变化，但它在一段时间内仍然具有一定的稳定性，从而也具有一定的可比性。比如，关于国家职能，1997年世界银行发布的报告称，虽然国家或政府的职能范围通常因为所面临情况的不同而发生变化，但由于市场失灵，国家或政府仍然保留着提供公共物品方面的独特作用，根据介入深浅程度的不同，国家职能可以划分为三个层次，即提供纯粹公共物品的最小职能，管理外部性等的中等功能，以及包括产业政策、金融政策在内的积极功能(见表1.2)。

表1.2 变革世界中的国家职能

		解决市场失灵	促进社会公平	
最小职能	提供纯粹的公共物品	国防;法律与社会秩序;财产所有权;宏观经济管理;公共医疗卫生	保护穷人	反贫穷计划;消除疾病
中等职能	解决外部效应	基础教育;环境保护	提供社会保险	养老金;家庭津贴;失业保险
	规范垄断企业	公用事业法规;反垄断政策		
	克服信息不完整	保险;金融法规;消费者保护		
积极职能	协调私人活动	促进市场发展	再分配	财富再分配

资料来源:世界银行:《1997年世界发展报告:变革世界中的政府》,蔡秋生等译,中国财政经济出版社,1997年,第27页。

与此类似,王绍光和胡鞍钢(2004)以结构主义视角对国家职能的范围进行了新古典经济学派、市场失灵学派以及中国特殊国情下国家作用的划分(见表1.3),并指出世界上极少数国家只承担新古典经济学派所指出的五项职能,大部分国家都承担了新古典经济学派和市场失灵学派所指出的更多职能。关于国家职能与国家能力的关系,福山(Fukuyama,2017)基于国家职能和国家实力两个维度重新定义了国家能力,认为对于任何给定的国家功能或职责,不同的国家完成的效果和质量却可能截然迥异,因此国家能力是国家职能实现的效果。福山以国家职能和国家能力分别为横轴和纵轴,区分了职能小能力大、职能小能力小、职能大能力小、职能大能力大四类不同的国家,指出职能小能力大是最理想的情形,因为它承担了有限的国家职能却具备强大的制度效能,而最坏的情形是职能大能力小,因为它意味着无能的国家承担了根本玩不转的职能。[①] 按照福山的说法,国家职能不等同于

---

① 参见[美]弗朗西斯·福山:《国家建构:21世纪的国家治理与世界秩序》,郭华译,学林出版社,2017年,第23页。

国家能力,国家职能的多寡与国家能力的强弱不存在必然的对应关系,但是国家职能的实现程度可以成为评判国家能力的载体,面对相同的国家职能,实现更好的国家就是能力更强的国家。总结起来,即国家职能圈定了国家能力的运用范围,而国家能力是国家职能实现程度和效果的最终检验,它们共同构成了国家建构的两个方面。

表1.3　市场转型中的国家职能

学派观点	国家作用
新古典经济学派	国家在自由市场经济中的一般作用:(1)维护主权和领土完整;(2)制定和实施法律,维护社会基本秩序;(3)界定产权,保护产权;(4)监督合同的执行;(5)维系本国货币的价值
市场失灵学派观点	政府对市场失灵领域的干预:(1)提供公共物品;(2)保持宏观经济稳定;(3)使经济外部性内在化;(4)限制垄断;(5)调节收入和财富分配;(6)弥补市场的不完全性和信息的不对称性
王绍光和胡鞍钢观点	中国国情条件下政府的特殊职能:(1)促进市场发育,建立公平竞争的统一市场;(2)注重公共投资,促进基础设施建设;(3)实施产业政策,促进产业结构高度化,充分发挥比较优势;(4)解决地区发展不平衡问题,促进少数民族地区发展;(5)控制人口增长,开发人力资源;(6)保护自然资源和生态环境;(7)防灾、减灾、救灾;(8)管理国有资产和监督国有资产经营;(9)实施反贫困行动计划

资料来源:王绍光、胡鞍钢:《重新认识国家的作用》,载胡鞍钢、王绍光主编:《政府与市场》,中国计划出版社,2000年,第18～19页。

五、国家治理能力与国家能力

在当今社会各界大谈治理的年代,国家治理能力与国家能力的关系成为几乎无法回避的话题。然而究竟什么是国家治理能力,学术界一直没有给出明确定义,根本原因或许在于国家能力本身已是富有弹性和包容性的概念,治理概念同样如此,它的内涵和外延极不清晰,二者的结合必定让国家治理能力的定义更加含混不清。不过,根据现有文献的观察,中国学者普遍比较认同习近平总书记在党的十八届三中全会之后的表述,即国家治理体系和治理能力是一个国家制度和制度执行能力的集中体现。国家治理能力是运用国家制度管理社会各方面事务的能力,包括改革发展稳定、内政外交国防、治党治国治军等各个方面。① 根据上述说法,单从作用对象上看,国家治理能力与国家能力似乎没有明显差别,都可以运用至国家和社会事务的方方面面。那么到底国家治理能力与国家能力是否存在区别,如果存在,二者的区别在哪里? 一种观点认为,国家治理能力概念是国家能力理论与治理理论相结合的产物,国家治理能力不同于国家能力的关键在于"治理"二字,治理元素的加入让国家治理能力相对于国家能力在参与主体、作用方式以及实际效果等方面发生了实质性的变化。简单地说,即国家治理能力强调的是政府、社会和第三部门等多元主体的共同参与,在作用方式方面所主张的是国家与社会的协商和国家对社会的服务,在作用结果方面强调国家和社会的双赢(薛澜等,2015);②因此,它改变了国家能力中国家单方面居高临下于社会的姿态,改变了国家能力中国家以统治和管理的方式干预社会事务的旧派做法,当然,也改变了国家与社会零和博弈的困境。所以,这一派观点认为,国家治理能力是国家能力理论的转型升级,是社会管理形式的高级化,它顺应了人类政治发展由统治走向治理的时代趋势。还有一种观点认为,国家治理能力是众多国家能力的表现形式之一,是一种特殊形式的国家能力,它的特殊之处如前一种观点所认为的那样,在参与主体方面更多元,在贯彻执行方面更民主,在最终结果方面更多赢,因此国家治理能力不等同于国家能力,国家能力的构成要素中还囊括了许多非治理的成分,在国家治理能力之外还存在许多国家非治理能力。

---

① 参见习近平:《切实把思想统一到党的十八届三中全会精神上来》,《求是》,2014 年第 1 期。

② 参见薛澜、张帆、武沐瑶:《国家治理体系与治理能力研究:回顾与前瞻》,《公共管理学报》,2015 年第 3 期。

对于上述着重强调"治理"的特殊性而突出国家能力与国家治理能力显著不同的观点,王绍光(2018)指出,在学术话语谱系中,"治理"一词是一个充满歧义、内含不清、外延无边的概念,他借用德国政治社会学学者克劳斯·奥菲(Claus Offe)的说法,称"治理"这一术语已经沦为空洞的能指,是一个内容随意变换的口头框架。王绍光主张追本溯源,回归到英文中"governance"和中文中"治理"的本来含义,即治理乃是公共管理(包括治国理政)的方式、方法、途径、能力,而不是一种特定的公共管理方式,更不是一种市场化、私有化或者"无需政府的治理"方式的专指。[①] 笔者认为,无论是从习近平总书记关于国家治理能力的定义上看,还是从"治理"一词的本来含义分析,我们都无法得出国家治理能力显著不同于国家能力的结论,因为"治理"作为一系列做事方式方法的统称,它并没有给国家能力增加额外的含义;即便如某些观点所认为的那般,"治理"是一种更多元、更民主、更和谐的国家能力运用方式,但是无论过去还是现在,国家能力的运用方式中从始至终都没有排斥过对更多元、更民主、更和谐手段的运用,所谓的"治理"仍然处于国家能力的工具箱之中。因此,除非人为割裂或制造对立,不然,国家治理能力和国家能力只是字面上的说法不同,它们实际上指的是同一层含义。

---

① 参见王绍光:《治理研究:正本清源》,《开放时代》,2018 年第 2 期。

第二章　国家能力的类型维度与测量方式

与国家能力的定义类似,国家能力的类型学分析同样饱受争议。由于类型划分是一个相对主观的学术主张,加之国家能力概念本身充满开放性,目前国家能力构成要素的划分方法令人眼花缭乱,甚至产生了某种程度的"意大利面条碗现象"①,似乎每位研究者都可以基于某一种视角发展出一套划分体系。在国家能力的分类体系已经如此纷繁复杂的情景之下,若架床叠屋地额外平添一种,似乎已经不是最好的选择,究其原因在于,如此做法一方面未必见得比现存划分方式更高明,另一方面对国家能力的理解也几乎毫无增益。故眼下关于国家能力的类型学分析,当重在甄别比较既有研究的划分方式,而非另起炉灶。

---

① 意大利面条碗现象(Spaghetti Bowl Phenomenon)指的是事情或规则像碗里的意大利面条,一根根地绞在一起,剪不断,理还乱。

第一节　国家能力的类型维度

对国家能力划分体系甄别比较之前，尚有几个基本问题应当明确，它们可谓是甄别比较不同类型划分方式的判断基础。

第一，国家能力及其各要素之间的关系。从哲学层面上看，国家能力与国家能力不同要素既可以理解是整体与部分的关系，也可以理解是共性与个性的关系。但如果是前者，那就意味着国家能力是不同要素的总和，国家能力强弱的判断标准即演变成为国家能力"量"的比较，而非"质"的高下。如此一来，小国的国家能力就不可能超越大国，具体地，新加坡的国家能力可能低于菲律宾，事实上，这却与人们的普遍印象正好相反。因此，国家能力与其不同要素，应属于共性与个性的关系，或者说是抽象与具象、一般性与特殊性之间的关系。当然，这便意味着现实世界不存在单纯的、整体的国家能力，它总是蕴含在具体的、不同种类的国家能力之中；国家能力是隐藏在各种不同类型国家能力背后的共同因子，而不是各种不同类型国家能力的数量加总，换言之，国家能力具有不可加性，它无法进行加减乘除四则运算。

第二，国家能力构成要素的数量限度。从理论层面分析，根据抽象国家能力在现实世界的具体表现，依照不同的划分视角，它的构成要素可以划分为无限多种，以至于无法穷举。不过，对于学术研究而言，如此做法既不可行，也毫无意义，过度强调国家能力的表现形式而忽略了其中的共性，只会陷入现象的汪洋大海，抓不住要害，无助于认清国家能力的本质。总而言之，企图通过无限类型划分构造国家能力要素闭环的想法，在理论上或许成立，但现实中既不可能也无必要，为了更好地认识国家能力，国家能力的构成要素无疑应当具备一定的概括性和代表性。

第三,国家能力的平衡性与非平衡性。如前一部分所述,在同一个国家,国家能力各要素之间的相对关联是人们不必穷尽所有国家能力的表现形式而可以管中窥豹、触类旁通地认识整体国家能力强弱的基础。但是这并不意味着同一个国家的不同国家能力是绝对平衡分布的。诚如斯蒂芬·克拉斯纳(Stephen Krasner,1978)所指出的,没有理由事先假定一个国家在所有政策领域内都同样的强势或软弱。一个国家或许没有能力改变其医疗体系结构,但或许可以建设一个高效的交通网络。言下之意,每个国家的国家能力都存在强项和短板,它们是不平衡发展的,因此,人们不能根据对少数几个现象的观察武断地评判国家能力的强弱。一言以蔽之,无论是国家内部不同要素之间的比较还是国家之间的比较,从绝对意义上讲,国家能力都是不平衡的,但是相对而言,国家内部不同要素之间的不平衡又明显弱于国家之间的不平衡。

第四,国家能力构成要素的主次之分。在不胜枚举的国家能力表现形式当中,它们都应当一视同仁、等量齐观吗?对此,埃文斯、鲁施迈耶和斯考切波认为,虽然特定的国家能力或会由于历史条件的差异呈现一定的随机分布,但是基础的、共通的财政和行政管理能力依然是重要的。国家能力虽然蕴含在每一次国家行动中,但是国家行动又显然存在主次之分,只有那些主要的、核心的、基础的国家能力要素才具有代表性,它们是其余国家能力发挥作用的基石。

总而言之,类型学作为分门别类的一种方法体系,它的作用在于通过具体化的现象归纳进一步认识抽象的事物本质,实现从抽象到具体再到抽象的认识飞跃。但是划分类型也不是轻而易举的事情,它必须遵循一定的规律和原则。具体在国家能力上,它必须着重体现国家能力的代表性、重要性、基础性,以及不同要素之间的差异性。

截至目前,学术研究中涌现的国家能力类型学文献,根据不同的划分方法,基本可以总结为以下三种:

第一种是依据理论进行分类,属于自上而下地构建分类体系。比如,乔尔·米格代尔(Joel Migdal,1988)基于社会支配和社会控制的理论,将国家与社会的关系视为二者对社会控制的争夺,进而将国家能力划分为汲取能力、渗透能力、规制能力、分配能力四类。① 黄清吉(2010)根据国家与社会、国家与国家的互动逻辑,将现代国家能力分为国家与社会关系维度的国家能力和国际体系维度的国家能力,前者包括资源积聚、社会冲突控制、经济管理与公共服务和完善国家体制的能力;后者包括维护主权与领土不受侵害、参与创建国际机制和相对他国提升自身力量的能力。② 蒂莫西·贝斯利和托斯滕·佩尔松(Besley & Persson,2009,2014)基于国家能力的强互补性假说,认为旨在汲取税收的财政能力、旨在保护产权的法治能力,以及旨在供给公共产品的集体能力是国家能力最重要的三个组成部分,它们相辅相成,构成了经济发展和社会进步必不可少的发展集群(developmental clusters)。③

第二种是依据数据进行分类,属于自下而上地构建分类体系。其特点在于不先验地认为国家能力应当如何划分或者应当划分为几类,而是通过因子分析的方法在数据的基础上析出国家能力的公共因子。比如,卡伦·亨德里克斯(Cullen Hendrix,2010)曾在人均GDP、官僚质量、政体民主指数、

---

① 参见[美]乔尔·米格代尔:《强社会与弱国家——第三世界的国家社会关系及国家能力》,张长东、朱海雷、隋春波等译,江苏人民出版社,2012年,第9、17页。

② 参见黄清吉:《现代国家能力的构成:国内政治与国际政治的统合分析》,《教学与研究》,2010年第3期。

③ 财政能力的功能在于汲取税收;法律能力的功能在于保护产权以支撑市场;集体能力的功能在于提供公共产品以强化市场。详见Besley Timothy and Persson Torsten, The Origins of State Capacity: Property Rights, Taxation, and Politics, *American Economic Review*, 2009, 99(4); Besley Timothy and Persson Torsten, The Causes and Consequences of Development Clusters: State Capacity, Peace, and Income, *Annual Review of Economics*, 2014, 6.

相对政治质量、人均军费支出、税收占 GDP 比重、初级产品出口占 GDP 比重等 15 个原始指标的基础上,提取了 3 个公共因子作为国家能力的三个维度,并分别命名为理性合法化(rational legality)能力、租金掠夺(rentier autocraticness)能力、专制独裁(neopatrimoniality)能力,并继而指出官僚质量指数和税收占 GDP 比重在理论和经验上最可合理地反映国家能力。① 杰西卡・福廷(Jessica Fortin,2010)则以国家的公共产品供给视角,从政府税收收入、产权执行指数(property rights enforcement)、合约执行质量(contract enforcement quality)、反腐败、基础设施改造(infrastructure reform)5 个原始数据中提取了一个国家能力公共因子,并研究发现在 1989—2006 年的 26 个后社会主义国家中,五个原始指标都与国家能力公共因子高度相关,其中反腐败指标最为相关。②

　　第三种是依据经验分类,属于由外而内地构建分类体系。其特点在于研究者对国家能力的分类并不依照一定的划分标准,更多凭借的是直觉和经验或者对前人研究的比较和归纳,借鉴外在的感知和体悟构建内在的国家能力体系。比如,乔纳桑・汉森和瑞秋・西格曼(Jonathan Hanson and Rachel Sigman,2013)将国家能力划分为汲取能力(extractive capacity)、强制能力(coercive capacity)、行政能力(administrative capacity),理由在于,它们既可以反映国家能力的核心含义,又可以避免三者之间的内涵交叉。③ 与其类似,戴维・安德森、约尔根・默勒和斯文德・斯卡宁(David Andersen,Jørgen

---

① See Cullen Hendrix, Measuring State Capacity: Theoretical and Empirical Implications for the Study of Civil Conflict, *Journal of Peace Research*, 2010, 47(3).

② 除合约执行质量之外,其余指标均来自现成已有的数据库。合约执行质量是作者构造的指标,它为银行存款占所有通货的比重,公式为(M2 – C)/M2,其中 M2 为广义概念的货币,C 为流通中的现金。详见 Fortin Jessica, A Tool to Evaluate State Capacity in Post – Communist Countries, 1989 – 2006, *European Journal of Political Research*, 2010, 49.

③ See Jonathan K. Hanson and Sigman Rachel, Leviathan's Latent Dimensions: Measuring State Capacity for Comparative Political Research, *Journal of Politics*, 2021, 83(4).

Møller and Svend Skaaning,2014)研究认为国家能力当由暴力的垄断权、公民的认同感和行政的有效性三者构成。① 除此之外，王绍光(2014)根据对国家能力持续二十年的研究经验以及对其他国家时代演变的现实观察，总结了最基础的八项国家能力，分别是强制能力、汲取能力、濡化能力、国家认证能力、规管能力、统领能力、再分配能力、吸纳和整合能力。②

　　除了前面的介绍，还有学者专门搜集整理了国内学者针对国家能力的结构性划分方法(见表2.1)。

表2.1　国家能力的类型划分方式

提出者	国家能力的类型划分
王绍光、胡鞍钢	汲取能力、调控能力、合法化能力、强制能力
黄宝玖	维护国家主权与保障国家安全能力、民主法治能力、资源汲取与配置能力、宏观调控能力、公共产品供应能力、社会关系整合与规范能力、危机应对能力、学习创新能力、自律能力、国际交往能力
石奇	合法性、调节和控制能力、可实施的资源、讨价还价能力、学习能力
王绍光	强制能力、汲取能力、濡化能力、认证能力、规管能力、统领能力、再分配能力、吸纳和整合能力
黄清吉	国家实施对社会的统治与管理的能力：(1)资源积聚能力；(2)社会冲突控制能力；(3)经济管理与公共服务能力；(4)以经济上的统治阶级的力量为依托完善国家体制的能力 国际体系维度的国家能力：(1)维护主权与领土不受侵害的能力；(2)参与创建国际机制的能力；(3)相对他国提升自身力量的能力
曹海军、韩冬雪	调动财政税收的能力，具备许多行政化和组织化的特征、军事力量、有效运转的司法制度
欧阳景根、张艳肖	资源汲取能力、提供公共产品与公共服务的能力
申林、梁伟	强制能力、监管能力、合法化能力、汲取能力、供给能力

资料来源：凌争：《国家能力研究的中国学术图景：评述与展望》，《公共行政评论》，2018年第6期。

---

　　① 暴力的垄断权是指国家通过武力迫使人们遵从的能力；公民的认同感是指人们对于领土边界、政治共同体、基本公民权的一致意见；行政的有效性是指国家规划和执行政策的能力。详见 Andersen David, Møller Jørgen and Skaaning Svend – Erik, The State – Democracy Nexus: Conceptual Distinctions, Theoretical Perspectives, and Comparative Approaches, *Democratization*, 2014, 21(7).
　　② 参见王绍光：《国家治理与基础性国家能力》，《华中科技大学学报(社会科学版)》，2014年第3期。

第二节　国家能力的测度方式

除了国家能力的类型划分之外,国家能力的测度方式也是一个不可忽视的话题,尤其是在一些定量研究中,为了探讨国家能力与另一个变量的数量关系,就必须实现国家能力的可操作化,提出国家能力的客观评判标准。比如,瑞典学者汉娜·贝克和阿克塞尔·哈德乌斯(Hanna Bäck and Axel Hadenius,2008)在研究民主水平与国家能力之间的关系时,便以官僚质量(bureaucracy quality)和腐败控制(control of corruption)两个指标作为国家能力的代理变量,意味着行政能力(administrative capacity)是国家能力的一个重要反映。[1] 同样是研究民主程度与国家能力的关系,乔纳桑·汉森(Jonathan Hanson,2015)则用国家历史指数(statehist index)和国家统计能力(census capacity)表示国家能力,认为国家的基础性能力植根于国家历史文化,国家历史越短,一般越难有效施政,而国家统计能力作为从社会中搜集复杂信息的能力本身就是国家能力的部分体现,[2]本质上也是倾向于认为行政能力是国家能力的一个重要代表。在研究国家能力与内战的关系时,卡梅隆·蒂斯(Cameron Thies,2010)所用指标则是总税收(total tax)、政府支出(government share)、税收占国内生产总值比重(tax ratio)以及相对政治能力(relative political capacity),前两者是国家汲取能力的绝对值,后两者是国家汲取

---

① See Hanna Bäck and Axel Hadenius, Democracy and State Capacity: Exploring a J – Shaped Relationship, *Governance: An International Journal of Policy, Administration and Institutions*, 2008, 21(1).

② See Jonathan K. Hanson, Democracy and State Capacity: Complements or Substitutes? *Studies in Comparative International Development*, 2015, 50(3).

能力的相对值,由此说明作者认为国家汲取能力是国家能力的集中体现。①
在探讨国家能力与人权的关系时,尼尔·恩格尔哈特(Neil Englehart,2009)
使用了腐败控制、税收占国内生产总值比重以及国家政治风险指数的二级
指标法治与秩序(law and order)作为国家能力的代理变量,潜在地表明作者
将国家能力划分为行政能力、汲取能力和法治能力三类。②

　　除此之外,在研究国家能力与经济增长的关系时,马克·丁切科和加布
里埃尔·卡茨(Mark Dincecco and Gabriel Katz,2014)曾用人均政府收入和
人均非军事支出作为国家汲取能力和国家生产能力的代理变量,以体现国
家作为掠夺者和生产者的双重角色。③ 帕特里克·哈姆、劳伦斯·金和戴
维·斯图克勒(Patrick Hamm,Lawrence King and David Stuckler,2012)在研
究后社会主义国家私有化进程时,使用的则是政府效率(government effi-
cient)、产权保护(property rights)以及非官方支付(unofficial payments)等调
查问卷的主观变量指代国家能力,④也即是将国家能力划分为国家行政能力
和国家法治能力。

　　上述研究有的通过运作结果测度国家能力,有的则是通过运作过程测
度国家能力。不过,总的来说,它们通常只关注特定层面的国家能力,而不

---

　　① 相对政治能力是由1980年肯尼斯·奥甘斯基(Kenneth Organski)和亚切克·库格勒(Jacek
Kugler)设计的一个指数,意为一个国家相对于其发展阶段和资源禀赋的税收汲取能力。它等于政府
实际税收与预测税收的比值,预测税收根据出口占GNP比重、农业占GNP比重、自然资源占GNP比
重三者回归所得。Organski Kenneth and Kugler Jacek, *The War Ledger*, The University of Chicago Press,
1980, pp.74－78;Thies G. Cameron, Of Rulers, Rebels, and Revenue:State Capacity, Civil War Onset,
and Primary Commodities, *Journal of Peace Research*, 2010, 47(3).

　　② See Neil A. Englehart, State Capacity, State Failures, and Human Rights, *Journal of Peace Re-
search*, 2009, 46(2).

　　③ See Mark Dincecco and Gabriel Katz, State Capacity and Long－run Economic Performance, *The
Economic Journal*, 2014, 126.

　　④ 非官方支付指所在公司用于应付公共部门非惯例性的年均支出。Hamm Patrick, King Law-
rence and Stuckler David, Mass Privatization, State Capacity, and Economic Growth in Post－Communist
Countries, *American Sociological Review*, 2012, 77(2).

是一般化的国家能力;除此之外,由于它们的实证研究属性,它们主要关注的是国家能力测度数据的可得性,而不追求分类的完备性和完整性。当然,这也就不可避免地造成一种学术现象,即许多研究的主题虽然都以国家能力命名,但实际上所指的却未必是同一种国家能力。事实上,许多研究者并非不清楚国家能力类型的多样性和复杂性,恰恰相反,或许他们正是深刻地认识到了国家能力的这一特点,才选择避开对国家能力类型冗长又无定论的讨论,而是单刀直入地将某一种特定的、重要的国家能力作为研究的起点。因此,严格地说,它们不算是国家能力的类型学分析文献,它们没有直接地提供关于国家能力分类的基本框架,但是不可否认,它们间接地提供了哪类国家能力值得关注的看法。

与国家能力构成要素相关的研究,事实上,还有一类研究,即关于某一种国家能力的单独研究。它们通常没有直接地提供一套关于国家能力的分类方法,也没有分析国家能力对另一变量的影响。它们的主要研究目的在于加深人们对某一种国家能力的认识。比如,王绍光(2002)基于 1949—1953 年新中国成立初期的经验,指出了在一个相对落后的国家短时期内大幅度提高国家汲取能力的可能性,以及这种可能性发生的必要前提条件。[1]欧树军(2013)以一本著作的篇幅充分论证了国家认证能力的基础性和重要性,并指出认证是国家行动的必要知识基础,是最基本但又常被人们所忽视的国家行动,是发达国家之所以在税收征纳、福利保障、社会监管等诸多领域领先于发展中国家的重要原因。[2]

测度方式与类型划分密切相关,前者是后者的自然延伸,甚至可以说,许多研究之所以对国家能力进行类型学分析,其最终目的即是实现国家能

---

[1]　参见王绍光:《国家汲取能力的建设——中华人民共和国成立初期的经验》,《中国社会科学》,2002 年第 1 期。

[2]　参见欧树军:《国家基础能力的基础》,中国社会科学出版社,2013 年,第 28 ~ 41 页。

力测度的可操作化。前面在介绍国家能力类型维度的过程之中,事实上,已经连带着介绍了它们的测度方式。当然,除了前面的介绍之外,还存在着许多其他的国家能力测度方式,如表2.2所示。

表2.2 国家能力的测度衡量方式

作者	国家能力测度	数据来源	国家能力维度
Geddes(1996)	任命策略指数(Apppointment Strategy Index):一个测量国家行政人员的任命是基于党派还是能力的综合指数;除此之外,国家能力也用行政改革次数表示	Geddes(1996)	官僚能力、行政能力
Evans and Rauch(1999)	国家的"韦伯性(Weberianness)":用于衡量精英招募、薪资安排和职业路径	作者根据 Weberianess Suvey(UCSD)计算得出	官僚能力、行政能力
Centeno (2012)	第一次全国人口普查日期、1900年铁路密度	Goyer et. al (1983)、Mitchell (1983)	基础性或一般性国家能力
Bockstette et. al(2002)	国家历史指数(Statehist5):国家存在时间长短	Bockstette et. al (2002)	一般性国家能力
Fearon and Laitin(2003)	人均 GDP 的对数值		一般性国家能力
Soifer(2008)	国家收入和支出、国家管辖领土变化、国家政策对社会认同的影响	Mann(1993)、Straus(2006)、Kalyva(2006)、Goodwin(2001)、Soifer(2006)、Weber(1976)、Vaughan(1997)	官僚或行政能力、领土控制能力、关系化(Relational)能力
Besley and Persson (2009)	私人信贷占 GDP 比重、信贷可及性等级、投资者保护等级、1 - 贸易税占全部税收比重、1 - 贸易税和间接税占全部税收比重、收入税占 GDP 比重、税收占 GDP 比重	King and Levine(1993)、Doing Business Reports、ICRG Dataset(PRS Group)、IMF、WDI	合法化(Legal)能力、财政或汲取能力

作者	国家能力测度	数据来源	国家能力维度
Kocher(2010)	军队力量、官僚队伍专业化程度、征税能力、道路网络、政权限制		强制能力、行政能力、财政或汲取能力、基础设施提供能力、政治能力
Hamm and King(2010)	由于缺少后社会主义国家数据,作者运用国家凶杀率(homicide rates)作为国家能力的代理变量	WHO	一般性国家能力
Cardenas (2010)	政府收入占 GDP 比重、收入税占 GDP 比重、国内税占全部税收比重、没收和强制国有化指数、经商容易程度、政府效率指数、哥伦比亚国家能力调查等	IMF、ICRG、Doing Business Reports、WGI、哥伦比亚大学	财政能力、官僚或行政能力
Cardenas et. al (2011)	国家层面:全部税收收入占 GDP 比重、收入税占 GDP 比重、政府质量指数(法治与秩序指数、腐败指数、官僚质量指数的平均值)次国家层面:税收收入、道路建设支出	Baunsgaard and Keen (2010)、IMF、Quality of Government Institute、ICRG	财政能力、合法化能力
Besley and Persson (2011)	国家脆弱指数(State Fragility Index)、产权保护指数、全部税收占 GDP 比重	第四代政体(Polity Ⅳ)指数、ICRG、IMF	强制能力、合法化能力、财政能力
Dincecco and Prado(2012)	直接税比重	IMF	财政能力
Soifer(2013)	国家人口普查周期	Soifer(2013)、美国人口调查局	基础性国家能力
Lee et. al (2014)	国家对暴力使用的控制程度,国家征收收入税、公司税的能力以及国家跨省征收和反偷税漏税的能力	Marshall et. al (2010)、Political Instability Task Force's dataset、Institutional Profiles Database	强制能力、合法化能力
Acemoglu et. al (2015,2016)	殖民地政府、办事机构、道路网络的历史遗迹;历史上美国邮政局的存在性	Acemoglu et. al (2015,2016)	基础性国家能力
Harbers (2015)	国家内部财政能力:在经济活动中征收市政税的比例(用夜间灯光强度表示)	Harbers(2015)	领土管辖能力、财政能力
Muralidharan et. al(2016)	社会政策执行的有效性	Muralidharan et. al(2016)	领土管辖能力、行政能力

续表

作者	国家能力测度	数据来源	国家能力维度
Chuaire et. al (2017)	官僚质量指数	ICRG	行政能力
Bersch et. al (2017)	基于员工层级数据构造的组织(机构)能力	Bersch et. al (2017)	行政能力

注:ICRG、IMF、WDI、WGI、WHO 分别是国际国家风险指南(International Country Risk Guide)、国际货币基金组织(International Monetary Fund)、世界发展指数(World Development Index)、世界治理指标(World Governance Indicators)、世界卫生组织(World Health Organization)的简称。

资料来源:Cingolani Luciana, The Role of State Capacity in Development Studies, *Journal of Development Perspectives*, 2018, 2(1 – 2).

国家能力是一个复合型概念,是一系列能力构成的综合性载体。由于国家能力的综合性和开放性,它的类型划分永远不可能定于一尊。不过,观察那些专门针对国家能力进行类型划分的文献,可以发现它们主要都倾向于以国家能力的手段理解国家能力的类型,总的看来,由于强制、汲取、行政等手段是国家区别于其他市场或社会行为体最鲜明的特征,国家强制能力、国家汲取能力、国家行政能力、国家法治能力、国家再分配能力等通常被公认为是代表性、重要性和基础性的国家能力。关于国家能力的测度方式,它与国家能力的类型学划分相似,同样很难形成统一意见。观察那些根据数据进行国家能力类型划分的研究以及以国家能力为自变量或因变量的实证研究,最现实的考虑往往不是来自理论的自洽,而是来自数据的限制,一旦没有对应的测度数据进行支撑,所有的划分理论无论多么合理,也只能束之高阁。

类型划分和指标测度是国家能力研究的基础问题,人们普遍期待它们存在一个统一的标准,但在现实中,二者却常常因为研究对象、研究场域的不同而有所差异。比如,关于国家汲取能力或国家财政能力,在进行以主权国家为单位的国际比较时,通常运用整体税收占国内生产总值的比重表示;在研究单个国家尤其是联邦制国家的历时比较时,运用中央财政收入占国内生产总值或全部财政收入的比重则更为合理;由于不同税种的征收成本和难易程度存在区别,欲比较最核心的国家汲取能力,运用所得税占国内生产总值的比重显然又比关税或贸易税占国内生产总值的比重更为合理;当然,除了测度指标的契合度之外,还不得不考虑测度指标所产生的场域,认识一个国家的国家能力,必须首先了解这个国家的国家制度,针对不同财政类型(税收国家、自产国家、租金国家)的国家,以上指标显然失去了比较的意义,针对不同福利水平的国家,效果同样如此。总而言之,关于国家能力的类型划分和指标测度,如果说有什么评判好坏的大体标准,那么它们最好是可以同时关照理论和现实,兼顾理论的完备性、数据的可得性以及现实的合理性。

第三章　国家能力的层次结构及其在当代中国的演进

　　无论是理论层面还是现实层面,国家能力无疑都是一个重要概念。自国家诞生以来,关于国家能力的讨论便未曾停止。作为一个独立的学术概念,国家能力滥觞于 20 世纪 80 年代兴起的"回归国家"学派。如今,随着不同学科的加入,国家能力已不再是政治学研究的禁脔,而成为经济学、社会学、公共管理学、法学等众多社会科学共同关注的理论焦点。当然,国家能力(State Capacity)作为一个西方舶来词,真正引发国内不同领域学者竞相热议的根源还是来自对现实问题的关切。党的十八届三中全会提出"国家治理体系和治理能力现代化"的时代命题之后,党的十九届四中全会则就此作出了重要的战略部署。尤其是近年来,面对中国脱贫攻坚的全面胜利,以及不同国家应对新冠肺炎疫情共同挑战的不同表现和不同效果,不少学者将其中原因归结为国家能力的现实差异,[①]由此更是引发了学术界对国家能力

---

　　① 参见汪三贵:《中国 40 年大规模减贫:推动力量与制度基础》,《中国人民大学学报》,2018 年第 6 期;燕继荣:《反贫困与国家治理——中国"脱贫攻坚"的创新意义》,《管理世界》,2020 年第 4 期;Fukuyama Francis, The Thing That Determines a Country's Resistance to the Coronavirus, *The Atlantic*, March 30, 2020; Serikbayeva Balzhan, Abdulla Kanat and Oskenbayevb Yessengali, State Capacity in Responding to COVID – 19, *International Journal of Public Administration*, 2021, 44(11 – 12)。

之于国家发展和人民福祉重要意义的重新思考。

　　不过,虽然当前针对国家能力的研究可谓异彩纷呈,但是关于国家能力的某些基本问题,如前文所述,却并没有因为讨论的广泛深入而更加清晰明了。在这其中,国家能力的层次结构即是一个典型。国家能力是一个抽象的复合型概念,基于操作化的需要,无论是质性研究还是量化研究,将国家能力划分为若干具象化的类型都是惯常做法。然而由于学科背景和切入视角的不同,国家能力的类型划分并不存在统一标准。因此,每个看似自洽的国家能力类型闭环,最后却未必有益于增进关于国家能力体系的学术共识。如此一来,国家能力研究呈现出一幅支离破碎的景象,虚化的大而无当的国家能力概念不免沦为"空洞的能指"(Empty Signifier),从而面临丧失作为一个有效分析工具的风险。有鉴于此,笔者拟从国家发展的视角,将整体性的国家能力归纳为三个层次,并运用其层次框架分析当代中国国家能力的形塑演进历程,最后为构建面向社会主义现代化强国建设的国家能力集合提出构想。

第一节　国家能力的层次结构

一、国家能力的维度

　　欲了解国家能力的维度,必先知晓国家能力的定义。然而,自国家能力概念被提出之后,关于它的定义便层出不穷。不过,假若抽离复杂具体的现实情境,进行一般化地理解,国家能力通常可被视为国家达成其意志、实现其目标、应对其挑战的能力。[①] 当然,由于国家意志、国家目标和国家挑战等

---

　　① See Skocpol Theda, Bringing the State Back In: Strategies of Analysis in Current Research, in Evans, B. Peter, Rueschemeyer Dietrich, and Skocpol Theda (eds), *Bringing the State Back In*, Cambridge University Press, 1985, p.9;王绍光、胡鞍钢:《中国国家能力报告》,辽宁人民出版社,1993年,第6页。

本身均是充满弹性的概念,它们的内涵与外延不仅因国家不同而异,即使在同一国家,也因所处的历史时期和发展阶段不同而异,因此作为手段的国家能力天然地包含不同类型。

关于国家能力的类型,Cingolani 等已经做了详细总结,[①]笔者在此仅略作介绍和补充。比如,乔尔·米格代尔基于国家与社会互动的嵌入范式,将国家能力划分为汲取能力、渗透能力、规制能力和分配能力;[②]Besley & Persson 基于国家能力的强互补性假说,认为旨在汲取税收的财政能力、旨在保护产权的法治能力以及旨在供给公共产品的集体能力是国家能力最重要的三个组成部分;[③]王绍光认为基础型国家能力是国家建设的"基础设施",它包括强制能力、汲取能力、濡化能力、认证能力、规管能力、统领能力、再分配能力、吸纳和整合能力八个部分;[④]针对国家治理能力,杨光斌认为其本质是协调国家权力关系的能力,由体制吸纳力、制度整合力、政策执行力三者构成;[⑤]Hanson & Sigman 认为最核心的国家能力包括彼此区分又相互支撑的汲取能力、强制能力和行政能力[⑥]。除此之外,近年来,个别学者还针对丰富具体的国家实践,提出了一些更细致的国家能力概念。比如,刘成良将国家认证能力映射在具体的扶贫脱贫场域,提出了国家贫困瞄准能力;[⑦]封凯栋

---

① See Cingolani Luciana, The Role of State Capacity in Development Studies, *Journal of Development Perspectives*, 2018, 2(1 – 2).

② 参见[美]乔尔·米格代尔:《强社会与弱国家——第三世界的国家社会关系及国家能力》,张长东、朱海雷、隋春波等译,江苏人民出版社,2012 年,第 5 页。

③ See Besley Timothy and Persson Torsten, The Causes and Consequences of Development Clusters: State Capacity, Peace, and Income, *Annual Review of Economics*, 2014, p.6.

④ 参见王绍光:《国家治理与基础性国家能力》,《华中科技大学学报(社会科学版)》,2014 年第 3 期。

⑤ 参见杨光斌:《关于国家治理能力的一般理论——探索世界政治(比较政治)研究的新范式》,《教学与研究》,2017 年第 1 期。

⑥ See Jonathan K. Hanson and Sigman Rachel, Leviathan's Latent Dimensions: Measuring State Capacity for Comparative Political Research, *Journal of Politics*, 2021, 83(4).

⑦ 参见刘成良:《2020 年后国家贫困瞄准能力建设研究》,《农业经济问题》,2021 年第 6 期。

等基于产业政策过程的视角,提出了国家工业理解能力①。

二、国家能力的层次结构

有感于现实情境当中国家能力类型之错综复杂所引致的混乱局面,此前也有学者尝试在理论上将作为整体概念的国家能力结构化、体系化。比如,黄清吉对国家与社会关系维度的国家能力与国际体系维度的国家能力进行关联,从而将国家能力概括为实施对社会的统治与管理的能力和应对他国竞争与挑战的能力两大基本方面;②王仲伟、胡伟则依据国家与市场、国家与社会、国家与国家三对关系,将国家能力体系划分为国家－市场之维的宏观经济管理能力,国家－社会之维的资源汲取能力、应急管理能力、公共服务能力等,以及国际体系之维的国家领土主权不受侵害的能力、国际竞争能力、国际合作能力③。

既往的尝试不啻为一个良好的开端,不过,它们主要关注的是以管辖范围为界的国家能力国内国际之别,本质上反映的是一种横向的、静态的、机械的国家能力观,往往忽视了国家能力更重要的纵向的、动态的、有机的一面。有鉴于此,笔者拟将国家视作一个有机的生命体,借鉴人本主义心理学家 Maslow 的需求层次划分方法,④将国家所有努力的动机归结为生存、发展、超越三个方面,然后,再将众说纷纭的国家能力类型归纳为与之对应的三个层次,即基础型国家能力、发展型国家能力和引领型国家能力。其中,基础型国家能力是国家得以生存延续的首要前提,它主要包括合法垄断暴

---

① 参见封凯栋、姜子莹、赵亭亭:《国家工业理解能力:基于中国铁路机车与汽车产业的比较研究》,《社会学研究》,2021 年第 3 期。

② 参见黄清吉:《国家能力基本理论研究》,《政治学研究》,2007 年第 4 期。

③ 参见王仲伟、胡伟:《国家能力体系的理论建构》,《国家行政学院学报》,2014 年第 1 期。

④ See Maslow A. H., A Theory of Human Motivation, *Psychological Review*, 1943, 50.

力使用权的强制能力、维持国家机器运转的税收汲取能力、作为国家行动之知识基础的认证能力以及塑造国家认同和核心价值的国家濡化能力等;发展型国家能力是国家走向繁荣富强的重要保证,它主要包括熨平经济波动的宏观调控能力、公共产品的供给能力、缩小贫富差距的再分配能力、灵活高效的行政能力、维护市场秩序的法治能力等;引领型国家能力是国家超越当下继续保持领先优势的内在要求,它主要包括现代化的国家治理能力、驱动经济持续增长和社会持续进步的改革创新能力、综合平衡城乡区域利益关系的统筹协调能力、维系国家永续发展的生态保护能力、应对开放挑战的全球治理能力、维护社会公平正义的民生改善能力、确保总体国家安全的安全保障能力等(如图 3.1 所示)。

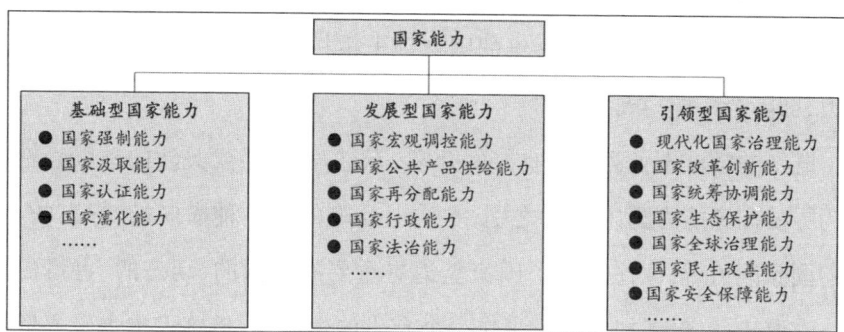

图 3.1　国家能力的层次结构

资料来源:作者自制。

国家能力与其三个层次不是整体与部分的关系,而是抽象与具体的关系,不是不同层次的国家能力构成了一个作为整体的国家能力,而是抽象的国家能力总是体现在具体的不同层次的国家能力之中。国家能力三个不同层次之间则是相互区别又相互联系的辩证统一关系,它主要表现为以下四个方面:一是在空间维度上同时并存,即在国家发展的任何一个阶段,不同层次的国家能力都处于交织叠加的状态。换言之,在国家发展初期,依然需要引领型国家能力的布局,而当国家发展步入正轨,仍旧需要不断夯实基础型国家能力;二是在时间维度上循序渐进,即随着国家发展阶段的转换,国家能力将朝着基础型、发展型、引领型的方向动态演进。也即是说,国家能力建设是一个长期的实践过程,只有首先构建了坚实的基础型国家能力,才有可能逐次塑造强大的发展型和引领型国家能力;三是在功能维度上依次主导,即国家能力的不同层次在国家不同发展阶段的构成比例也有所不同,它们存在主次之分,随着国家发展的时代主题由兴国、富国转向强国,基础型、发展型、引领型国家能力建设将相继占据主导地位;四是在结构维度上互为支撑,即任何国家意志的达成,都是不同层次国家能力互相配合的结果,因此国家能力建设是一个正反馈过程,只有不同层次的国家能力优势互补、强强联合,国家能力的系统建构才能进入彼此依托、相互促进的良性循环境地,否则,将滑入"低国家能力陷阱"的漩涡。

第二节 兴国时代:基础型国家能力的形塑

新中国成立以来七十余年的历史,亦是一部国家能力全面重塑和不断演进的历史。根据曲青山的划分,社会主义革命和建设时期主要完成的是改天换地的兴国大业。① 在兴国时代,国家能力的构建主要表现为基础型国家能力的形塑,其中最主要的是构建了强大的国家强制能力和国家汲取能力。

---

① 参见曲青山:《从党的百年历史中汲取智慧和力量》,《中国纪检监察报》,2021 年 2 月 25 日。

一、国家强制能力的形塑

在近代中国，由于中央政府权威弱化，农民起义、军阀割据、社会动荡成为常态，国家强制力量极度分散。直至在中国共产党的领导下，经过艰苦卓绝的国内革命战争、抗日战争和解放战争，建立了中华人民共和国，才彻底实现暴力的合法垄断。新中国成立之后，一方面通过镇压反革命和民主改革，继续扫除国民党反动派残存在大陆的反革命势力，肃清形形色色的土匪武装和城市黑社会势力以及可能产生暴力冲突的吸毒、赌博等社会公害；另一方面进行制度建设，建立了覆盖全国的军队、警察、法庭、监狱等暴力机关，颁布了《枪支管理暂行办法》等规章制度，严格规范枪支的生产、佩带和使用，国家国防实力和国家强制能力得到空前提升。它最终反映在对外对内两个方面：在对外方面，新中国成立一年后，人民志愿军参加抗美援朝，经过三年浴血奋战，打败了以美国为首的武装到牙齿的"联合国军"，结束了"西方侵略者几百年来只要在东方一个海岸上架起几尊大炮就可霸占一个国家的时代"；在对内方面，社会秩序恢复了前所未有的和谐安定，社会面貌焕然一新，1950—1976 年全国平均年刑事犯罪率仅约为每万人 4.86 件，[①]处于世界同期最低水平之列。

二、国家汲取能力的形塑

与国家强制能力的发展轨迹类似，新中国成立之后，国家汲取能力也发

---

① 1966—1971 年的数据缺失。其中，刑事犯罪率最高为 1950 年的每万人 9.3 件，最低为 1956 年的每万人 2.9 件；详见樊鹏：《中国社会结构与社会意识对国家稳定的影响》，《政治学研究》，2009 年第 2 期。

生了翻天覆地的变化。据估算,鸦片战争之前(1839—1842 年)清政府年财政收入占国民收入的比重至多不超过 2%,而同时期的日本德川幕府则高达15%。① 抗日战争全面爆发之前,南京国民政府中央财政收入占 GDP 的比重平均约为 3%,即便处于最高值的 1936 年,也仅约为 6.4%;而同一时期日本、英国的这一比重分别达到 30.3% 和 18.1%,②近代中国汲取能力之低下由此可见一斑。新中国成立之后,通过税收监管、税收评估、税收纪律等的制度创新,以及统一财经、三反运动和五反运动,改变了传统以盐税、土地税等为主体的单一税种结构,塑造了一支尽职尽责、清正廉洁的征税队伍,提升了广大纳税者的税收遵从度,实现了中央政府对全国财政经济工作的统一管理和统一领导,构建了一个独立自主的财政体系,确保了国家收入的主要部分向中央政府集中,国家汲取能力在一个较短的时间内发生了质的变化。数据显示,1953—1978 年,全国财政收入占国民生产总值的比重平均达到 28.2%,中央财政收入占全国财政收入的比重平均约为 35.5%。③

当然,中国共产党领导下的新中国对基础型国家能力的形塑远不止于此,除了强制能力和汲取能力之外,国家通过下沉身份认证、户籍认证、财产认证至乡村基层等措施,初步塑造了全方位的认证体系,改变了自古以来"皇权"难以下县的悬浮局面,强化了国家认证能力;通过国旗、国歌、国徽等象征标识和文字改革、推广普通话等文化教育事业,将人们的认同基础由族群层面、地域层面引导至国家层面,与此同时,通过宣传弘扬红旗渠精神、铁人精神、雷锋精神、焦裕禄精神、"两弹一星"精神等价值理念,一扫旧中国一盘散沙、积贫积弱的国家形象和人民意志消沉萎靡的精神状态,唤起亿万群

---

① See Sng Tuan－Hwee and Moriguchi Chiaki, Asia's Little Divergence: State Capacity in China and Japan before 1850, *Journal of Economic Growth*, 2014, 19(4).

② 参见焦建华:《南京国民政府前期财政汲取能力再评价(1927—1936)》,《华中师范大学学报(人文社会科学版)》,2020 年第 7 期。

③ 数据源自国家统计局:https://data.stats.gov.cn/easyquery.htm?cn = C01。

众团结一心、朝气昂扬的社会主义建设热情,重塑了广大中国人民的精神世界,构筑起强大的社会主义制度认同,将国家濡化能力提升至一个全新的境界。总而言之,新中国成立之后近三十年,将一个具有五千年悠久文明历史的"老大帝国"从国将不国的危险边缘拉了回来,摆脱了国家能力的总体性危机,为中华民族伟大复兴奠定了坚实的基础型国家能力,实现了中国国家能力由弱转强的沧桑巨变。

第三节　富国时代:发展型国家能力的建构

1978 年改革开放之后,中华民族进入"富起来"的时代,党和国家的工作重心开始转移到经济建设上来。国家意志的重大转变,呼唤着国家能力的适应性调整。然而对于一个长期实行计划经济又遭受西方封锁的国家而言,欲在一个相对较短的时间内建立社会主义市场经济体制并融入经济全球化的时代潮流,国家能力又该往什么方向调整? 根据新古典经济学的一般原理,市场经济是自然演进的结果,作为"有形之手"的国家充当"守夜人"的消极角色即可。为了避免"有形之手"演变为"掠夺之手",按照公共选择理论的说法,甚至最好应当限制国家能力。然而西方主流理论只是英美等先发国家基于本国历史的经验之谈,并不是"放之四海而皆准"的普遍真理。作为一个后发国家,自由放任地等待市场发育,只能错失发展良机,扩大与发达国家的差距。若要实现从相对封闭的计划经济向对外开放的市场经济的顺利转型,离不开有效政府的正确干预,[1]而政府干预的重要前提是强大的国家能力,尤其是发展型国家能力,这也是改革开放之所以成功的重要原因。

---

① 参见林毅夫:《有为政府参与的中国市场发育之路》,《广东社会科学》,2020 年第 1 期。

一、国家宏观调控能力的建构

随着经济体制的市场转型,传统的行政指令管理已经不合时宜。为了驾驭市场经济的不确定性,国家宏观调控能力的提升成为题中之义。经过几十年的实践探索,中国逐渐形成了以五年规划、中长期规划等国家发展规划为战略导向,财政、货币、产业、区域等经济政策相互协调的宏观调控体系。据此不仅成功应对了1998年亚洲金融危机和2008年国际金融危机,每次金融危机之后均率先恢复经济快速增长,表现出极强的经济韧性,更构建了与社会主义市场经济相适应的宏观调控能力,国家经济增长的波动率稳步降低,逐渐摆脱了改革开放初期"一放就乱、一乱就收、一收就死"大起大伏的恶性循环。经过简单计算可以发现,以十年为单位,从1980年至2020年,中国GDP增长率的标准差分别为3.55、2.33、1.68、1.77,如果考虑到2020年突如其来的新冠肺炎疫情对经济增长的冲击,2010—2019年的标准差仅为0.97,[①]不到20世纪80年代的三分之一。

二、国家公共产品供给能力的建构

基础设施等公共产品是降低市场交易成本的重要途径。然而,由于它们的非排他或非竞争属性,公共产品的私人供给往往存在市场失灵,即公共产品有限的市场供给无法满足庞大的社会需求。为了弥补市场机制的这一缺陷,处于超然地位的国家天然地成为公共产品的主要供给者,而且国家公共产品的供给能力也深刻影响着市场经济的运行效率。改革开放四十余年

---

① 原始计算数据源自国家统计局:https://data.stats.gov.cn/easyquery.htm?cn=C01。

来,通过国家的持续投资,公共产品供给不足的局面逐步被改变,交通、能源、网络等基础设施的供给能力发生了翻天覆地的变化。截至 2020 年底,全国铁路营业里程达到 14.6 万公里,公路总里程达到 519.8 万公里,分别约为 1978 年末的 2.8 倍和 5.8 倍,其中,高铁营业里程为 3.8 万公里,居世界第一位,覆盖 95% 的百万人口及以上城市;能源生产总量达到 40.8 亿吨标准煤,发电装机容量达到 22 亿千瓦,分别约为 1978 年末的 6.5 倍和 37.2 倍;网民规模达到 10.11 亿,互联网普及率达到 71.6%,形成了全球最大的数字社会。[①]

三、国家再分配能力的建构

根据卡尔·波兰尼的"双重运动"理论,市场扩张和社会保护之间始终存在着张力。[②] 然而市场扩张的运动可以自发地进行,社会保护的运动却不得不借助国家的力量。改革开放是一个社会财富迅速积累的过程,也是一个利益格局重新调整的过程。如何弥合改革开放进程中受益群体和受损群体的利益裂痕,让广大人民共享经济发展的成果,不可避免地成为国家的一项重要任务,国家再分配能力由此也显得至关重要。自党的十六大以来,国

---

① 1978 年末,全国铁路营业里程为 5.17 万公里,公路里程为 89.02 万公里;能源生产总量为 6.3 亿吨标准,发电装机容量为 0.59 亿千瓦,数据分别源自国家统计局发布的《交通运输网络跨越式发展 邮电通信能力显著提升——改革开放 40 年经济社会发展成就系列报告之十三》(2018 年 9 月 11 日)和《能源发展成就瞩目 节能降耗效果显著——改革开放 40 年经济社会发展成就系列报告之十二》(2018 年 9 月 11 日)。2020 年交通基础设施数据源自交通运输部发布的《2020 年交通运输行业发展统计公报》,2021 年 5 月 19 日;能源基础设施数据源自国家统计局发布的《2020 年国民经济和社会发展统计公报》,2021 年 2 月 28 日;网络基础设施数据源自中国互联网络信息中心(CNNIC)发布的第 48 次《中国互联网络发展状况统计报告》,2021 年 8 月 27 日。

② 参见[匈牙利]卡尔·波兰尼:《巨变:当代政治与经济的起源》,黄树民译,社会科学文献出版社,2013 年,第 31 页。

家的政策重心开始逐步向弱势社会群体转移。[①] 党的十八大之后,以习近平同志为核心的党中央又提出了"以人民为中心"的发展思想,屡次强调履行好国家的再分配调节职能,缩小收入分配差距。通过税收调节、转移支付、社会保障尤其是精准扶贫等民生政策,国家再分配局面明显改善,并在建党百年之际,彻底摆脱绝对贫困。根据联合国开发计划署(UNDP)公布的数据,1990 年中国的人类发展指数(HDI)处于低人类发展组,2011 年上升至0.707,2019 年则达到 0.761,先后跻身至中等人类发展组和高人类发展组。[②] 如果以基尼系数衡量,根据世界银行的测算,1990 年中国为 0.322,于2010 年达到 0.437 的峰值之后,便开始稳步下降,并在党的十八大之后,回落至 0.4 的国际警戒线以下,2016 年为 0.385,[③]收入分配的恶化趋势开始得到扭转。

除此之外,改革开放以来,为了适应社会主义市场经济的需要,其他发展型国家能力的构建也取得长足的进步。比如,在国家行政能力方面,从1982 年至 2018 年,政府机构先后经历八次改革,国务院组成部门由原来的100 个削减至 26 个,政府角色逐渐由管理型向服务型转变;1997 年成立首个市级行政审批中心之后,经过数轮政策扩散,截至 2017 年初,县级以上政府行政服务大厅网点覆盖率已经达到 94.3% ,乡镇(街道)基层便民服务中心网点覆盖率更是高达 96.8% ,[④]全国政务服务体系已经初步形成;近年来,地方政府发挥首创精神,形成了"最多跑一次"和"一网通办"等政策创新,从制

---

① 参见郑永年:《中国模式——经验与困局》,浙江人民出版社,2010 年,第 180 页。

② 根据 UNDP 的划分方式,HDI 指数低于 0.550 为"低人类发展水平",介于 0.550 和 0.699 之间为"中等人类发展水平",介于 0.7 和 0.8 之间为"高人类发展水平",高于 0.8 为"极高人类发展水平"。数据来源:http://hdr.undp.org/en/content/human-development-index-hdi。

③ 数据仅更新至 2016 年,数据源自世界银行:*https://data.worldbank.org/indicator/SI.POV. GINI?locations = CN*。

④ 数据源自国务院办公厅政府信息与政务公开办公室:《全国综合性实体政务大厅普查报告》,2017 年 11 月 23 日。

度变革和技术赋能两大方面双管齐下,也在推动着营商环境的进一步优化、行政成本的进一步降低和行政效率的进一步提升。当然,如前所述,不同层次的国家能力是交织叠加的并存关系,在富国时代,虽然发展型国家能力的构建占据主导,但基础型国家能力的建设依然在延续。比如,在改革开放初期,国家汲取能力因财政分权而有所下降,1993年全国财政收入占GDP(国内生产总值)的比重以及中央财政收入占全国财政收入的比重分别降至12.2%和22%,处于新中国成立以后历史最低区间。面对"两个比重"不断下降的态势,国家果断地采取分税制改革,重新划分了中央和地方税收,并开始实施"金税工程"。1994年中央财政收入占全国财政收入的比重迅速上升至55.7%,此后一直保持在50%上下;全国财政收入占GDP的比重也基本逐年递增,2010年突破20%,2020年达到18%,[1]及时扭转了国家汲取能力的下降趋势,保证了社会主义现代化事业的顺利推进。

第四节　强国时代:引领型国家能力的图景

党的十九大报告指出:"中国特色社会主义进入了新时代,这是我国发展新的历史方位。"新时代之所以"新",其中一个重要方面在于新的奋斗目标,即"在全面建成小康社会的基础上,分两步走在本世纪中叶建成富强民主文明和谐美丽的社会主义现代化强国"。建党一百周年之际,中国已经如期全面建成小康社会,正式开启了全面建设社会主义现代化国家新征程。[2]凡事预则立,不预则废。面对充满未知的新征程,如何超越当下谋划未来?

---

① 计算数据源自国家统计局官方网站:https://data.stats.gov.cn/easyquery.htm?cn=C01。
② 参见习近平:《在庆祝中国共产党成立100周年大会上的讲话》,《求是》,2021年第14期。

关键还是应当未雨绸缪、提前布局,建构强大的引领型国家能力。

引领型国家能力是时代的映射,随着时代的变迁,它的内容也将发生调整。目前来看,引领型国家能力的建构是已然与未然的结合。早在党的十八大之后,党中央着眼于世界百年未有之大变局和中华民族伟大复兴全局,就已经提出了国家治理体系和治理能力现代化的顶层设计,并告诫广大领导干部正视、预防和化解精神懈怠的危险与能力不足的危险,为强国时代引领型国家能力的建构开局破题,这是已然的部分。不过,距离21世纪中叶,仍有近三十年的时间,如何建构引领型国家能力? 更多的是未然的过程。立足新发展理念这一社会主义现代化指导原则和总体国家安全观,笔者认为,围绕着国家治理能力现代化的核心目标,应当进一步强化改革创新能力、统筹协调能力、生态保护能力、全球治理能力、民生改善能力、安全保障能力等引领型国家能力(如图3.2所示)。

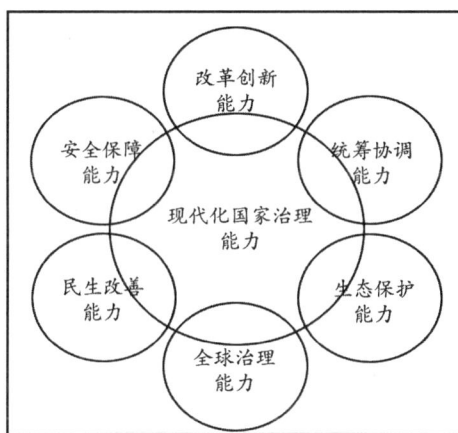

图3.2　强国时代引领型国家能力图景

资料来源:作者自制。

一、改革创新能力

创新是引领发展的第一动力。根据现代经济发展的一般规律,一个国家在不同的阶段将先后经历初级要素驱动、资本要素驱动、技术要素驱动和创新驱动。当前中国人均 GDP 已经突破一万美元,步入上中等收入国家行列,正在向高收入阶段迈进,2020 年第二产业和第三产业增加值之和占 GDP 比重达到 92.3%,工业制成品出口额占出口商品总额比重达到 95.5%。① 因此,总的来看,中国已经度过了初级要素驱动、资本驱动为主的发展阶段,正处于技术驱动向创新驱动转变的过渡阶段,创新将成为驱动高质量发展的动力之源。着眼未来,如何以创新驱动发展?主要还是依靠全方位的深化改革,破除一切阻碍创新要素自由流动的陈旧观念和体制机制壁垒,完善国家创新体系,抢占世界科技前沿,改变关键核心技术受制于人的局面,让创新源泉充分涌流。而若要实现这一目标,关键是要进一步强化国家改革创新能力。

二、统筹协调能力

进入新时代之后,社会主要矛盾已经转化为人民日益增长的美好生活需要和不平衡不充分的发展之间的矛盾。其中,发展的不平衡主要体现为城乡之间、区域之间、不同收入群体之间、经济建设与其他建设之间的发展差距。因此,弥合上述差距、扎实推动共同富裕将是下一阶段的重要任务。面对经济增长引致的不平等局面,西方主流的涓流经济学认为随着时间推移,社会财富通过自由市场机制可以自动地从先发地区和富裕人群流向落

---

① 计算数据源自国家统计局:https://data.stats.gov.cn/easyquery.htm?cn = C01。

后地区和贫困人群,从而实现共同受益。然而事实证明,两百年过去了,欧
美国家的资本回报率始终高于经济增长率,①涓流经济学的美妙愿景只不过
是一个自欺欺人的神话。为了避免两极分化的马太效应,避免部分西方国
家因贫富分化而导致的社会撕裂、民粹主义泛滥等问题,增强发展的整体性
与协调性,国家必须发挥作用,因此也必须强化统筹协调能力。

三、生态保护能力

2013 年习近平总书记提出"保护生态环境就是保护生产力、改善生态环
境就是发展生产力"②的重大论断,将中国特色社会主义生产力学说由原来
的解放和发展生产力的层面扩展至解放、发展和保护生产力的层面。党的
十八大以来,生态文明建设受到前所未有的重视,生态环境持续改善,保护
生产力逐渐由一种学说转化为丰富的实践。比如,通过持续深入推进大规
模国土绿化行动,中国森林覆盖率已经由 2012 年的 21.697% 上升至 2018
年的 22.947%。③ 虽然提升幅度仅为 1.25 个百分点,但在世界森林覆盖率
平均水平逐年降低的背景之下,中国足以成为推动世界绿色发展的典范。
不过,虽然如此,中国的绿色转型之路依然任重道远。从绝对值来看,中国
的森林覆盖率仍然显著低于世界平均水平。④ 为了实现可持续发展,兑现
2030 年前"碳达峰"和 2060 年前"碳中和"的世界承诺,建设美丽中国,国家
应当继续秉持"绿水青山就是金山银山"的发展理念,构建强大的生态保护

---

① 参见[法]托马斯·皮凯蒂:《21 世纪资本论》,巴曙松、陈剑等译,中信出版社,2014 年,第
25～26 页。

② 《习近平谈治国理政》(第一卷),外文出版社,2018 年,第 209 页。

③ 数据源自世界银行数据库:https://data.worldbank.org/indicator/AG.LND.FRST.ZS?locations
= CN－1W。

④ 世界银行公布的最新数据显示,2016 年世界森林覆盖率为 30.716%,比中国 2018 年的水平
高出 7.769 个百分点。数据来源同上。

能力,保护自然价值、增值自然资本。

四、全球治理能力

开放是国家繁荣发展的必由之路。社会主义现代化国家建设事业在开放环境中开始,它也必将在开放环境中延续。不过,虽然中国奇迹的产生长期受益于对外开放,但开放发展的挑战却不能由此而放松警惕。因此,欲真正实现开放发展,必须正视经济全球化最致命的弱点,即政府的在地性与市场的全球性之间的矛盾。[①] 然而置身于一个无政府状态的国际社会,主权国家如何才能克服经济全球化的这一缺陷? 其中的关键在于改变过去碎片化的治理模式,借助全球治理、构造人类命运共同体。随着新兴市场国家的崛起与世界经济重心东移,国际格局加速演变,中国已经走进世界舞台中心,由此意味着中国将不仅仅是国际秩序的被动接受者,更是全球治理的重要参与者,自然而然地,全球治理能力也将成为中国走向社会主义现代化强国的必备能力之一。

五、民生改善能力

社会主义区别于资本主义的一个重要特征即"以人民为中心"而非"以资本为中心"。既然中国现代化强国的目标底色是社会主义,那么始终坚持"以人民为中心"的价值导向无疑是强国时代的应有之义。而欲落实"以人民为中心"的价值理念,关键在于想人民之所想、急人民之所急,在发展过程中持续保障和改善民生。党的十八大以来,中国在民生领域建设方面已经

---

① 参见[美]丹尼·罗德里克:《全球化的悖论》,廖丽华译,中国人民大学出版社,2011年,第8页。

取得重要进展。比如,2020年全国基本医疗保险参保率稳定在95%以上,参保人数达到13.6亿,基本实现全覆盖;①现行标准下9899万农村贫困人口全部脱贫,提前10年完成《联合国2030年可持续发展议程》减贫目标。然而,民生建设是一个无止境的动态过程,相较于广大人民对美好生活的向往,中国的民生事业依然存在广阔的提升空间,尤其在教育、医疗、住房、养老等领域。因此,如何补齐民生短板,实现基本公共服务均等化,让全体人民共享改革发展成果,国家的民生改善能力尤为重要。

六、安全保障能力

改革、发展、稳定是社会主义现代化建设的三个支点,其中,稳定是改革发展的首要前提。而欲维系社会稳定,基础在于安全。如今,随着时代的发展,安全的内涵已经发生了重要变化,它不仅包括传统的军事安全、国土安全、政治安全,还包括非传统的经济安全、粮食安全、生态安全、信息安全、公共卫生安全等。由于后者跨国性、动态性、非政府性和可转化性等特点,②非传统安全有时影响范围更广、应对难度更大,而且它一旦发生,将严重影响中国社会主义现代化进程。比如,根据亚洲开发银行早前的估计,新冠肺炎疫情对全球经济造成的损失最高将达8.8万亿美元,相当于全球生产总值的9.7%;中国遭受的经济损失或将高达1.6万亿美元,③约占2020年GDP的10.9%。国家安全是全国人民根本利益之所在,守住安全底线已经成为国家一项艰巨的任务。如何才能建设一个平安中国?关键在于坚持总体国家

---

① 数据源自国家医保局:《2020年全国医疗保障事业发展统计公报》,2021年6月8日。

② 参见刘学成:《非传统安全的基本特性及其应对》,《国际问题研究》,2004年第1期。

③ See Asian Development Bank(ADB), An Updated Assessment of the Economic Impact of Covid - 19, *ADB Briefs No.* 133, May 2020.

安全观,运用系统思维综合防治,强化国家安全保障能力。

第五节　本章小结

物理学界有一则著名的"熵增定律",即万事万物终朝着混沌无序的方向迈进。国家能力的概念自提出以来,定义由简至繁,类型由少至多,仿佛也正是一个熵增的过程。如何对抗熵增的困境?分层思维是一种有效途径。基于此,笔者结合已有的类型学分析,根据国家意志的三种动机,将国家能力划分为基础型、发展型、引领型三个层次。它们在同一阶段相互支撑、彼此共存,在不同阶段则循序渐进、依次主导,构成了国家能力纵向延伸的历史坐标。新中国成立七十余年来,先后经历了兴国时代、富国时代,并正在经历强国时代,主流话语生动地将三者形容为"站起来""富起来"和"强起来"。然而换一个角度思考,在三次飞跃的明线叙事逻辑背后,支撑的暗线则是国家能力的形塑与演进。在社会主义革命和建设时期,党领导全国人民基本完成了以强制能力、汲取能力为代表的基础型国家能力的塑造,从而完成了改天换地的兴国大业;在改革开放和中国特色社会主义现代化建设时期,基本完成了以宏观调控能力、公共产品供给能力为代表的发展型国家能力的建构,从而实现了翻天覆地的富国大业。党的十八大之后,世界正在经历百年未有之大变局,应当把握历史主动,在继续巩固基础型和发展型国家能力的同时,以国家治理能力现代化为指向,强化以改革创新能力、统筹协调能力、生态保护能力、全球治理能力、民生改善能力、安全保障能力为代表的引领型国家能力集合,将国家能力建设与时俱进地推进至第二个百年奋斗目标新征程,从而保证中华民族伟大复兴目标的顺利实现,圆满完成惊天动地的强国大业。

第四章 新型举国体制：国家能力的一种表现形式

党的十九届四中全会指出，我国国家制度和国家治理体系具有多方面的显著优势，其中之一是"坚持全国一盘棋，调动各方面积极性，集中力量办大事的显著优势"①。作为这一显著优势的集中体现，举国体制曾经在我国社会主义经济建设、科技攻关、抢险救灾等领域发挥过不可替代的重要作用，也是中国取得当今发展成就的制度法宝之一。比如，新中国成立之后，我国曾在短时间内取得"两弹一星"等重大科技成果，以及在"一穷二白"的极低初始条件之下迅速建立独立的、比较完整的工业体系和国民经济体系；改革开放尤其是党的十八大之后，我国在航空航天、高速铁路等领域的飞速发展，以及在对口支援、脱贫攻坚、疫情防控等民生工程和应急管理方面的巨大成功，②也都是举国体制发挥作用的生动写照。

---

① 《中共中央关于坚持和完善中国特色社会主义制度 推进国家治理体系和治理能力现代化若干重大问题的决定》，《人民日报》，2019 年 11 月 6 日，第 1 版。

② 仅以对口支援为例，自 1994 年和 1996 年中央分别做出对口支援西藏和新疆的重大战略决策以来，全国共有 17 个省市参与了援藏工作，19 个省市参与了援疆工作。二十余年来，对口支援对缩小地区发展差距、统筹东西部协调发展作出了巨大贡献。

　　然而，目前关于举国体制的认识，不仅理论研究落后于实践探索，[①]而且还有不少人对其存在偏见和误解。比如，将举国体制等同于计划经济体制，认为举国体制意味着一刀切、不计成本、劳民伤财、不惜一切代价、政府大包大揽，与市场经济体制格格不入；或者认为举国体制是特殊阶段的特殊手段，是在安全面临威胁和资源相当有限的情况下不得已的非常举措，它具有一定的历史合理性，如今中国时代发生改变，举国体制的老派做法已经不合时宜。诚然，不可否认，举国体制过去确实存在体制运行效率递减、聚合协同能力薄弱、市场和社会参与不足、多元综合功能发挥不畅等不容忽视的问题。[②]但是举国体制作为一种植根中国大地彰显制度优势的组织协调机制，并不简单地对应于计划经济体制或市场经济体制，也不简单地对应于某个时代，它的存在显然有着更深刻的合理性。因此，当前的关键不在于否定或忽视举国体制，而在于坚持制度自信的同时与时俱进，创新举国体制的应用场景和实现方式。

　　那么如何创新举国体制，将举国体制的社会主义制度优势进一步转化为治理效能？2019年习近平总书记在会见嫦娥四号探月工程参研参试人员代表时曾指明了一个方向，"嫦娥四号任务，坚持自主创新、协同创新、开放创新，是探索建立新型举国体制的又一生动实践"[③]。除此之外，2020年习近平总书记在京考察新冠肺炎防控科研攻关工作时再次强调，"要完善关键核心技术攻关的新型举国体制，加快推进人口健康、生物安全等领域科研力量布局"[④]。其中，新型举国体制是中国特色社会主义新时代历史方位下创

---

　　① 通过中国知网进行文献计量分析可知，截至2020年底，以"举国体制"为关键词的核心期刊论文有368篇，其中，体育学科为327篇，占总量比重的88.9%，其余学科均不足10篇，这与我国广泛丰富的举国体制实践不相匹配。

　　② 参见鲍明晓：《构建举国体制与市场机制相结合新机制》，《体育科学》，2018年第10期。

　　③ 详见新华社的报道：《为实现我国探月工程目标乘胜前进 为推动世界航天事业发展继续努力》，2019年2月20日，http://www.xinhuanet.com/politics/leaders/2019-02/20/c1124142195.htm。

　　④ 习近平：《协同推进新冠肺炎防控科研攻关 为打赢疫情防控阻击战提供科技支撑》，《人民日报》，2020年3月3日，第1版。

新举国体制的发展目标,也是坚持和完善中国特色社会主义制度、推进国家治理体系和治理能力现代化的重要组成部分。作为一项基础工作,如何认识作为国家能力的一种重要表现形式的新型举国体制成为当下亟需认真面对的重要课题,比如,为什么提出新型举国体制,它的时代背景是什么? 它与之前举国体制有什么异同,它的基本特征是什么? 以及应当如何运用新型举国体制,它的适用领域是什么? 针对上述问题,笔者试图进行一个探讨。

第一节　新型举国体制的时代背景

举国体制的做法早在农业社会时期便已存在,长城等军事防御工程以及京杭大运河等水利漕运工程即是典型案例。不过,由于生产资料私有制与举国体制实践所必须的广泛社会动员和分工协作存在着天然矛盾,因此漫长农业社会时期的举国体制实践只零星地发生在大型工程修建等个别领域。新中国成立尤其是1956年社会主义基本制度全面确立之后,生产资料私有制转为社会主义公有制,与之相伴的政治、社会、文化体制也相应地发生改变,①举国体制的普遍实践才具备与之相适应的制度基础。当然,即便都发生在社会主义背景之下,不同历史时期的举国体制实践也存在着明显区别。新中国成立后至改革开放前,属于计划经济占主导的时期,举国体制实践也附带着高度集中的计划经济特点;党的十八大之后,市场在资源配置中起决定性作用,举国体制实践则是社会主义市场经济活动的一个组成部

---

① 参见萧冬连:《筚路维艰:中国社会主义路径的五次选择》,社会科学文献出版社,2014年,第62~72页。

分。为了加以区别，可称前者为传统举国体制，目前正在形成且不断演化的后者为新型举国体制。改革开放后至党的十八大之间，是社会主义市场经济确立、发展和不断完善的时期，也是举国体制实践与社会主义市场经济不断磨合的时期，可称作传统举国体制向新型举国体制转变的过渡期。

虽然举国体制的实践早已存在，不过举国体制的概念却出现得较晚。有研究指出，"举国体制"一词起源于 20 世纪 80 年代洛杉矶奥运会之后，国家体委对我国优势体育项目迅速崛起的经验总结，尔后逐渐演化成为我国体育体制的代名词。[①] 除了在体育领域，科技创新、危机管理、超大规模工程项目建设等领域随后也出现了举国体制的提法，主要是指以国家利益为最高目标，充分调动各方的积极性，给予政策倾斜、资源倾斜和精神支持，动员和运用全国财力、物力、人力达成国家既定目标的运行机制和制度安排。随着时代的发展，国家一方面继续肯定举国体制的重要价值，另一方面又创造性地提出新型举国体制的概念。2009 年国家提出"把社会主义集中力量办大事的优势和市场配置资源的竞争优势有机结合，探索健全市场经济条件下的新型举国体制"[②]。2015 年习近平总书记在党的十八届五中全会中首次明确提出"发挥市场经济条件下新型举国体制优势"[③]的重要思想。为何此时国家如此重视新型举国体制的制度安排？除了它契合中华民族儒家传统文化集体主义的价值逻辑、社会主义集中力量办大事的制度逻辑以及举国体制长期实践的历史逻辑之外，笔者认为，更重要的是，它还契合时代发展的现实逻辑，即深刻反映了当前我国所处的严峻国际发展环境以及特殊

---

① 参见鲍明晓：《关于建立和完善新型举国体制的理论思考》，《天津体育学院学报》，2001 年第 4 期。

② 刘延东：《健全体制机制 加强统筹协调 高质量高效率推进重大专项组织实施工作》，《人民日报》，2009 年 11 月 26 日，第 2 版。

③ 习近平：《关于〈中共中央关于制定国民经济和社会发展第十三个五年规划的建议〉的说明》，《求是》，2015 年第 22 期。

国家发展阶段的时代要求。因此,只有以国家竞争的国际视野和民族复兴的历史视野,才能充分认识和理解新型举国体制的必要性与重要性。

一、新型举国体制是顺应时代发展潮流、积极参与全球治理、有效应对大国竞争的客观要求

当今世界正面临百年未有之大变局,新一轮科技革命深入发展,全球治理体系深刻重塑,国际政治经济格局加速演变。2008 年国际金融危机之后,全球范围内出现了两股大趋势:一是美国、英国等传统发达国家加速衰落,中国、印度等新兴市场国家加速崛起。仅以中国和美国 GDP(购买力平价法,2017 年国际元)占世界总量比重为例,1990 年中国和美国的比重分别为3.16% 和 19.75% ,中国与美国的差距达到 16.59 个百分点;经过二十余年的持续发展,2019 年中国这一比重已经上升至 17.36% ,超出美国(15.81%)1.55 个百分点。[1] 事实表明,中国已经进入世界经济舞台中心,成为影响全球经济增长举足轻重的国家。二是以人工智能、虚拟现实、量子通信、生物技术、清洁能源为代表的第四次工业革命加速兴起,成为新一轮科技革命和产业变革的重要驱动力量。已有研究指出,新工业革命将重塑国家间竞争格局,为后发国家的竞争与赶超提供窗口期。[2] 在两股历史趋势汇合的时代大潮之下,诚如习近平总书记所言,未来 10 年,是世界经济新旧动能转换的关键 10 年,是国际格局和力量对比加速演变的 10 年,是全球治理体系深刻重塑的 10 年。[3] 机遇千载难逢,稍纵即逝,能否抓住未来 10 年

---

① 数据来源于世界银行数据库:https://data. worldbank. org/indicator/NY. GDP. MKTP. PP. KD? locations = CN − US − 1W。

② 参见谢伏瞻:《论新工业革命加速拓展与全球治理变革方向》,《经济研究》,2019 年第 7 期。

③ 参见习近平:《顺应时代潮流 实现共同发展——在金砖国家工商论坛上的讲话》,《人民日报》,2018 年 7 月 26 日,第 2 版。

大有可为的时代机遇,强化基础研究和应用研究,抢占新一轮工业革命的制高点,改变关键技术被美国等西方发达国家"卡脖子"的局面,实现整体科技实力从量的积累到质的飞跃,领跑世界科技前沿,进而在大国竞争中率先取得优势地位,推动国际秩序和全球治理体系朝着更加公正合理的方向发展,已经成为决定未来中国前途命运的分叉口。因此,创新举国体制,以新型举国体制的制度创新适应第四次工业革命发展的需要,以科技创新和制度创新双轮驱动我国迈向世界科技强国,引导资源和要素流向关乎国家竞争大局、国计民生事业的领域,是我国抢占经济新旧动能转换先机、应对国际力量演变和参与全球治理重塑的必然选择。

二、新型举国体制是充分利用后发优势、推动产业转型升级、确保中华民族伟大复兴顺利实现的重要制度保障

当今我国正处在中华民族伟大复兴的关键时期,也处于经济高速增长向高质量发展的转换时期以及全面建设社会主义现代化国家的启动阶段。根据国家发展生命周期理论分析,1949 年新中国的成立开启了中国现代国家发展生命周期的起点,2020 年之后中国将进入强盛期。在民族复兴伟业胜利在望之际,我国依旧长期面临转变发展方式、优化经济结构、转换增长动力、优化营商环境、推动乡村振兴等系列难题。仅以乡村振兴为例,共同富裕是社会主义的本质要求,在决战脱贫攻坚取得决定性胜利之后,[①]如何巩固脱贫攻坚成果、缓解相对贫困,成为下一步"三农"工作的重点。作为脱

---

① 2021 年 2 月 25 日,国家主席习近平在全国脱贫攻坚总结表彰大会上宣布:"在迎来中国共产党成立一百周年的重要时刻,我国脱贫攻坚战取得了全面胜利,现行标准下 9899 万农村贫困人口全部脱贫,832 个贫困县全部摘帽,12.8 万个贫困村全部出列,区域性整体贫困得到解决,完成了消除绝对贫困的艰巨任务,创造了又一个彪炳史册的人间奇迹! 历经 8 年,现行标准下近 1 亿农村贫困人口全部脱贫,832 个贫困县全部摘帽。"

贫攻坚的有效衔接,乡村振兴成为新时代继续推动农村繁荣发展的主导战略。然而与脱贫攻坚类似,若要实现乡村产业、乡村人才、乡村文化、乡村生态和乡村组织的全面振兴,特别是基础设施建设、人居环境改善、传统村落保护、社会保障救助等,仅仅依靠市场力量或者慈善公益组织等社会力量,无法在全国范围内大规模开展,必须继续发挥政府在对口帮扶、资金支持、土地规划、政策倾斜、制度安排等方面的引领推动作用,动用全国力量强化以工补农、以城带乡的体制机制,形成工农互促、城乡互补的良好局面。

总的来看,目前我国依然是世界上最大的发展中国家,仍处于社会主义初级阶段,发展仍是第一要务,是解决一切问题的总钥匙。当前我国还面临着许多目标明确、不得不做、时间紧迫、必须自力更生而无法寄希望于他国、影响全国发展大局和未来发展方向的大事,新型举国体制是解决当前特殊发展阶段众多难题的制度法宝。

第二节　新型举国体制的基本特征

新型举国体制是举国体制在中国特色社会主义新时代的历史传承与时代创新,从组织理论的视角可视为一次组织域的变革。它不仅需要继承传统举国体制的优点,而且应当契合社会主义市场经济、共赢主义经济全球化等时代大势(见表4.1)。

一、坚持党的领导是新型举国体制传承传统举国体制的领导核心特征

举国体制作为一种强大国家能力的体现,它根本上解决的就是"团结"

的问题，或者说是在复杂环境下的网络协作问题。[①] 团结的首要现实问题就是由谁来领导和组织的问题。1949 年之前的旧中国曾经长期处于"一盘散沙""四分五裂"的状态，最终历史和人民选择了中国共产党，其中一个重要原因就是中国共产党可以整合广大中国人民的伟大力量。办好中国的事情，关键在党。如今在波诡云谲的国际环境和日趋复杂的国内环境面前，只有中国共产党可以坚定全国人民的信心，也只有中国共产党具备"总揽全局、协调各方"的领导权威和领导能力，进而统筹协调动员全国的物力、财力和人力，调动中央政府和地方政府两个治理主体的积极性，使全国人民共同朝着一个目标持续奋进。因此，关于举国体制的领导和组织核心问题，新型举国体制和传统举国体制一脉相承。

二、坚持人民至上是新型举国体制传承传统举国体制的价值取向特征

发展依靠人民的重要前提是发展必须为了人民、发展成果必须由人民共享。社会主义制度之所以可以集中力量办大事、发挥人民的主体地位，关键在于始终坚持人民至上的价值取向。两弹一星、月球探测等科技工程，南水北调、脱贫减贫等民生工程，抗击非典、抗震救灾等应急工程，凡举国体制所办之事无一不是与广大人民的切身利益、长远利益和整体利益密切相关。任何发展方式都是手段，人的自由和全面发展才是最终目的。增进人民福祉、促进人的全面发展既是举国体制的出发点，也是它的落脚点。举国体制的最终目的乃是举国受益，脱离了这一原则，任何形式的举国体制将丧失最

---

① See Brett Doyle, Lessons on Collaboration from Recent Conflicts: The Whole – of – Nation and Whole – of – Government Approaches in Action, *InterAgency Journal*, 2019, 10(1).

坚实的合法性基础。因此,对于举国体制办人民之大事这一根本性问题,无论是新型举国体制"以人民为中心"的宗旨,还是传统举国体制"全心全意为人民服务"的宗旨,都是人民至上价值理念的充分展现。

三、充分适应社会主义市场经济是新型举国体制区别于传统举国体制的资源配置方式特征

改革开放之前,举国体制资源配置的主要方式是计划经济的行政指令,政策目标更多遵循的是政治逻辑。在特殊情况下,基于强烈的历史使命感,国家甚至不时打破制度、常规和专业分际,强力动员国家所需要的社会资源,①形成运动式治理特征。1992 年党的十四大提出了建立社会主义市场经济体制的改革目标,经过二十余年的不断发展和完善,市场已经在资源配置中起决定性作用。作为社会主义独特的政治制度和市场机制相结合的产物,新型举国体制必然要求突破传统举国体制以计划为主的资源配置方式,转向以市场为主的资源配置方式,在政策目标上兼顾政治逻辑和经济逻辑,更加尊重经济规律、科学规律和市场规律。以举国体制的资源动员能力弥补市场机制的无秩序和盲目性短板,以市场机制的资源配置能力弥补举国体制的弱激励和低效率短板,扬长避短,实现举国体制与市场机制的优势互补。实践也表明,有为政府与有效市场的两手合力优于市场一只手之力。因此,尊重经济运行的客观规律、充分发挥市场的资源配置作用是新型举国体制不同于传统举国体制最显著的特征。

---

① 参见冯仕政:《中国国家运动的形成与变异:基于政体的整体性解释》,《开放时代》,2011 年第 1 期。

四、充分发挥市场主体和社会组织力量是新型举国体制区别于传统举国体制的参与主体特征

传统举国体制的参与主体比较单一，主要是政府以及政府动员下的农民、工人和知识分子等个人。组织域的中心化程度很高，政府同时扮演了生产者、组织者和监管者的多重身份。改革开放之后，企业、个体工商户、农民专业合作社等市场主体以及社会团体、社会服务机构、基金会等社会组织蓬勃发展。其中，各类市场主体数量从改革开放初期的49万户，增长至2020年7月底的1.32亿户，增长了269倍，其中，企业4110.9万户，个体工商户8834.8万户。截至2020年底，各类社会组织总数达到899759个，民政部登记的社会组织数量达到2276个。① 一言以蔽之，当前组织域结构逐渐走向分散，政府的网络协调成本大幅度增加。因此，在新形势下，新型举国体制必然要求充分发挥市场和社会的力量，在中国共产党的领导下，实现组织域的适度去中心化，重点突出政府的核心职能，形成政府组织、市场生产、社会监督、个人参与等多元主体协同配合的参与格局，最大限度地调动和激发各方主体的积极性和创造性。

五、充分融入经济全球化进程是新型举国体制区别于传统举国体制的外部环境特征

第二次世界大战之后，美苏形成两极对峙的"冷战"格局。因此，传统举

---

① 市场主体数量数据来源于郝鹏：《激发各类市场主体活力》，载《〈中共中央关于制定国民经济和社会发展第十四个五年规划和二〇三五年远景目标的建议〉辅导读本》，人民出版社，2020年，第258页；社会组织数量数据来源于中国社会组织网：http://data.chinanpo.gov.cn/。

国体制面对的是一个相对封闭的外部环境,展现了极其艰难的特殊历史时期全国人民保卫国家安全和政权独立的自力更生、艰苦奋斗的民族斗志和精神风貌。20世纪90年代东欧剧变、苏联解体之后,和平发展大势不可逆转,世界政治经济格局走向多极化,经济全球化成为不以人的主观意志为转移的历史大势,我国融入世界的深度和广度不断加深和扩展。2009年我国超过德国成为世界第一大货物出口国之后,2013年进一步超过美国成为世界第一大货物贸易国。除此之外,自"一带一路"倡议提出以来,截至2020年底,已经得到全球138个国家和31个国际组织的积极响应,[①]成为逆经济全球化时代背景之下推动合作共赢新型经济全球化的重要平台。国内外要素合力显然优于国内单要素之力。外部环境的重大变化,使得新型举国体制可以在充分融入经济全球化的过程中利用国内国际两种资源、两种市场,以打破资源、技术、人才等要素的瓶颈和制约,呈现出与传统举国体制不同的开放发展特征。

表4.1　传统举国体制与新型举国体制的基本特征和运用领域

	传统举国体制	新型举国体制
领导核心	中国共产党	中国共产党
价值取向	全心全意为人民服务	以全体人民为中心
资源配置方式	计划经济体制	社会主义市场经济体制
参与主体	政府、工人、农民、知识分子	政府、市场、企业、社会、个人等
外部环境	"冷战"两极格局、美国制裁封锁	世界多极化、经济全球化
运用领域	两弹一星、扫除文盲、防治传染病、重大灾害、重大基础设施等	前沿科技、民生工程、扶贫脱贫、军民融合、应急管理、生态文明建设、国家重大项目和工程、竞技体育等

资料来源:作者自制。

　　总而言之,新型举国体制是对传统举国体制的扬弃,是面向国家和人民

---

① 　数据来源于中国一带一路网:https://www.yidaiyilu.gov.cn/xwzx/gnxw/155114.htm。

重大战略需求，在党的领导下多元主体共同参与，综合运用政府和市场等资源配置手段，凝聚各方力量以完成既定任务的一种组织模式和运行机制。在领导力量和价值取向等根本性和前提性问题方面，新型举国体制与传统举国体制一脉相承；在资源配置方式、参与主体和外部环境方面，新型举国体制进行适应性变革，呈现出与传统举国体制不同的时代特征。

第三节　新型举国体制的适用领域

新型举国体制是成就中国现代化伟业的国之利器，是强大国家意志和国家能力的有机结合。它在中国特色社会主义新时代无疑应当得以坚持和发扬，不过，它在运用的同时还必须特别重视对方向和边界的合理把握。已有研究指出，举国体制虽在理论上拥有一般协作的社会劳动生产力属性，但它并非适用于所有治理领域，正确识别它的应用对象是其决策重点和成功前提。[①] 依笔者之见，新型举国体制作为一种特殊的组织制度安排，主要解决的是市场经济广泛存在的市场失灵问题，主要提供的是具有巨大正外部性、巨国规模效应和提升国际竞争力的基础性、尖端性、长远性、公益性和重大性公共产品，它主要适用于以下领域：

一、涉及国家发展战略的前沿科技领域

当前国家竞争的主战场已经转移到科技竞争，科技创新能力不仅是企

---

① 参见谢富胜、潘忆眉：《正确认识社会主义市场经济条件下的新型举国体制》，《马克思主义与现实》，2020 年第 5 期。

业竞争的核心能力,更是国家参与全球竞争的核心能力。然而随着科学研究所需要的资源投入规模不断扩大,许多前沿科技创新早已不是凭借某个个人或独立机构可以完成的事业,国家在科技创新领域所扮演的角色日益重要。从科技发展规律来看,二战后科技发展模式逐渐从传统欧洲式的"自由探索"模式演变为以国家为主体的"大科学工程"模式与以市场为主体的"需求牵引"模式相结合。① 从各国科技发展实践来看,许多人或许认为只有社会主义国家或者发展型国家才有举国体制,而宣扬分权制衡和新自由主义的欧美发达资本主义国家不存在举国体制。事实并非如此,在航空航天方面,欧洲航天局(ESA)和美国国家航空航天局(NASA)就是典型的举国体制机构设置。② 为了完善国家创新体系,加快建设科技强国,党的十九届五中全会指出,强化国家战略科技力量,健全社会主义市场经济条件下新型举国体制。③ 因此,面向世界科技前沿和国家重大需求,当前必须牢牢掌握科技创新的主动权,以新型举国体制构建政府、企业、高校、科研机构、国家实验室等多元主体协同参与的国家科技发展体系,加强基础研究和原始创新,打好关键核心技术的攻坚战,积极引入民间资本探索各类政府与社会资本合作(PPP)模式,在战略必争领域打破重大关键核心技术受制于人的被动局面,引领世界科技发展潮流。

---

①　参见刘天星:《科技发展亟须构建新型举国体制》,《学习时报》,2019 年 7 月 7 日,第 6 版。

②　欧洲航天局(European Space Agency)成立于 1975 年,是欧洲二十余个国家参与的、致力于探索太空的政府间组织,总部设在法国巴黎。美国国家航空航天局(National Aeronautics and Space Administration)成立于 1958 年,是美国联邦政府负责制定、实施民用太空计划和开展航空科学研究的机构。

③　参见《〈中共中央关于制定国民经济和社会发展第十四个五年规划和二〇三五年远景目标的建议〉辅导读本》,人民出版社,2020 年,第 1 ~ 62、258 ~ 265 页。

二、涉及普惠兜底性质的民生工程领域

党的十九大报告指出："中国特色社会主义进入新时代，我国社会主要矛盾已经转化为人民日益增长的美好生活需要和不平衡不充分的发展之间的矛盾。"其中，普惠性、基础性、兜底性的教育、养老、医疗、就业、住房等民生工程就是发展不平衡不充分的重要体现。根据卡尔·波兰尼的"双重运动"（double movement）理论，市场社会包含了两种对立的力量，即自由放任的运动以扩展市场，以及反向而生的社会保护运动以防止经济脱嵌。[1] 如何在发展过程中保护脆弱的个体免遭自由放任市场经济的侵害，让改革发展成果更公平地惠及全体人民，关键是以国家的力量构建覆盖全民、统筹城乡的社会保障体系，在发展中保障和改善民生。在计划经济时期，针对民生领域的突出短板，举国体制的积极作用突出表现在开展扫盲运动、迅速降低文盲率，开展爱国卫生运动、防治各类传染病、推行农村医疗合作、提供基本卫生服务等方面，为改革开放之后经济的快速发展奠定了人口红利、健康红利和人力资本红利。在社会主义市场经济时期，民生问题的解决假若单纯依靠市场力量进行补救不仅不会得到弥合反而可能会有所扩大，只有继续发挥举国体制的积极作用，创新举国体制的形式，运用新型举国体制形成合力，才有可能在短时间内相对高效地补齐重大民生短板，为实现共同富裕奠定坚实基础。

---

① 参见［匈牙利］卡尔·波兰尼：《巨变：当代政治与经济的起源》，黄树民译，社会科学文献出版社，2013年，第31页。

三、涉及国家国防安全的军民融合领域

国防安全是最典型的公共产品,它的非排他性和非竞争性特征使得国家成为国防安全的天然垄断者和唯一供给者。何虎生认为,新型举国体制以实现国家发展和国家安全为最高目标。① 党的十八大以来,我国经济实力、科技实力、国防实力与综合国力进入世界前列。不过,从国际比较看,相对我国经济实力、科技实力而言,国防实力还显不足,为此,党中央明确提出强军目标,要求建设世界一流军队。为了实现这一目标,这就有赖于有效地将我国经济实力、科技实力和综合国力转化为国防实力,努力走出一条国家主导、需求牵引、市场运作相统一的军民深度融合之路。② 那么如何实现军民之间的深度融合? 关键是利用独特的新型举国体制优势,有效整合军队和市场的力量,打破军用系统和民用系统相互封闭的隔离状态,促进科技系统、经济系统和军事系统的跨区域跨领域协同合作,形成"军转民""民参军"和"军民通用"的军民融合渠道。习近平总书记在视察战略支援部队时特别指出:"要扭住军民融合不放松,善于在社会主义市场经济条件下发挥举国体制优势。"③新型举国体制在军民融合领域不仅应当有所作为,而且完全可以大有作为,从而在国家安全深刻变化的环境之下,推动新时代强国强军目标更快更好地实现。

---

① 参见何虎生:《内涵、优势、意义:论新型举国体制的三个维度》,《人民论坛》,2019 年第 32 期。

② 参见胡鞍钢、王洪川、谢宜泽:《强国强军的战略逻辑》,《清华大学学报(哲学社会科学版)》,2017 年第 5 期。

③ 习近平:《努力建设一支强大的现代化战略支援部队》,《人民日报》,2016 年 8 月 30 日。

四、涉及人民生命财产安全的应急管理领域

偶然性和突发性的自然灾害、事故灾难、公共卫生事件和社会安全事件是人民生命健康和财产安全的直接威胁，它们具有高度危险性、高度紧急性、高度不确定性以及信息不完整、不准确、不及时等特点，与它们的抗争是人类社会发展的永恒主题。无数的实践证明，举国体制是独具中国特色并行之有效的应急管理手段。事实一再表明，举国体制在短时间内防范化解重大安全风险、及时应对处置各类突发性灾害事故方面具有制度优势，它可以最大限度地保护人民生命财产安全，最大限度地降低原生或次生灾害损失。新型举国体制作为举国体制在新时代的延续和升级，它理所应当而且完全可以在突发事件的应急管理中继续发挥重大作用。

五、涉及国家可持续发展的重大生态文明建设领域

绿色发展是中国新发展理念的重要组成部分，是永续发展的必要条件和人民对美好生活追求的重要体现。在中国的绿色发展生态文明实践过程中，举国体制的制度优势发挥了重要作用，尤其是在举国受益的重大生态工程建设方面。以三北防护林工程为例，它从 1978 年开始启动，计划持续至2050 年，覆盖全国北方十三个省级单位，建设总面积407 万平方公里。目前三北工程已累计完成造林保存面积3014.3 万公顷，森林覆盖率由5.05% 提高到13.57%，被英国《经济学人》杂志称为迄今为止世界上最大的植树工程。[①] 在诸多国家重大生态工程的共同作用下，2019 年全国森林覆盖率达到

---

① 数据详见《重大工程彰显中国力量》，《人民日报（海外版）》，2019 年 9 月 26 日。

22.96%，①比 1978 年(12.7%)提高了 10.26 个百分点。不过，从世界范围看，人均资源紧缺、生态环境脆弱依然是当前我国的基本国情，绿色发展之路任重道远。针对绿色发展的薄弱环节和突出问题，党的十九届五中全会明确要求，加快推动绿色低碳发展，持续改善环境质量。为了顺应绿色工业革命的世界趋势，寻求中国特色的绿色发展道路，在全局性、基础性、公益性的生态工程建设方面，借鉴历史经验，依然可以合理地采用新型举国体制模式，协同住建、交通、水利、教育、气象等系统，广泛吸收"蚂蚁森林"项目、腾讯和京东网络募捐平台等社会力量，在全社会倡导绿色低碳理念，实现绿色发展、绿色投资、绿色消费、绿色创新，为下一个五年乃至未来更长时期的经济社会生态永续发展夯实基础。

六、涉及体育强国目标的竞技体育领域

体育强国梦是中华民族伟大复兴中国梦的重要组成部分。2019 年习近平总书记在会见中国女排代表时曾指出："实现体育强国目标，要大力弘扬新时代的女排精神，坚持举国体制和市场机制相结合。"②举国体制的概念最早出自竞技体育领域，竞技体育也是举国体制运用最充分、最系统、最悠久、最成功的领域之一。我国参加的历届亚运会、奥运会等国际体育竞技赛事证明，举国体制在为国争光、振奋民族自信心方面发挥了不可替代的重要作用。除此之外，英国过去二十多年的奥运历程也充分说明了新型举国体制的重要价值。1996 年亚特兰大奥运会英国仅摘得一枚金牌，世界排名第 36 位，处于历史最低位次。次年英国以财政拨款和博彩基金为资金支持成立

---

① 数据源自全国绿化委员会办公室：《2019 年中国国土绿化状况公报》，2020 年 3 月 11 日。
② 详见《习近平会见中国女排代表》，《新华每日电讯》，2019 年 10 月 1 日。

国家级的高水准体育管理机构，即英国体育协会（UKSport），将举国体制和市场机制相结合动员全民力量发展竞技体育项目。在随后的悉尼、雅典、北京、伦敦和里约奥运会，英国竞技体育实现重大突破，分别取得 11 枚（第 10 位）、9 枚（第 10 位）、19 枚（第 4 位）、29 枚（第 3 位）、27 枚（第 2 位）金牌，英国竞技体育的巨大成功也带动了群众体育的推广和普及。面对体育强国建设的新征程，钟秉枢认为，新型举国体制优势至少可以在体教融合、全民健身、科学训练、大型赛事举办等方面发挥重要作用。[①] 因此，未来应当立足本国国情和国际经验，遵循体育运动的客观发展规律，以重大体育赛事为契机，运用新型举国体制推动竞技体育发展，通过竞技体育带动校园体育、群众体育和体育产业，发展体育运动、增强人民体质。

第四节 本章小结

实践是认识的来源，是认识发展的动力。关于举国体制的实践，它早在古代农业文明时期就已经开始。新中国成立之后，凭借社会主义集中力量办大事的独特制度优势，在科技发展、民生改善和国防建设等方面，举国体制更是做出了不可磨灭的历史贡献。对于人口规模巨大和国土面积广袤的"广土巨族"而言，举国体制可谓是极富中国特色符合中国国情的制度安排和治国智慧，是社会主义制度优势转化为国家治理效能的重要渠道，也是在发挥后发优势实现跨越式发展方面可供广大发展中国家借鉴的中国方案。然而对于举国体制的认识，理论界的讨论却大都停留在竞技体育领域，不仅落后于现实丰富实践的需要，甚至陷入了对举国体制的认识误区。事实证

---

① 参见钟秉枢：《新型举国体制：体育强国建设之保障》，《上海体育学院学报》，2021 年第 3 期。

明,举国体制仍然没有过时,举国体制过去的弊端不在于其本身,而在于没有因时制宜、与时俱进,受制于所处的特殊时代,缺乏对市场的有效运用和对边界的合理把握。党的十八大以来,习近平总书记在不同场合多次提到举国体制的概念,对举国体制的制度优势及其取得的实际效果予以了充分肯定和高度认可,并提出了探索建立新型举国体制的时代任务,赋予了举国体制新的时代内涵。

新型举国体制是传统举国体制在新时代的转型升级,不仅契合集体主义的价值逻辑、社会主义的制度逻辑和长期实践的历史逻辑,还契合中华民族伟大复兴战略全局和世界百年未有之大变局国内国际"两个大局"的现实逻辑。在领导力量和价值取向方面,新型举国体制继承了传统举国体制的优良基因;在资源配置、参与主体和开放发展方面,新型举国体制根据社会主义市场经济和经济全球化的时代转变,又呈现出不同于传统举国体制的重要特征。简言之,新型举国体制的"新型"最主要体现在资源配置市场化、参与主体多元化和外部环境开放化方面。在当今国家竞争日益加剧和民族复兴胜利在望的关键时期,在理论层面,应当更加坚定中国特色社会主义道路自信、理论自信、制度自信和文化自信,站在大国竞争的国际格局和民族复兴的历史纵深认识新型举国体制的制度价值和独特优势;在实践层面,则应当坚持需求导向和问题导向,主动探索新型举国体制的发展模式,尤其是在涉及国家重大战略需求和人民生命健康安全的前沿科技、民生改善、军民融合、应急管理、重大生态工程以及竞技体育等领域,应当充分发挥新型举国体制的积极作用,推动国家治理体系和治理能力现代化。

视 域 篇

第五章　政党中心论视域下的当代中国国家能力建构

　　中华人民共和国自成立以来,经过七十余年的艰苦奋斗,取得了举世瞩目的伟大成就,创造了世所罕见的经济快速发展奇迹和社会长期稳定奇迹。[①] 关于"两大奇迹"背后的深层次原因,许多学者认为,强大的国家能力是其中的关键要素。比如,周黎安(2019)认为,在西方理论关照之下,作为政府运行扭曲乱象之源的强大国家能力,恰是中国政府治理模式的鲜明特色,它在经济高速发展过程当中发挥了极其重要的作用;[②]王绍光(2019)指出,历史的、跨国的和当代的研究均表明,政治经济体制转型比较顺利、现代经济增长出现比较早先的国家都是国家能力增强在前,经济发展随后;[③]杨虎涛、刘方(2019)则表述地更直截了当:作为典型的国家主导型发展,中国模式最特殊之处,不在于经济战略的目标设定和策略组合,而在于强大的国

---

　　① 参见《中共中央关于坚持和完善中国特色社会主义制度 推进国家治理体系和治理能力现代化若干重大问题的决定》,《人民日报》,2019 年 11 月 6 日,第 1 版。
　　② 参见周黎安:《如何认识中国?——对话黄宗智先生》,《开放时代》,2019 年第 3 期。
　　③ 参见王绍光:《改革开放、国家能力与经济发展》,《中国政治学》,2019 年第 1 期。

家能力及其持续性保障。[①] 既然已有研究普遍认为强大的国家能力之于当代中国经济社会的发展进步不可或缺,那么当代中国的国家能力从何而来?针对这一问题,以往的研究鲜有充分的讨论,即便在为数不多的文献当中,也缺乏行为主体的分析视角。鉴于此,笔者在梳理国家能力产生学说的基础上,对其在中国情境的适用性进行讨论,然后基于政党中心论的视角,分析作为独立行为主体的中国共产党与国家能力建构的关系,最后提出以新时代党的建设推动新时代国家能力建设的社会主义现代化国家建设路径。

第一节   国家能力产生的两类学说及其缺陷

自"回归国家"学派形成以来,关于国家能力的研究,主要可以分为两个方向:一是将其视作自变量,通常考察的是国家能力对经济社会的潜在影响;二是将其视作因变量,通常考察的是国家能力产生兴起的过程缘由。其中,前一种研究占据主流,在后一种研究当中,综合既往文献,大致又可以总结为如下两类学说(见图5.1)。

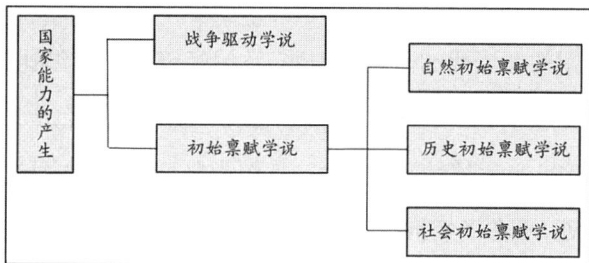

图5.1　国家能力产生的两类学说

资料来源:作者自制。

---

① 参见杨虎涛、刘方:《理解中国模式——国家能力的视角》,《政治经济学报》,2019 年第 3 期。

一、国家能力产生的两类学说

第一,"战争驱动学说",即将国家能力的起源归结为地缘政治引发的地区冲突或战争动员。其中,最鲜明的观点莫过于查尔斯·蒂利(2012)提出的命题,即"战争缔造国家、国家发动战争"。蒂利认为国家是运用强制力量的组织,而资本可以用于购买强制资源,因此强制力量和资本的积累与集中在欧洲民族国家的形成过程中发挥了关键作用,强制与资本的不同结合方式形成了不同类型的国家。在国际竞争尤其是战争和准备战争的压力驱使下,资本和强制资源汇集到了国家层面,从而形成了欧洲早期的民族国家。[1]简言之,地缘政治压力是国家形成的催化剂,强制能力和汲取能力等国家能力的形成演进是对战争危机的回应。运用战争驱动模型,国内学者张孝芳研究指出,外国军事干预与入侵加剧了近代各类政权的生存压力,抗日战争驱动着根据地政权通过军事制度理性化提高强制能力,通过财税制度理性化提高汲取能力以及通过司法制度理性化提高保护能力建设,这为日后全国性政权的现代国家建设奠定了坚实基础。[2] 李飞跃等(2019)研究也发现,抗日战争是当代中国国家能力的重要起源,抗战经历赋予了基层政府与地方组织较强的治理能力。[3]

第二,"初始禀赋学说",即将国家能力的起源追溯至现代国家诞生之前的初始禀赋。不过,根据切入视角的差异,这一学说又呈现出三个形态:一

---

[1] 参见[美]查尔斯·蒂利:《强制、资本和欧洲国家(公元990—1992年)》,魏洪钟译,上海世纪出版集团,2012年,第20~24页。

[2] 参见张孝芳:《战争与国家能力:抗日根据地政权建设研究》,中国社会科学出版社,2019年,第38~40页。

[3] 参见李飞跃、张冬、刘明兴:《抗日战争的经济遗产:国家能力、经济转型与经济发展》,《南开经济研究》,2019年第3期。

是强调自然因素的自然初始禀赋学说;二是强调历史传统的历史初始禀赋学说;三是强调社会力量对比的社会初始禀赋学说。首先,自然初始禀赋学说认为国家能力的形成肇始于自然条件的细微区别。比如,Acemoglu 等(2001)研究了广大曾经被欧洲殖民的国家之后发现,它们当前的经济绩效取决于当前的制度安排,当前的制度安排又取决于过去的制度安排,而过去的制度安排则取决于历史上的殖民政策,宗主国一般在适宜人居的殖民地制定着眼长远的保护产权的包容性制度,在不宜人居的殖民地则制定只顾当前利益的掠夺性制度。① 换言之,当代国家能力的终极根源如果环环相扣地往前追溯,最后可以归因于气候和地理等客观因素。

第三,历史初始禀赋学说认为国家能力的形成源于漫长的历史演变。比如,弗朗西斯·福山(2015)认为,以中国为代表的东亚国家的强大国家能力,源自悠久的国家传统和民族认同。② 除此之外,关于中世纪和现代早期欧洲国家的形成,托马斯·埃特曼(2016)认为,欧洲国家的政治道路不仅取决于战争的密度,还取决于参与战争的时机以及原罗马帝国的政治遗产、议会制度的不同形式,不同历史元素的排列组合将分别形成绝对主义世袭制国家(如法国、西班牙)、宪政主义世袭制国家(如波兰、匈牙利)、绝对主义官僚制国家(如日耳曼、丹麦)、宪政主义官僚制国家(如英国、瑞典)四种类型,由此也决定了它们国家能力的差别。③ 无独有偶,Besley & Persson(2009)也认为,当前的政策选择受制于国家过往在法治能力和财政能力方面的互补性投资,而决定国家能力投资多寡的是历史时期的公共产品需求程度、政治

① See Acemoglu Daron, Johnson Simon and Johnson A. James, The Colonial Origins of Comparative Development: An Empirical Investigation, *American Economic Review*, 2001, 91(5).

② 参见[美]弗朗西斯·福山:《政治秩序与政治衰败:从工业革命到民主全球化》,毛俊杰译,广西师范大学出版社,2015 年,第 307 页。

③ 参见[美]托马斯·埃特曼:《利维坦的诞生——中世纪及现代早期欧洲的国家与政权建设》,郭台辉译,上海世纪出版集团,2016 年,第 16 ~ 32 页。

稳定程度和制度包容程度。① 总而言之,国家能力根植于漫长的过去,在某种程度表现出一定的历史特殊性和偶然性,不过,一旦形成之后,又会产生自我强化的路径依赖和"复利效应",对整个国家的未来发展产生深远影响。

第四,社会初始禀赋学说认为国家能力取决于国家与社会的力量对比。比如,乔尔·米格代尔(2012)认为,国家能力的本质是对社会的支配和控制,初始的社会结构将制约着国家能力的发展。国家看似是一个庞然大物,但面对部落、宗族等组织构成的碎片化社会格局,实则通常难以按照自身意志改造社会。作为第三世界的以色列、印度、塞拉利昂,国家独立之前的社会碎片化程度依次增强,摆脱殖民(托管)之后的国家能力则依次降低。② Acemoglu & Robinson(2017)认为,国家与社会的竞争推动着国家能力的发展,二者初始的不同力量对比将最终形成不同的国家能力稳态。当社会力量强于国家力量时,随着时间的推移,它将会形成脆弱国家;当国家力量占据上风时,国家形态将朝着所谓的专制方向发展;若二者旗鼓相当势均力敌,国家形态将往包容性方向前进。以上三种情形反映了由弱渐强的国家能力光谱,它们的代表性国家分别是欧洲的黑山、德国和瑞士。③

二、既有理论对中国情境的适用性讨论及其缺陷

不可否认,上述观点都从不同侧面阐述了国家能力的起源成因,对理解当代中国国家能力的塑造具有重要的启示意义。然而回顾以上两类学说,

---

① See Besley Timothy and Persson Torsten, The Origins of State Capacity: Property Rights, Taxation, and Politics, *American Economic Review*, 2009, 99(4).

② 参见[美]乔尔·米格代尔:《强社会与弱国家——第三世界的国家社会关系及国家能力》,张长东、朱海雷、隋春波等译,江苏人民出版社,2012 年,第47~54 页。

③ See Acemoglu Daron and Johnson A. James, The Emergence of Weak, Despotic and Inclusive States, *NBER Working Paper No.* 23657, August 2017.

可以发现它们在中国情境的适用性方面依然存在不尽如人意之处。比如,
"战争驱动学说"无法解释为何同样经历了第二次世界大战的广大发展中国
家,却只有中国、韩国、新加坡等少数国家和地区取得了堪称奇迹的伟大经
济社会成就;"自然初始禀赋学说"无法解释为何许多与中国位于相似纬度
区间或相似气候地带的国家,国家能力的表现却存在云泥之别;"历史初始
禀赋学说"无法解释为何同样秉承悠久国家传统的晚清政府、北洋政府和南
京国民政府,却长期处于国家能力低端锁定的状态无法自拔;而"社会初始
禀赋学说"主要强调国家与社会争夺控制权的事实,却忽略了中国古代封建
王朝中央政府与民间组织广泛存在的相互合作共同推动国家有效治理的事
实(龙登高等,2021)。[①] 上述理论之所以南橘北枳、水土不服,可能主要存在
以下原因:

第一,重视西方中心论的理论倾向,遮蔽了非西方国家的国家能力建构
历史。无论是"战争驱动学说"还是"初始禀赋学说",它们主要以欧洲国家
或部分被欧洲长期殖民的国家作为研究对象。比如,Dincecco & Wang
(2018)研究发现,暴力冲突与国家能力的关系不可一概而论,它受国家所处
的政治地理环境影响;在中世纪,欧洲在政治上长期分裂,单个国家地理面
积有限,因此面对战争冲突,近代欧洲更容易形成代议制度,从而扩大税基、
强化税收遵从,形成更强大的国家汲取能力。[②] 基于形式模型的逻辑演绎,
Besley & Persson(2008)则发现战争与国家能力的关系取决于战争属性,外
部战争可以促进更大的国家财政能力投资,内部战争的效应则正好相反。[③]

[①] 参见龙登高、王明、陈月圆:《论传统中国的基层自治与国家能力》,《山东大学学报(哲学社会科学版)》,2021 年第 1 期。

[②] See Dincecco Mark and Wang Yuhua, Violent Conflict and Political Development over the Long Run:China versus Europe, *Annual Review of Political Science*, 2018, p. 21.

[③] See Besley Timothy and Persson Torsten, Wars and State Capacity, *Journal of the European Economic Association*, 2008, 6(2-3).

根据 Dincecco & Wang(2018)的统计,公元 10 世纪至 18 世纪,四分五裂的欧洲主要是敌对国家之间的战争,基本不存在国内暴乱,而大一统的中国则 65% 以上都是内部战争。[1] 除此之外,即使在欧洲,Gennaioli & Voth(2015)发现军事战争与国家能力的正向关系也不尽然,如果抽离财政税收影响战争结果这一预设前提,它们完全可能是一种负向关系。[2]

第二,重视国家的静态制度结构属性特征,忽视了国家作为能动行为主体的属性。关于国家如何运作的研究,根据曹胜(2019)的说法,主要存在韦伯－欣策式和托克维尔式两种进路,前者视国家为能动的行为主体,后者则视国家为静态的制度结构。[3] 关于二者的选择,田野(2013)认为,虽然国家的行为主体属性和制度结构属性相互塑造,但在同一问题上,二者必居其一,国家不可能既是行为主体又是制度结构。[4] 观察既往理论,无论是 Acemoglu 等对掠夺性制度和包容性制度的划分,抑或是托马斯·埃特曼对世袭制国家和官僚制国家的判别,它们主要遵循的是国家运作的托克维尔式进路,即凸显国家的制度结构对社会形态的框定和塑造。国家是制度结构和行为主体的结合,二者在不同的发展阶段和事务层面交替发挥作用。在普通时期,社会结构往往具有主宰性力量,然而在某些特殊时期,原来占主导地位的结构机制有可能被打破,行动者的重要性由此凸显出来。[5] 因此,强调前者固然有助于归纳普通时期国家能力产生的一般性规律,然而忽视后

---

① See Dincecco Mark and Wang Yuhua, Violent Conflict and Political Development over the Long Run: China Versus Europe, *Annual Review of Political Science*, 2018, p.21.

② See Gennaioli Nicola and Voth Hans – Joachim, State Capacity and Military Conflict, *Review of Economic Studies*, 2015, 82(4).

③ 参见曹胜:《探寻利维坦的行动逻辑——国家中心范式的研究进路与分析框架》,《学海》,2019 年第 2 期。

④ 参见田野:《探寻国家自主性的微观基础——理性选择视角下的概念反思与重构》,《欧洲研究》,2013 年第 1 期。

⑤ 参见赵鼎新:《论机制解释在社会学中的地位及其局限》,《社会学研究》,2020 年第 2 期。

者却难以解释特殊时期或转型时期国家能力的动态突变及其背后的动力源泉。

第三，强调社会中心主义或国家中心主义的研究范式，过滤了后发国家政党的独特作用。关于政党与国家的关系，在西方国家，通常是先国后党，政党只是现代国家形成之后政治生活领域的一个关键行动者，而在后发国家，通常是以党建国，政党在国家建设方面发挥了不可替代的重要作用（孟天广、王烨，2020）。[①] 因此，既往的以先发国家历史经验为参照的国家能力起源学说，遵循的多是社会中心主义或国家中心主义的研究范式，往往自动过滤了政党的角色。然而比较了不同国家的现代化道路之后，杨光斌（2016）却发现，与英美的商人阶层主导模式和法德日的官僚体系主导模式不同，俄国是政党主导下的制度变迁。[②] 金碚（2020）也指出，将政党默认为"政府"的一个组成因素，运用政府功能的行为假设涵盖政党的角色和作用，不仅不是理论逻辑的合理"抽象"，而是对客观世界的严重歪曲。[③] 一言以蔽之，忽视政党的客观存在或将政党的特殊角色硬塞在政府的框架之内的任何理论，对后发国家的国家能力建构而言，都难免存在削足适履之嫌。

第二节　国家能力建构的政党比较优势

国家能力的形成是不同要素综合作用的结果，毋庸置疑，其中既包括残酷的战争因素，也包括特定的自然因素、深远的历史因素和沉积的社会因

---

① 参见孟天广、王烨：《国家治理现代化的"新叙事"：转型中国的党建与国家建设》，《华中师范大学学报（人文社会科学版）》，2020 年第 6 期。
② 参见杨光斌：《比较政治学：理论与方法》，北京大学出版社，2016 年，第 271 页。
③ 参见金碚：《论中国特色社会主义经济学的范式承诺》，《管理世界》，2020 年第 9 期。

素。在众多因素当中,为什么后发国家政党的角色依然不容忽视、引人瞩目? 笔者认为,主要原因或许在于以下三点:

第一,国家能力建构是化潜为显的过程,政党的在场有助于调动潜在的国家能力积极因素。任何国家的自然、历史、社会因素之中都蕴藏着国家能力建构的有益成分。但是对于任何一个政权而言,它们都不会自动地暴露出来并发生作用,若要为国家能力建构所用,则必须借助于特殊的外部力量发现之、辨认之、善用之。而欲实现这一目的,外部力量首先必须是能动的行为主体;其次,还应当具有一定的时代感知力、政治判断力、公共领导力、资源整合力。在现代政治的活动主体当中,政党作为先进社会思想和时代观念的组织化身,又是规则、机构与成员等要素有机组合的载体,是政治生活中最积极、最活跃、最有感召力的组成部分,具有充分调动国家能力积极因素进行国家建设的政治意愿与政治能力,无疑是扮演这一化潜为显外部力量角色的理想选择。

第二,国家能力建构是多方协作的结果,政党的在场有助于整合国家与社会的需求。强大的国家能力不是体现在独断专行地对社会进行粗暴的干预,而是体现为对社会的深度融合和有效渗透,因此国家与社会之间相互嵌入、例行协商是国家能力建构的内在要求。然而随着人口规模不断扩大和社会利益日益多元,如何将国家信念、政策和主张延伸至社会的每一个角落,又将社会不同阶层的利益和诉求不断汇集至国家层面,是一项庞大且复杂的政治工程。在这一政治工程的实施设想当中,国家中心主义或社会中心主义往往执其一端,前者强调国家相对于社会力量的自主,后者则强调社会对国家权力的制约,而淡化了二者有机连接与彼此协作的现实可能和重要意义。政党作为利益整合和表达的制度化工具和中介组织,既可将社会意见上传,亦可将国家意志下达,构成了沟通国家需求和社会需求的传送带和粘合剂,成为现代国家能力建构的重要一环。

第三,国家能力建构是集体行动的产物,政党的在场有助于破解集体行动的困境。强大的国家能力是典型的非排他性和非竞争性的公共产品,它的建构无法依靠原子化的松散个人,只能依靠以个人为基础的集体行动。然而个人理性的集合不等于集体理性,相反地,寻求自我利益的个人通常不会采取行动实现共同利益,故而集体行动总是难以达成,即形成"集体行动的困境"。那么,如何破解这一难题,目前依然没有放之四海而皆准的有效方法。但是曼瑟尔·奥尔森研究发现,较之于大集体,小集体更有可能实现共同利益;较之于排他性集体,相容性集体更有可能实现共同利益。① 相对于少则百万多则数亿人组成的大集体而言,由其中一部分人组成的政党无疑是小集体;相对于一盘散沙、偏好各异的个人利益主体而言,政党本身乃是一个共同利益或共同信念聚合的相容性组织。因此,在国家能力建构的集体行动实践场域里,政党占有天然的比较优势。

第三节　中国共产党与当代中国国家能力建构历程

既然后发国家政党之于国家能力建构如此重要,那么中国共产党是如何建构中国国家能力的? 当然,首先必须说明的是,国家能力作为一个能力的集合体,它的建构是一项系统工程。中国共产党作为中国国家能力建构的领导核心,它在其中所发挥的作用无疑是全方位的。然而如若不分主次地"眉毛胡子一把抓",对于一项学术研究而言,既不可能也无必要,关键还是应当抓住主要方面。鉴于此,本书主要阐释中国共产党对国家自主性、国

---

① 参见[美]曼瑟尔·奥尔森:《集体行动的逻辑》,陈郁、郭宇峰、李崇新译,格致出版社、上海人民出版社,2014 年,第 3~4 页。

家汲取能力、国家强制能力的建构。其原因在于,国家自主性是国家能力存在的前提,而国家汲取能力和国家强制能力则是国家能力最基础的两大类型,是其他国家能力存在和发展的前提,也分别是经济快速发展和社会长期稳定"两大奇迹"诞生的先决条件。

一、中国共产党与国家自主性

国家自主性作为一种国家独立的偏好和行为,它并非与生俱来的。时至今日,放眼全球,缺失自主性的所谓"失败国家"或"脆弱国家"至今仍旧比比皆是。鸦片战争之后,受西方列强的入侵、连绵不断的军阀混战以及各自为政的地方割据,清末至民国的历代中央政府无一可以称得上真正实现过国家自主,晚清政府签订的众多不平等条约以及南京国民政府两次土地制度改革的失败即是例证。直至中华人民共和国的成立,自立于世界民族之林,国家长期无法自主的局面才算彻底改变,而在其中,中国共产党是这一重大历史转折的关键变量。

首先,在国家–国际层面,中国共产党带领中国人民实现民族解放和国家独立,维护了主权完整,实现了国家的外在自主性。民族解放和国家独立是国家自主的基本要件,否则,国家充其量只是外部干预势力的附庸或傀儡。中英《南京条约》之后,中国逐渐沦为半殖民地半封建社会。在此后一个多世纪,这一社会性质都没有发生实质性的改变。国家虽然保持了形式上的独立,但在政治、经济、文化等各方面却无一不受帝国主义的钳制和压迫,领土主权、司法主权、关税主权等遭受严重侵蚀,国家无自主性可言。资产阶级革命派领导的辛亥革命,虽然结束了两千余年的封建君主专制,但中华民国政府为了获得帝国主义的支持,却不敢与帝国主义公开决裂,依然承认不平等条约有效,表现出极大的软弱性和依附性。直至中国共产党的出现,中国近代史上才第一次明确地提出反帝反封建的民主革命纲领。之后通过艰苦卓绝的抗日战争和解放战争,打败了日本帝国主义以及其他帝国主义在华利益的代理人。新中国成立之后,在中国共产党的领导下,中国政府奉行独立自主的和平外交方针,以前所未有的气魄废除了帝国主义依据不平等条约在中国享有的一切特权,一改旧中国百年来的屈辱外交形象。1953 年抗美援朝的胜利,更是彻底扫除了中国人民近代以来任人宰割、仰人鼻息的百年耻辱。总而言之,经过一系列的艰苦斗争,近代以来长期求而不得的国际社会自主性在中国共产党的领导下才最终得以彻底实现。

其次,在国家–社会层面,中国共产党以人民为中心代表公共利益和公共意志,消除了分利集团,实现了国家的内在自主性。除了外在自主性,国家自主性的一个重要表现还在于脱胎于社会的国家足以摆脱社会组织的掣肘,超越个人和群体利益而代表公共利益和公共意志。然而建立一个代表公共利益和公共意志的中性政府,却绝非易事。它要求国家保持中立公正,摆脱分利集团的俘获,避免成为利益集团谋取私利的工具,真正代表最广大人民的长远利益、整体利益和根本利益。由于阶级属性的局限,古代的封建王朝到近代的中华民国,它们无一不是代表地主阶级或大资产阶级等少数人的利益,公共政策的制定不可能真正超越阶级利益而反映公共意志。中国共产党的不同之处在于,它代表的是最广大人民群众的利益,除此之外没有自己特殊的利益,这从根本上保证了中国共产党建立的新型政府的公共性。新中国成立初期,在中国共产党的领导下,新中国开展了有史以来最大规模的土地改革运动,彻底消灭了延续几千年的地主土地所有制;1953—1956 年,又对农业、手工业和资本主义工商业进行社会主义改造,将生产资料私有制转变为社会主义公有制,破除了一切分利集团存在的经济基础,以政治革命推动经济革命,进而推动社会革命,打破古代中国长期以来国家与社会的疏离,重塑国家与社会关系,为实现国家内在自主性铺平道路;同时大刀阔斧地进行制度建设,创建了人民代表大会制度、中国共产党领导的多党合作和政治协商制度、民族区域自治制度以及基层群众自治制度,疏通不同群体的利益表达渠道,以确保党的主张和国家的政策充分反映最广大人民群众的利益诉求。在此后七十余年的执政过程中,中国共产党通过不断自我革命,加强党的建设,全面从严治党,始终保持党的先进性和纯洁性,从而确保了国家长期的内在自主。

二、中国共产党与国家汲取能力

国家汲取能力是国家从社会获取财政资源的渗透能力,它虽非越高越好,但是太低则无法维持国家的正常运转,让国家陷入被动的境地,因此不少研究者将提升国家汲取能力视为现代国家建构的核心任务。[①] 在封建时代,中国受制于制度和技术等的限制,国家汲取能力一直不高。北宋元丰八年(1085 年)人均税收负担为 0.8 石米,清朝乾隆四十一年(1776 年)则下降至 0.12 石米,处于世界最低水平;第一次鸦片战争前夕,清政府人均税收约为 3.4 克银,仅相当于英国(303.8 克银)的百分之一;[②]财政收入占国民收入的比重至多不超过 2%,而同时期的日本德川幕府则高达 15%。[③] 国家汲取能力的巨大差异也被认为是近代"中西大分流"和"中日小分流"的重要原因。

事实上,整个中华民国时期,国家汲取能力低下的局面也没有明显改

---

① See Kaldor Nicholas, Will Underdeveloped Countries Learn to Tax? *Foreign Affairs*, 1963, 41; Besley Timothy and Persson Torsten, Why Do Developing Countries Tax So Little? *Journal of Economic Perspectives*, 2014, 28(4).

② See Brandt Loren, Ma Debin and Rawski G. Thomas, From Divergence to Convergence: Reevaluating the History behind China's Economic Boom, *Journal of Economic Literature*, 2014, 52(1).

③ See Sng Tuan – Hwee and Moriguchi Chiaki, Asia's Little Divergence: State Capacity in China and Japan before 1850, *Journal of Economic Growth*, 2014, 19(4).

观。北洋政府统治的短短十五年里,由于派系斗争和军阀混战,中央政府掌权者频繁更迭,政权维系主要依靠滥借外债和发行内债,国家根本没有真正的财政系统可言。1927 年南京国民政府成立之后,国家汲取能力有所上升,但仍然属于偏低的发展状态。据估算,抗日战争全面爆发之前,国民政府中央财政收入占 GDP 的比重平均约为 3%,1936 年达到最高值,约为 6.4%;而同一时期日本、英国的这一比重平均约为 30.3% 和 18.1%,二者的最高值更是达到 43%(1936 年)和 20.1%(1931 年)。①

新中国成立之后,在中国共产党的领导下,中央人民政府多管齐下,在短时间内重塑了国家汲取能力,将国家汲取能力提升至一个现代国家所应具备的水平。一是努力开辟营业税、所得税等工商业税源,改变传统以盐税、关税、土地税等为主体的单一税种结构,同时通过国有企业利润上缴增加政府收入;二是留任和改造旧税收系统征税人员与培养既忠于新政权又具备专业技能的新型税务人员并举,塑造一支尽职尽责、清正廉洁的征税队伍,一改旧中国税务系统积习难改的贪污腐败弊病;三是借助"三反""五反"等独具中国特色的运动式治理模式,极大地震慑了逃税漏税等不法行为,有效提升了广大纳税者的税收遵从度;四是发挥群众路线的优良传统,创造性地运用行业协会、居民组织和工人群体等社会力量,进行纳税者识别、纳税义务分配和监管,弥补了新中国成立初期征税人员不足的缺陷。王绍光曾以武汉为例,细致地还原了当初的那段历程。② 总而言之,通过一系列制度创新和适应性调整,中央政府实现了对全国财政经济工作的统一领导和统一管理,构建了一个独立自主的财政体系,确保了国家收入的主要部分向中

---

① 参见焦建华:《南京国民政府前期财政汲取能力再评价(1927—1936)》,《华中师范大学学报(人文社会科学版)》,2020 年第 7 期。

② 参见王绍光:《国家汲取能力的建设——中华人民共和国成立初期的经验》,《中国社会科学》,2002 年第 1 期。

央集中,国家汲取能力在短时间内发生了质的变化。根据国家统计局公布的数据,1953—1978年,全国财政收入占GDP的比重平均约为28.2%,中央财政收入占全国财政收入的比重平均约为35.5%;其中,1950年全国财政收入为62.17亿元,至1953年翻了三倍多,达到213.24亿元,中央财政收入达到177.02亿元,占全国财政收入的83%,中央财政收入和全国财政收入占GDP的比重分别为21.5%和25.9%,前者比南京国民政府1936年的峰值高出15.1个百分点。

改革开放之后,中央政府打破了计划经济时期大一统的财政体制,实施"划分收支、分级包干"的财政包干制。财政分权虽然充分调动地方政府的积极性,但同时也不可避免地导致国家汲取能力有所下降。1993年中央财政收入占全国财政收入的比重为22%,处于新中国成立以来的历史最低点,全国财政收入占GDP的比重为12.2%,也处于历史最低区间。面对"两个比重"不断下降的态势,党中央和国务院通过制度创新和技术赋能双轮驱动,即一方面进行制度创新,果断采取分税制改革,根据事权和财权相匹配的原则,按税种重新划分中央和地方收入;另一方面借助技术力量,实施以强化增值税管理为主要目标的"金税工程",运用现代信息技术加强税收监管,及时扭转国家汲取能力的下降趋势。1994年中央财政收入占全国财政收入的比重迅速上升至55.7%,而且此后一直保持在50%的水平;全国财政收入占GDP的比重也基本逐年递增,并于2010年突破20%,2020年为18%。① 党的十八大之后,财政被定位为国家治理的基础和重要支柱,国家汲取能力的重要意义进一步凸显。为此,在党中央统一部署下,国家深化财税体制改革,推动建立现代财政制度,不断巩固国家汲取能力。比如,2016年全面推行"营改增"改革,金税工程三期覆盖全国;2018年启动国税地税征

---

① 数据来源于国家统计局官网:https://data.stats.gov.cn/easyquery.htm?cn=C01。

管体制改革,合并国税地税机构,进一步降低税收征纳的制度性交易成本,提高税收征管效率;2021年又将国有土地使用权出让收入、矿产资源专项收入等政府非税收收入统一划转税务部门征收,实现非税收收入的规范化和透明化,强化国家汲取能力的合法性依据。

三、中国共产党与国家强制能力

国家是特定疆域范围内垄断暴力合法使用权的人类共同体。暴力垄断是其最本质的特征之一,而欲维持暴力的国家垄断,强制能力必不可少。以理想型国家为参照系,强制能力似乎只是对一个国家的基本要求,但从国家的实践来看,它却是衡量执政水平的一个极高标准。从古至今,不具备充分强制能力的国家不胜枚举。在近代中国,由于中央政府缺乏足够的强制能力,军阀割据、社会动荡不断,国家长期面临"国将不国"的危险。新中国的成立彻底终结了这一危险局面,实现了从天下大乱到天下大治的重要转变,而实现这一转变的原因在于中国共产党从制度和实践两个层面统一全国武装力量,集中暴力的合法使用权,重塑国家强制能力。

首先,在长期革命战争和社会主义现代化实践中,中国共产党结合马克思主义国家学说与中国具体实际,形成并不断巩固党对人民军队的绝对领导,开创军事制度文明的"中国模式",奠定了国家强制能力建构的政治基础和总体原则。在土地革命时期,中国共产党发动南昌起义,拉开了独立领导武装斗争和创建革命军队的序幕;同年毛泽东领导的三湾改编,将党的支部建在连上,对军队实行民主管理,成为无产阶级新型人民军队的重要开端;1929年召开的古田会议,运用无产阶级思想进行军队和党的建设,进一步确立了党对军队的绝对领导。党指挥枪成为我国国家制度和国家治理体系的显著优势之一,^①党对人民军队绝对领导这一原则在新时期军事方面继续发扬光大。

除了坚持党对人民军队绝对领导这一不变原则之外,中国共产党在不同历史阶段又根据世情国情变化灵活调整,不断将国家强制能力建构提升至新的境界。新中国成立初期,一方面镇压反革命和进行社会民主改革,扫除国民党反动派残存在大陆的反革命势力,肃清旧中国历代政府都未曾解决的土匪武装和城市黑社会势力,社会在短时间内迅速形成安定局面;另一方面按照和平建设的时代要求,人民解放军进行精简整编,完成由战时体制向国防军事体制的过渡,建立统一领导和指挥的六大军区,人民公安沿袭抗日战争时期统一领导、分级管理的基本原则,覆盖全国,由此初步塑造了防备外来侵略和维护社会稳定的全方位强制力量。再结合社会价值引导和中国特色的户籍人事档案、群众纠纷调解等多元机制,当时形成了远超经济发展程度的社会治安水平。改革开放之后,统筹国防建设和经济建设,党中央及时推动人民军队朝着革命化、现代化和正规化方向迈进。党的十八大之后,党中央明确新时代国防和军队建设"三步走"发展战略,提出提前 15 年即 2035 年实现国防和军队现代化的战略部署,要求在 21 世纪中叶把人民军队全面建成世界一流军队;党的十九届五中全会又进一步提出确保 2027 年实现建军百年奋斗目标,^②由此形成新发展阶段短期、中期和长期相互衔接的强军路径。

总而言之,在中国共产党的领导之下,国家强制能力得到空前提升,人民的安全感显著增强。国际知名的盖洛普咨询 2021 年公布的《全球最安全

---

① 《中共中央关于坚持和完善中国特色社会主义制度 推进国家治理体系和治理能力现代化若干重大问题的决定》,《人民日报》,2019 年 11 月 6 日,第 1 版。

② 参见《中共中央关于制定国民经济和社会发展第十四个五年规划和二〇三五年远景目标的建议》,《人民日报》,2020 年 11 月 4 日,第 1 版。

国家榜单》,中国高居第 3 位,仅次于丹麦和阿联酋,是前 10 名国家中唯一人口过亿的大国。[①] 除此之外,全球著名的城市和国家信息网站 Numbeo 数据也显示,2021 年中国安全指数(Safety Index)为 69.83,在 135 个国家(地区)中居第 30 位;在二十国集团(G20)国家中,仅次于日本、沙特阿拉伯和韩国,远高于欧美 G7 国家和其他金砖国家。即使与被认为是治理典范的丹麦(73.28)、挪威(66.65)、新加坡(67.2)等国家比较,[②]中国的表现也毫不逊色,尤其考虑到中国广袤的国土面积和庞大的人口基数,中国的这一成就则更为难得。在当今世界,政治稳定、社会安定是极为稀缺的国家公共产品,也是国家强制能力的直接反映,中国在这方面的巨大成功也充分彰显了中国共产党在国家强制能力建设方面的巨大成功。

第四节 中国共产党何以成功建构中国国家能力

倘若进一步追问,在近代以来形形色色的政治组织中,为什么唯独中国共产党能够力挽狂澜,将近代中国从国家能力的整体性危机中摆脱出来,实现中国国家能力由弱转强的历史性巨变? 除了中国共产党作为政党组织的一般属性之外,其原因或许还与中国共产党作为一个人民性政党、使命型政党和学习型政党的特殊属性有关,它们赋予中国共产党坚守人民立场、践行使命担当和适应时代步伐的价值取向和实践品格,形成了国家能力建构的合力之基、动力之本和活力之源。

第一,人民性——中国共产党建构国家能力的合力之基。王浦劬、汤彬

---

① See Gallup, Global Law and Order 2021, p. 3.

② 数据来源:https://www. numbeo. com/crime/rankings_by_country. jsp?title = 2021& – display-Column = 1。

（2019）指出,组织资源、价值资源和物质资源是构成国家能力的原始质料,三者通过聚合机制、合法化机制和延展机制转化为国家能力。[①] 两位学者充满创见的研究是撬开国家能力生产"黑箱"的重要尝试,不过,若探本溯源,仍有若干细节问题值得深入思考,比如,三类质料源于何处,三种机制又缘何有效? 笔者认为,所有的奥秘均指向人民。根据历史唯物主义的基本观点,人民群众是一切社会物质财富和精神财富的创造者,是社会变革的决定力量。若非全面扎根于人民,与人民融为一体,如何可能充分地聚合、合法化和延展蕴藏在广大人民中间的组织、价值和物质力量。因此,诚如魏建（2020）所言,国家能力的本质源泉在于人民。[②] 而以"全心全意为人民服务"为根本宗旨的中国共产党,正是人民的化身,是人民整体利益的代表。无论是"三个有利于"的判断标准、"三个代表"重要思想、以人为本的科学发展观,还是"以人民为中心"的发展思想,"人民"二字在中国共产党的话语体系、政策体系和实践体系里自始至终都有着最厚重的分量。深厚的人民性,已经成为中国共产党最鲜明的品格,成为中国共产党区别于其他政党的一个显著标志。同时,也正是与人民水乳交融的特殊属性,保证了中国共产党摆脱以往一切政治力量追求自身特殊利益的局限,[③]建立一个超越利益之争的中性政府,保证了中国共产党领导的国家能力建设伟业拥有最广泛的阶级基础和群众基础,进而保证了党的意志、人民的意志和国家的意志的高度统一,从而极大地降低了制度转型的阻力,形成国家能力建构的合力。

第二,使命性——中国共产党建构国家能力的动力之本。不忘初心,方得始终。习近平总书记指出:"中国共产党一经诞生,就把为中国人民谋幸

---

① 参见王浦劬、汤彬:《论国家治理能力生产机制的三重维度》,《学术月刊》,2019 年第 4 期。

② 参见魏建:《金融扎根、与人民一体和国家能力源泉——北海银行低利贷款的启示》,《管理世界》,2021 年第 5 期。

③ 参见中共中央宣传部:《中国共产党的历史使命与行动价值》,2021 年 8 月 26 日,第 5 页。

福、为中华民族谋复兴确立为自己的初心使命。"①在这一初心使命的指引下,中国共产党结合社会主要矛盾的转化,不断提出具体的阶段性目标,通过"分步走"的方式带领着广大中国人民朝着国家富强、民族振兴、人民幸福的方向迈进。因此,与西方国家选举驱动型政党不同,中国共产党是典型的使命驱动型政党,它的凝聚基础不是共同的现实利益,而是共同的价值信仰。矢志不移地坚守初心使命,不仅是中国共产党历经百年依然朝气蓬勃的根本原因,②也是中国共产党一以贯之接续推动国家能力建设的自觉动力。具体地,在新民主主义时期,强烈的使命感驱动着中国共产党带领广大人民推翻"三座大山",建立中华人民共和国,在国际和国内两个层面实现国家自主性,为国家能力建设确立了最根本的政治前提。在社会主义革命和建设时期,强烈的使命感驱动着中国共产党带领广大人民开展轰轰烈烈的土地革命和社会主义三大改造,全面确立社会主义基本制度,为国家能力建设奠定了最坚实的制度基础。在改革开放时期,强烈的使命感驱动着中国共产党带领广大人民加快推进社会主义现代化建设,对内改革与对外开放并举,将综合国力提升与国家能力建设推进至一个良性互动彼此强化的正反馈发展阶段。党的十八大之后,中国特色社会主义进入新时代,世界正经历百年未有之大变局,以习近平同志为核心的党中央审时度势、提前布局,着眼于第二个百年奋斗目标,提出了国家治理体系和治理能力现代化的时代命题,将国家能力建构推进至一个崭新的境界。

第三,适应性——中国共产党建构国家能力的活力之源。政党适应性是政治发展的重要内容,也被塞缪尔·亨廷顿认为是衡量政治体系制度化

---

① 习近平:《在庆祝中国共产党成立 100 周年大会上的讲话》,《求是》,2021 年第 14 期。
② 参见朱佳木:《中国共产党的百年历史与对初心的不渝坚守》,《马克思主义研究》,2021 年第 5 期。

的首要标准。① 作为一个勇于自我革命的政党,一百年来,中国共产党一脉相承地推进"党的建设伟大工程""党的建设新的伟大工程"和"新时代党的建设新的伟大工程",始终走在时代前列,始终葆有高度的适应性。正是中国共产党的适应性,赋予了国家能力建构不竭的活力源泉。国家能力建构是一个长期的动态过程。根据王绍光、胡鞍钢(1993)的定义,国家能力是为实现国家意志和完成国家任务而动员人力、物力、财力的能力。② 因此,倘若国家意志和国家任务发生转变,国家能力也必然要求进行调整。比如,改革开放前后,国家的对内对外政策目标均发生重大变化,在对内方面,由原来高度集中的计划经济体制转向社会主义市场经济体制;在对外方面,则由原来的相对封闭开始走向不断扩大的对外开放。如果按照国家中心主义"隔离"理论的说法,国家与社会的隔离程度左右着国家自主性,而国家自主性则与国家能力成正比,③那么市场化改革所释放的多元社会利益主体无疑将掣肘国家意志的执行,从而限制国家能力的生长;除此之外,按照全球主义范式理论的想象,在经济全球化时代,全球主义和地方主义分别在外部和内部削弱国家主权,④国家能力也将不可避免地趋于式微。然而事实却正好与理论的预测相反。面对内部环境的变化,党中央因势利导、灵活应变,动态调整集权与分权的尺度,推动政府由全能型、管理型向有限型、服务型转变,推动国家和社会关系由紧张割裂型向嵌入赋能型转变,推动有为政府与有效市场的有机结合,逐渐形成了与社会主义市场经济体制相适应的强大宏观调控能力;面对外部环境的变化,党中央循序渐进、在干中学,主动把握对

① 参见[美]塞缪尔·亨廷顿:《变革社会中的政治秩序》,王冠华、王为等译,上海人民出版社,2021年,第11页。
② 参见王绍光、胡鞍钢:《中国国家能力报告》,辽宁人民出版社,1993年,第6页。
③ 参见庞金友、汤彬:《当代西方"回归国家"学派国家能力理论的逻辑与影响》,《天津社会科学》,2018年第2期。
④ 参见郁建兴、徐越倩:《全球化进程中的国家新角色》,《中国社会科学》,2004年第5期。

外开放节奏，"引进来"和"走出去"相结合，积极参与全球治理，引领经济全球化朝着普惠包容的方向发展，不仅成功应对历次金融危机，还一跃成为世界第一大货物贸易国，不断塑造与国家开放水平相适应的国际竞争能力和全球治理能力。

第五节　本章小结

国家能力是诠释中国奇迹的重要变量。然而关于当代中国国家能力的产生缘由，既有研究却往往语焉不详。主要以西方国家历史经验为坐标，以托克维尔式国家为进路，以社会中心主义或国家中心主义为范式的"战争驱动学说"和"初始禀赋学说"，通常忽略作为能动行为主体的政党的突出作用，或将政党的角色牵强附会地塞在政府的分析框架之中，从而无法全面反映当代中国国家能力建设的特殊境遇。办好中国的事情，关键在党。这是一条反复被历史实践证明的简单真理。国家能力的建构，亦是如此。政党的存在不但有益于唤醒休眠的国家能力，还有益于打破国家能力建构的集体行动困境。作为中国工人阶级以及中国人民和中华民族先锋队的中国共产党，以其深厚的人民性、强烈的使命感和高度的适应性，不仅助推古老的中国摆脱近代以来国家能力的低端锁定陷阱，还带领着广大人民将新中国的国家能力建构引导至一个良性循环的前进轨道。概言之，中国共产党是当代中国国家能力建构的合力之基、动力之本和活力之源，是塑造当代中国国家能力的首要行为主体。只有引入中国共产党的角色，才能深刻理解当代中国国家能力的产生源泉。

国家能力建设是民族国家发展历久弥新的永恒主题。经过一百年艰苦卓绝的持续奋斗，中国已经全面建成小康社会，进入全面建设社会主义现代化国家的新发展阶段。国家能力现代化是国家现代化的先决条件。在新发展阶段,如何构建与之相适应的现代化国家能力无疑是全面开启社会主义现代化国家建设的优先议题。过去一百年,党领导人民进行国家建设是当代中国国家成长的基本形态,这一形态依然决定着国家成长的长远未来。①作为全国人民主心骨的中国共产党,将责无旁贷地成为继续引领国家能力建设的领导核心。然而打铁仍需自身硬,强国必先要强党,构建强大的国家能力,首当其冲的是要构建一个强大的中国共产党。因此,欲实现国家能力现代化,归根结底还是应当以强烈的忧患意识全面从严治党,培养自我革命的勇气、增强自我净化的能力,锲而不舍地强化党的政治建设、思想建设、组织建设、作风建设、纪律建设、制度建设和反腐败斗争,弘扬伟大的建党精神,永葆中国共产党人民性、使命性和适应性的先锋本色,以新时代党的建设新的伟大工程统领新发展阶段的国家能力建设,形成以党的建设为引领,以国家能力建设为依托的社会主义现代化国家建设的实践路径。

---

① 参见林尚立:《中国共产党与国家建设》,天津人民出版社,2009 年,第 11 页。

第六章 综合国力与国家能力视域下的中国复兴之路

　　2019年是中华人民共和国成立70周年,回首过去70年的风雨征程,在中国共产党的坚强领导下,中国发生了翻天覆地的变化,取得了举世瞩目的成就。过去70年,中国实现了从"一盘散沙""四分五裂"的状态到国家高度统一、各民族空前团结、具有强大社会凝聚力的世界政治大国的转变;实现了从世界"饥荒之国"到世界第一大农业生产国的转变;实现了从世界工业落伍国到世界第一工业生产大国的转变;实现了从基础设施落后之国到世界现代化基础设施大国的转变;实现了从"一穷二弱"国家到"世界最大经济体"之一的转变;实现了从"文盲充斥""人才匮乏"大国到世界人力资源大国的转变;实现了从"东亚病夫"到"健康中国"的转变;实现了从世界最大贫穷人口之国到世界最大"全面小康社会"的转变;实现了从科学技术"空白之国"到世界"创新大国"的转变;实现了从世界最大的传统农村社会到世界最大的现代城市社会的转变;实现了从封闭社会到全面开放社会的转变;实现了从封闭落后的文化之国到开放、先进的中华文化软实力大国的转变;实现了从"一大二弱"之国到综合国力跃居世界前列的转变。① 虽然不可否认,当前我国仍然面临复杂严峻的国内外形势,但也如党的十九大报告所指出的,我们比历史上任何时期都更接近、更有信心和能力实现中华民族伟大复兴的目标。②

"复兴之路",顾名思义,就是从衰落到再次兴盛的过程中所探索走过的道路。实现中华民族伟大复兴,是无数仁人志士和全体中国人民共同的梦想。毛泽东曾把实现中华民族伟大复兴的过程概括为两个阶段:一是争取国家独立和民族解放;二是发展经济,使国家富强起来,实现复兴。实现第一阶段的任务用了100年左右的时间(1848—1949)。毛泽东预计,完成第二阶段的任务也需要100年的时间(1949—2050)。③ 也有的学者称中华民族伟大复兴,即是发生在中国最近200年由强到弱、再由弱逐步转强的历史性变化,④是延绵5000多年而不绝的中华文明的重新崛起。站在中华人民共和国成立70周年之际,中华民族伟大复兴胜利在望、胜利在握,回望过去70年以及自1840年近代以来走过的复兴之路意义非凡,它不仅有助于认识过去,更有助于启示未来。不过,与之前研究梳理标志性历史事件不同,笔者基于综合国力和国家能力的双重维度,重新对过去近200年的历史进程进行定位,旨在提供认识中国复兴之路的不同视角和启示。

① 2019年4月17日,胡鞍钢教授在清华大学国情研究院主办的《国情讲坛》第二十五讲中,曾以"中国现代化发展之路(1949—2019)"为题对上述十三个方面的转变从实证的角度做了详尽的阐释,限于篇幅,此处不再赘述。

② 参见习近平:《决胜全面建成小康社会 夺取新时代中国特色社会主义伟大胜利——在中国共产党第十九次全国代表大会上的报告》,2017年10月18日。

③ 参见杨宜勇、谭永生:《中华民族复兴进程监测评价指标体系及其测算》,《中共中央党校学报》,2012年第3期。

④ 参见华民:《从世界经济发展看中国的伟大复兴》,《复旦学报(社会科学版)》,2009年第1期。

第一节 认识中国复兴之路:一个基本框架

中华民族伟大复兴是一个复杂的、艰巨的、漫长的系统工程,它最明显的标志是综合国力进入世界前列,以及国家能力显著增强。其中,综合国力是复兴之路的一条明线,国家能力则是复兴之路的一条暗线,它们共同构成了认识中国复兴之路的两条主线和基本框架。

21 世纪是综合国力竞争的时代。综合国力是一个主权国家生存与发展所拥有的全部实力(物质力和精神力)及国际影响力的总合力,[①]或者说是经济资源、人力资源、自然资源、资本资源、知识技术资源、政府资源、军事资源、国际资源等各类国家战略资源之总和。[②] 它在概念上反映的是作为族群意义上的国家(nation)的总体力量,关注的是国家力量的现实存在和各国现有力量的比较。[③] 在构成要素方面,除了前述两种划分之外,汉斯·摩根索(Hans Morgenthau)认为综合国力(国家权力)包括地理条件、自然资源、工业能力、战备、人口、民族性格、国民士气、外交质量、政府质量九大要素,地理条件是最稳定的要素,自然资源是相对稳定的要素,后七者则是不断变化的要素。[④]

关于国家能力,作为国家学派主要代表人物之一的西达·斯考切波(Theda Skocpol)认为,它是国家实现其目标的能力,尤其是国家遭遇强势社

---

① 参见黄硕风:《大国较量——世界主要国家综合国力国际比较》,世界知识出版社,2006 年,第 18 页。

② 参见胡鞍钢、郑云峰、高宇宁:《对中美综合国力的评估(1990—2013 年)》,《清华大学学报(哲学社会科学版)》,2015 年第 1 期。

③ 参见黄清吉:《论国家能力》,中央编译出版社,2013 年,第 36 页。

④ 参见[美]汉斯·摩根索:《国家间政治:权力斗争与和平》,徐昕等译,北京大学出版社,2012 年,第 171~240 页。

会集团的现实或潜在反对,或者面临不利社会经济环境时执行政策目标的能力。① 王绍光和胡鞍钢认为是为实现国家意志和完成国家任务而动员人力、物力、财力的能力。② 总而言之,国家能力都是作为政体意义上的国家(state)与社会的关系,关注的是国家力量产生的过程和机理。国家能力体现在国家治理的方方面面,它的构成要素通常无法穷举,而且随着时代要求的不断变化,国家能力也在动态演进之中。当然,也不是所有国家能力都可以等量齐观,它们之间存在主次之分。比如,王绍光认为存在一些基础性国家能力,它们处于国家能力体系的核心地位,具体包括强制能力、汲取能力、濡化能力、国家认证能力、规管能力、统领能力、再分配能力、吸纳和整合能力八项,其中前三项属于近代国家的基本能力,中间四项是现代国家的基础能力,吸纳和整合能力则是民主国家的基础能力。③ 蒂莫西·贝斯利(Timothy Besley)和托斯滕·佩尔松(Torsten Persson)认为在发展集群(Development Clusters)中最为关键的国家能力是旨在汲取税收的财政能力、旨在保护产权的法律能力和旨在供给公共产品的集体能力。④

综合国力和国家能力既有联系又有区别。综合国力作为国家力量总的来源,它是国家能力形成的终极基础。国家能力作为将潜在的国家力量转换为实在的国家力量的实现机制,它可以反作用于综合国力。综合国力的各种要素能否形成合力并发挥最大的效能,关键取决于国家能力的强弱。国家能力的增强可以不断促进综合国力的提升,国家能力的衰落则可以使

① 参见[美]西达·斯考切波:《找回国家——当前研究的战略分析》,载[美]彼得·埃文斯、[美]迪特里希·鲁施迈耶、[美]西达·斯考切波主编:《找回国家》,方力维、莫宜端、黄琪轩等译,生活·读书·新知三联书店,2009年,第10页。
② 参见王绍光、胡鞍钢:《中国国家能力报告》,辽宁人民出版社,1993年,第2页。
③ 参见王绍光:《国家治理与基础性国家能力》,《华中科技大学学报(社会科学版)》,2014年第3期。
④ See Besley Timothy and Persson Torsten, The Causes and Consequences of Development Clusters: State Capacity, Peace, and Income, *Annual Review of Economics*, 2014, 6.

得原有的综合国力优势被削弱。但是它们之间也存在明显的不同。首先,综合国力虽然涉的范围宽泛,它在内容上既包括国家层面的资源也包括社会层面的资源,但国家能力并不是包含与被包含的关系,因为它们是国家力量不同的源泉。其次,综合国力是相对静态的力量加总,国家能力则是相对动态的力量变化,综合国力是结果变量,通常可以用于比较国家间的实力差距,国家能力是原因变量,可以洞察国家实力变化消长的深层原因。正是由于综合国力和国家能力相互关联又不等同的关系,所以二者并不一一对应,综合国力大并不等同于国家能力强,综合国力小也并不等同于国家能力弱。根据综合国力和国家能力的大小强弱变化,它们存在四种不同的组合方式:组合一,综合国力大但国家能力弱;组合二,综合国力和国家能力均弱小;组合三,综合国力小但国家能力强;组合四,综合国力和国家能力均强大。

综观近代以来中华民族伟大复兴的历史进程,它正好经历了中国国力由兴盛转向衰弱,再由衰弱转向兴盛,以及国家能力由弱小转向强大的转折,也正好对应于综合国力和国家能力的四种不同组合。根据前述基本框架,笔者将中华民族伟大复兴的四个历史时期划分为四种不同情形(见表6.1):Ⅰ情形对应于中国 1840—1911 年清朝末期;Ⅱ情形对应于中国1912—1948 年民国时期;Ⅲ情形对应于 1949—1977 年新中国建设时期;Ⅳ情形对应于 1978 年至今改革开放时期。以此描述从 1840 年以来中国综合国力和国家能力之间不同组合的动态变化,以获得中华民族伟大复兴之路的某些启示。不过,值得说明的两点是:其一,综合国力和国家能力都是多维度的概念体系,关于它们的测度本身即是非常复杂的工作,本章的目的不在于专门测度和比较综合国力和国家能力,而只是以几个关键变量勾勒自近代以来中国综合国力和国家能力的历史变化。其二,中华文明是具有悠久历史的古老文明,中华民族也是国土广袤、人口众多的"广土巨族",无论中国是兴盛还是衰落,它始终是世界巨人,因此笔者所指的综合国力和国家能力的大小强弱之分只是相对意义上的,而不是绝对意义上的。

表6.1 综合国力和国家能力的四种组合

		综合国力	
		小	大
国家能力	弱	II	I
	强	III	IV

第二节 急剧衰退:清朝末期(1840—1911)

中国是世界上最古老的文明古国之一,在很长一段历史时期,中国都是世界人口最多、国土面积最大、经济最发达的国家之一。根据安格斯·麦迪森(Angus Madison)的统计,1820年中国国土面积达到1200万平方公里,人口总量达到3.81亿人,占世界总人口(1041.7亿人)的36.6%,GDP占世界总量比重达到32.9%的最高峰,比欧洲所占比重(26.6%)高出6.3个百分点。[①] 在制造业产量方面,保罗·肯尼迪(Paul Kennedy)指出在蒸汽机和动力织机改变世界均势之前,亚洲凭借人口规模优势,在世界制造业产量中相比于欧洲占有更为巨大的相对份额,1800年中国这一份额为33.3%,比整个欧洲(28.1%)超出5.2个百分点,到了1830年中国相对份额下降至

---

① 当然,对麦迪森的估算,有的学者也提出了质疑。比如,刘逖根据现代国民经济核算方法,对1600—1840年中国GDP进行了重新估算,发现安格斯·麦迪森高估了当时中国的实力。根据刘逖的估算,1820年中国GDP占世界总量比重为麦迪森估计值的三分之二,即约为21.8%。但即使按照刘逖的估计,中国当时仍不失为世界经济大国。详见[英]安格斯·麦迪森:《中国经济的长期表现:公元960—2030年》(修订版),伍晓鹰、马德斌译,上海人民出版社,2018年,第38~39页;刘逖:《1600—1840年中国国内生产总值的估算》,《经济研究》,2009年第10期。

29.8%,才被欧洲(34.2%)超越。[①]

　　遗憾的是,中华农业文明达到世界发展的最高峰之后,便处于停滞不前的状态,综合国力虽大但已急速衰落,与第一次工业革命之后西方的蓬勃发展势头相比,形成了历史上的中西两大分流,走向了中西方经济趋异时代。1840年鸦片战争之后,中国人口数量占世界总量比重虽然仍居世界首位,但是在人口质量无明显提升的情况下,已经从1820年的36.6%迅速下降至1870年的28.2%,并于1913年进一步下降至24.4%。中国经济占世界总量的变化也是如此,由1820年的32.9%下降至1870年的17.2%,并于1913年进一步下降至8.9%,在短短不到一百年的时间,下降了24个百分点,并被美国(1913年为19.1%)超越降至世界第二位。人均GDP水平与西欧、美国等国家的差距迅速扩大,1820年这一差距分别为2.0倍和2.1倍,1870年便扩大至3.7倍和4.6倍,1913年则已是6.3倍和9.6倍。[②] 从各项总量指标综合来看,晚清中国勉强还可以撑得起一个世界大国的台面,看起来像个"大户人家",甚至一度取得了对沙俄和法国的军事胜利,但那只不过是落日余晖。如张之洞所言:"今日五洲大通,于是相形见绌矣。"[③]在浩浩荡荡的资本主义工业革命面前,它已经俨然是一个失去活力、危机重重、摇摇欲坠的老大帝国。世界经济重心在加速向西移动的过程中,中国逐渐沦为世界经济舞台的边缘者,以及综合国力竞争的落伍者。

　　关于近代中国衰落或者中西分流的原因,彭慕兰(Kenneth Pomeranz)认为19世纪之前是个多元的世界,中西方之间的差异不大,它们都面临着共同的生态制约,但是煤的发现和美洲殖民地,使得西欧率先摆脱仅靠内部力量

---

　　① 参见[美]保罗·肯尼迪:《大国的兴衰:1500—2000年的经济变革与军事冲突》(上),王保存等译,中信出版社,2013年,第152~153页。
　　② 参见胡鞍钢:《中国政治经济史论(1949—1976)》(第2版),清华大学出版社,2008年,第21~31页。
　　③ 张之洞:《劝学篇·外篇·益智第一》,广西师范大学出版社,2008年,第66页。

无法解决的生态困境,从此与中国(东亚)分道扬镳。[①] 黄宗智的看法则不同,他认为明清中国之所以落后西欧尤其是英国的原因在于内卷化(involution),江南地区单位土地上的劳动力过于密集,不得不走上了一条单位以劳动报酬递减为代价换取绝对产出增加的增长道路。[②] 然而最近的一些研究纷纷指出,中西大分流早在 1800 年之前便已经发生,它的原因在于国家能力的差异。王绍光指出,在工业革命之前,欧洲已经发生了五件大事:军事革命(16—17 世纪)、财政 - 军事国家的出现(17—18 世纪)、大规模殖民主义(16—19 世纪)、大规模奴隶贸易(16—19 世纪)、税收增长(17—20 世纪)。这五件大事都反映了国家能力的变化,而国家能力的增强很可能与工业革命的出现有关。[③] 荷兰学者皮尔·弗里斯(Peer Vries)比较了 17 世纪 80 年代至 19 世纪 50 年的中国和英国在政府收入和支出、货币体系、官僚制度、军事力量、经济政策等方面的重大差异之后认为,即使在最辉煌的时候,清朝中央政府实际可以支配的资源非常有限,与西方经验相比,中国的国家能力一开始就是薄弱的,而且清朝统治者从未像英国那样热衷于形成和拥有渗透社会、攫取资源等方面的国家能力,在 18 世纪最后的三分之一时间里,清朝政府的国家能力甚至进一步退化。[④] 罗伦·布兰特(Loren Brandt)、马德斌(Debin Ma)和托马斯·罗斯基(Thomas Rawski)的研究也发现,17 世纪后半叶至 19 世纪,中国的人均税收几乎处于世界最低水平,1600—1649 年中国为人均 7.0 克银,英国为人均 45.1 克银,1800—1849 年中国下降至人均

---

① 参见[美]彭慕兰:《大分流:欧洲、中国及现代世界经济的发展》,史建云译,江苏人民出版社,2008 年,第 257～364 页。

② 参见黄宗智:《发展还是内卷? 十八世纪英国与中国——评彭慕兰〈大分岔:欧洲、中国及现代世界经济的发展〉》,《历史研究》,2002 第 4 期。

③ 此观点源于 2018 年 9 月 25 日王绍光教授在清华大学国情研究院主办的《国情讲坛》第七讲的演讲,讲座题目为《改革开放、国家能力与经济发展》。

④ 参见[荷]皮尔·弗里斯:《国家、经济与大分流:17 世纪 80 年代到 19 世纪 50 年代的英国和中国》,郭金兴译,中信出版集团,2018 年,第 397～402 页。

3.4克银,英国已经快速上升至人均303.8克银,1850—1899年中国恢复至人均7.0克银,英国则进一步上升至人均344.1克银。[①] 由此可见,当时中英两国的财政汲取能力可谓天壤之别。孙传炜(Tuan - Hwee Sng)和森口千晶(Chiaki Moriguchi)的研究也指出,由于1850年之前中国和日本在税收汲取和地方公共物品供给方面的差异,也导致了1868年日本明治维新之后的亚洲小分流。[②]

追溯中华民族的复兴之路,大概可以从1840年鸦片战争开始算起。由于历史的惯性,在综合国力方面,清朝末期的中国仍然可以称得上是一个世界性大国。然而由于国家能力的衰落,中国不仅错过了第一次工业革命的发展机遇,先后发动的洋务运动、戊戌变法、清末新政等自救改革也都不可避免地走向失败,最终在西方列强的一次次侵略后被迫签订一系列丧权辱国的不平等条约,基本丧失了国家自主性,沦为半殖民地半封建社会,面临"三千年未有之大变局"。晚清中国的历史也说明了两个简单道理,一是国家能力的衰落总是先于综合国力的衰落;二是如果缺乏基本的国家能力,任何改革都难以取得成功。[③]

第三节　跌落低谷:民国时期(1912—1948)

1911年辛亥革命之后,中国结束了两千多年的封建专制统治。然而此

---

① See Brandt Loren, Ma Debin and Rawski G. Thomas, From Divergence to Convergence: Reevaluating the History behind China's Economic Boom, *Journal of Economic Literature*, 2014, 52(1).

② See Sng Tuan - Hwee and Moriguchi Chiaki, Asia's Little Divergence: State Capacity in China and Japan before 1850, *Journal of Economic Growth*, 2014, 19(4).

③ 王绍光教授在《改革开放、国家能力与经济发展》的讲座中,也曾提到"改革开放若要成功,必须具备两类大前提。第一大类是坚实的基础,包括政治基础、社会基础、物质基础;第二类前提条件,就是要有一个有效政府,即具备基础性国家能力的政府。

后几十年,中国政权却完全掌握在军阀手中。1928 年东北易帜之前,北洋政府军阀割据,甚至无法在名义上保证中国领土的统一,更遑论抵御外部侵略和促进经济发展。南京国民政府虽然名义上统一了中国,建立了全国新政府,民族工商业得到了有限的发展,但发展势头持续不久便被日本侵略战争中断。此阶段的中国不仅综合国力跌落至历史谷底,国家能力也跌落至历史谷底,综合国力和国家能力进入了长达近 30 年的低端锁定阶段。

在综合国力方面,中国经济呈现负增长,占世界总量比重持续下降。1913—1950 年,世界先后经历了两次世界大战,一次史无前例的经济大萧条,世界人均 GDP 增长率仅为 0.9%。[①] 此时中国人均 GDP 增长率(-0.62%)低于世界平均水平,实际人均收入从 19 世纪早期的接近世界平均水平降至世界平均水平的 20.8%,位于当时 126 个国家中的倒数第 7 名。[②] 根据安格斯·麦迪森的估算,1950 年中国国内生产总值为 2400 亿国际元(1990 年不变价,下同),仅占美国总量(为 14560 亿国际元)比重的 16.5%,以及世界总量(为 53260 亿国际元)比重的 4.5%,[③]降至历史最低点(见图 6.1)。托马斯·罗斯基的研究也指出,以 1914/1918 年为基期,20 世纪上半叶中国经济总产出最高峰为 1931/1936 年期间的 140.0,但是到了 1949 年已降至 119.0,[④]这一时期(指 1914—1918 年至 1949 年)总产出平均增长率只有 0.56%。即使在民国政府相对繁荣的"黄金时期",1929—1936 年中国国内生产总值年均增长率突破了 1%,达到 1.46%,但同时期人均国

① 参见[英]安格斯·麦迪森:《世界经济二百年回顾》,李德伟、盖建玲译,改革出版社,1997 年,第 32~33 页。

② The Conference Board, Total Economy Database, April 2019, https://www.conference-board.org/data/economy-database/TED1.

③ 参见[英]安格斯·麦迪森:《世界经济千年史》,伍晓鹰、许宪春等译,北京大学出版社,2003 年,中文版前言。

④ 参见[美]托马斯·罗斯基:《战前中国经济的增长》,唐天巧、毛立坤、姜修宪译,浙江大学出版社,2009 年,第 328~329 页。

内生产总值年均增长率仅为 0.87% ,也尚未达到 1% 的现代经济增长"门槛"。[①] 总而言之,这一阶段中国自晚清以来综合国力衰落的趋势没有发生根本性改变,甚至进一步加剧。

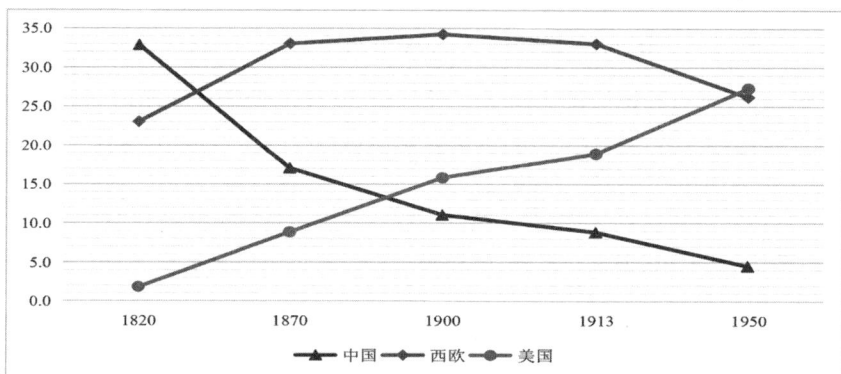

图 6.1　中国、西欧、美国占世界 GDP 总量比重(1820—1950)

注:GDP 系购买力平价法数据(1990 年国际元)

数据来源:Angus Maddison, *World Population, GDP and Per Capita GDP, 1 ~ 2008 AD*, 2010, http://www.ggdc.net/maddison.

在国家能力方面,北洋政府是清朝末期旧军事势力的延续,它如同晚清政府一样,缺乏现代化意识,尚未充分认识到现代国家建设的重要性,或者说在四分五裂、军阀混战的时代背景下,它们根本没有能力进行现代国家建设。根据阿瑟·杨格(Arthur Young)的说法,1916—1928 年期间,中国根本谈不上国家财政系统,政权的维持主要依靠各种国内外贷款。[②] 南京国民政府虽然于 1929 年恢复了关税自主权,国家财政收入有所增加,但是增加额度十分有限,即使在最高峰的 1936 年,各级政府财政收入总额占国内生产总值

---

① 参见胡鞍钢、鄢一龙:《中国国情与发展》,中国人民大学出版社,2016 年,第 255 页。

② See Arthur N. Young, *China's Nation – Building Effort, 1927 – 1937 : the Financial and Economic Record*, Stanford, Hoover Institution Press, 1971, pp. 1 – 11.

比重也只有 5.4%。由于巨额的军费开支,政府总是面临相当大的预算赤字。① 所以在 1949 年以前,北洋政府和南京政府与帝制中国的历朝历代一样,根本无法充分调动广大农村和地方的资源,当然也无法推动中国经济朝着现代化的道路前进。在现代化基础设施的供给能力方面,当时的中国甚至不如印度,以铁路运营里程为例,截至 1950 年,中国铁路运营总里程为22238 公里,其中 40% 集中在东北地区,同时期印度铁路运营总里程为54854 公里,②是中国的 2.46 倍。同时,由于国民党派系斗争和地方军阀势力掣肘,南京国民政府根本无法整合内部分歧。作为最高统治者的蒋介石,本身就是"四大家族"之一,是当时最大的分利集团,更无统领全军和全国人民的合法性。

　　民族独立是民族复兴的根本前提,民国时期的中国恰恰不满足这一根本前提,它对外继承了清政府与列强签订的不平等条约,国家缺乏完整主权,丧失了综合国力形成的基础;对内无法实现对疆域内暴力使用的合法垄断,尚不足以成为现代国家,国家能力更是无从谈起。在内忧外患中,中华民族伟大复兴进入了最灰暗的时期。当然,即使在最灰暗的时期,在民族存亡的危难之际,中国人民也从来没有放弃对复兴之路的探索和奋斗,而是展现出极强的民族韧性。一是 1919 年爆发了五四运动,它促进了马克思主义同中国工人运动的结合,为新的革命力量、革命文化、革命斗争登上历史舞台创造了条件,成为中国旧民主主义革命走向新民主主义革命的转折点。③二是 1921 年诞生了中国共产党,它从根本上改变了中国人民的前途命运和中华民族的发展轨迹,中国革命从此发生了开天辟地的伟大转变,中华民族

---

　　① 　参见[英]安格斯・麦迪森:《中国经济的长期表现:公元 960—2030 年》(修订版),伍晓鹰、马德斌译,上海人民出版社,2018 年,第 51 页。

　　② 　同上,第 50 页。

　　③ 　参见习近平:《在纪念五四运动 100 周年大会上的讲话》,新华社,2019 年 4 月 30 日。

伟大复兴开启了历史新纪元。三是 1945 年取得了抗日战争全面胜利，改变了中国任凭列强宰割奴役、濒临亡国和一盘散沙的历史，振奋了民族精神，提升了中国的国际地位，成为中华民族伟大复兴的历史性标志和历史转折点。[①]

第四节　奠定基石：社会主义革命和建设时期（1949—1977）

习近平总书记指出："建立中国共产党、成立中华人民共和国、推进改革开放和中国特色社会主义事业，是五四运动以来我国发生的三大历史性事件，是近代以来实现中华民族伟大复兴的三大里程碑。"[②]1949 年成立中华人民共和国，是划时代的伟大历史事件，它彻底地实现了民族独立和人民解放，标志着中国人民从此站起来了，中华民族重新屹立于世界民族之林。自此中华民族复兴之路终于遏制住了衰落的势头，开始起底回升。

新中国成立之后，中国的工业化、现代化进程在落后西方二百年的极低初始起点之下终于开始了。通过对农业、手工业和资本主义工商业的社会主义改造，以及实施第一个五年计划，中国迅速完成了国家工业化的原始积累，建立了独立的比较完整的工业体系和国民经济体系，实现了经济的高增长。1952—1978 年，中国资本存量年均增长率达到 11.3%，国有资本年均增长率更是高达 12.5%，GDP 总量和人均 GDP 年均增长率分别为 6.1% 和

[①]　参见李君如：《抗日战争是中华民族伟大复兴的历史转折点》，《中国特色社会主义研究》，2015 年第 4 期。

[②]　习近平：《在庆祝改革开放 40 周年大会上的讲话》，新华社，2018 年 12 月 18 日。

4.0%,高于世界平均水平的 4.6% 和 2.6%。① 除此之外,1953 年中国取得了抗美援朝战争的胜利。20 世纪六七十年代,中国又相继取得了"两弹一星"事业的成功。1971 年中国恢复了在联合国常任理事国的合法席位,跻身于世界政治大国。中国的国际地位和国际影响力都获得了空前提升。然而由于新中国的初始条件太低,经济基础极为薄弱,社会主义建设初期又出现了一些失误和挫折,第二次世界大战之后至 1973 年世界石油危机爆发之前,西方资本主义国家也处于相对繁荣的时期,因此中国综合国力虽然有所提高,为改革开放之后的加速复兴奠定了坚实的基础,但比较来看,提高的程度仍然非常有限,与中国广袤的国土面积和庞大的人口规模不相匹配,综合国力的提升空间依然非常巨大。按照购买力平价(1990 年国际元)计算,1958 年中国 GDP 占世界总量比重达到 5.9% 的高峰,1962 年大跃进之后下降至 4.0%,1978 年才回升至 4.9%,虽然位居欧洲(27.8%)、美国(21.6%)、苏联(9.0%)、日本(7.6%)之后,但也只比 1950 年的 4.5% 高出了 0.4 个百分点。商品出口占世界总量比重则处于近代以来的历史最低点,1973 年仅为 0.65%。② 根据国家统计局提供的信息,1978 年在 188 个国家和地区中,中国 GDP(汇率法)居世界第 11 位;货物进出口总额居世界第 29位;外汇储备居世界第 38 位;人均国民总收入居世界后列,为第 175 位。③

相比于综合国力的有效提升,新中国成立之后国家能力的转变更为惊人,影响更为深远。早在土地革命时期和抗日战争时期,中国共产党就已经

① 中国资本存量增长数据源自胡鞍钢:《中国政治经济史论(1949—1976)》(第 2 版),清华大学出版社,2008 年,第 525 页。GDP 增长率数据源自国家统计局:《新中国五十年统计资料汇编》,中国统计出版社,1999 年,第 4 页。世界数据源自[英]安格斯·麦迪森:《中国经济的长期表现:公元960—2030 年》(修订版),伍晓鹰、马德斌译,上海人民出版社,2018 年,第 40 页。

② GDP 数据源自 Angus Maddison, World Population, GDP and Per Capita GDP, 1 ~ 2008 AD,2010, http://www.ggdc.net/maddison。商品出口数据源自胡鞍钢:《中国政治经济史论(1949—1976)》(第 2 版),清华大学出版社,2008 年,第 30 页。

③ 参见国家统计局:《中国统计摘要 2019》,中国统计出版社,2019 年,第 199 页。

积累了丰富的、宝贵的根据地建设经验,比如实事求是、群众路线、独立自主,那些经验在新中国成立之后不仅得到了延续,还进一步发扬。1956 年社会主义三大改造之后,中国基本消灭了各种形形色色的利益集团,进入了社会主义初级阶段,国家自主性大大提高,国家意志得以有效贯彻和执行。依靠制度创新和制度建设,国家汲取能力达到了史无前例的水平,新中国成立之后的第一年即 1950 年政府收入占国民收入的比重就已经接近 16% ,1953年便超过了 30% 。此后直到 1978 年改革开放,除个别年份之外,国家财政收入占 GDP 的份额一直在 30% ~35% 之间波动。① 通过群众路线和社会价值塑造,新中国成立之后近三十年,中国以最少的警力规模和财政支出,实现了最好的社会治安。1956 年中国每万人刑事案件数量仅为 2.9 件,1964年也只有 3.1 件,处于世界犯罪率的最低水平。② 国家能力除了体现在财政汲取和价值濡化方面之外,还体现在公共产品供给方面。在"硬件"公共产品供给方面,1949—1978 年中国铁路、公路、空运、邮电、电力、城市建设和农田水利基础设施都获得空前的发展,截至 1978 年,中国铁路运营里程达到5.16 万公里,发电量达到 228 万千瓦时,灌溉面积达到 4500 万公顷,占耕地总面积比重的 45% ,超过同期美国(13%)等发达国家和印度(35%)等发展中人口大国。在"软件"公共产品供给方面,中国在低收入水平条件下,依靠国家的力量,短时间内改变了社会面貌,创造了人间奇迹,一是人口平均预期寿命大大延长,从 1949 年之前的 35 岁提高到 1980 年的 66.8 岁,甚至高于当时中等收入国家的平均水平(65.6 岁);二是人力资本迅速增长,学龄儿童入学率已经由 1952 年的 49.2% 上升为 1978 年的 95.9% ,成人文盲率由

---

① 参见王绍光:《国家汲取能力的建设——中华人民共和国成立初期的经验》,《中国社会科学》,2002 年第 1 期。

② 参见樊鹏、汪卫华、王绍光:《中国国家强制能力建设的轨迹与逻辑》,《经济社会体制比较》,2009 年第 5 期。

1949 年的 80% 迅速下降到 1978 年的 25%；三是创造了一个极为平等的扁平化社会,1979 年中国农村基尼系数为 0.26,处于世界极低水平。[①]

在中国共产党的带领下,中华民族的复兴之路才真正开始露出曙光。这丝曙光并不意味着中国的综合国力立马可以跃上一个台阶,使得民族复兴的伟大梦想变为现实,而是新中国完成了社会主义革命,确立了社会主义基本制度,完成了中华民族有史以来最为广泛和深刻的社会变革,为当代中国一切发展进步奠定了根本政治前提和制度基础。因此,这一阶段既是中国工业化、现代化的奠基时期,又是中华民族伟大复兴的奠基时期。总之,1949 年新中国的成立拉开了中华民族伟大复兴新的序幕,但还尚未进入高潮,国家能力已经具备,综合国力的提升还有很长的路要走。不过,中国人民经过近 30 年的努力,已经为民族复兴高潮的加速来临提供了宝贵经验、理论准备、物质基础,也为改革开放之后迅速"富起来""强起来"以及综合国力进入世界前列创造了制度红利、人口红利和人力资本红利。

第五节　迅速崛起:改革开放时期(1978 年至今)

改革开放之后,中国人民的创造力和中国经济的增长潜力彻底地被激发和释放出来,中华民族伟大复兴的进程驶入快车道。通过有计划分步骤地实施分步走的长期发展战略,以实现 GDP 总量或者居民人均收入"翻番"为具体目标,稳扎稳打,久久为功,综合国力的提升一步一个台阶,目前已经位居世界前列。同时,在向社会主义市场经济转型的关键时期,中国没有迷

---

① 参见胡鞍钢:《中国政治经济史论(1949—1976)》(第 2 版),清华大学出版社,2008 年,第 524～535 页。

信西方新自由主义所谓的"华盛顿共识(Washington Consensus)",而是深刻认识中国国情,辩证地看待西方经验,因时制宜深化改革,积极构建有效政府和国家能力,进入综合国力和国家能力良性互动相互增强的正反馈发展阶段,推动着世界经济重心迅速向东转移以及中西方的历史性大合流。

早在20世纪80年代,保罗·肯尼迪曾经预言:"物质上的困难严重地束缚着中国,但是经济的发展正在使这种情况不断改善。如果经济发展能持续下去,那么中国将在几十年内发生巨变。"[①]事实上,改革开放之后的四十余年,中国不断解放生产力、发展生产力,经济增长的发展势头不仅得到保持,而且以超乎想象的高速度前进,创造了经济增长的"中国奇迹"。1979—2018年中国GDP年均增速高达9.4%,比世界平均增速高出6.5个百分点。按照购买力平价(2011国际元)计算,中国已于2014年超过美国,成为世界第一大经济体,2018年经济总量已经扩大至美国的1.24倍,占世界总量比重的18.6%(见图6.2)。[②] 在经济飞速增长的过程中,中国的人力资本、工业实力、科技实力和国际影响力也都发生了翻天巨变。比如,在人力资本方面,2018年15岁及以上人口平均受教育年限为9.6年,比1982年(5.3年)提高了4.3年,九年义务教育巩固率达到94.2%。2017年人类发展指数(HDI)达到0.752,进入世界高人类发展水平,比1950年(0.225)提高了0.527个单位。在工业实力方面,目前中国工业门类已涵盖联合国的全部产业分类,200多种工业品产量居世界第一,制造业增加值自2010年起稳居世界首位,2017年制造业增加值占世界总量比重的27.0%,比美国(16.5%)高出10.5个百分点。在科技实力方面,2018年末,中国有效专利达838万

---

① [美]保罗·肯尼迪:《大国的兴衰:1500—2000年的经济变革与军事冲突》(下),王保存等译,中信出版社,2013年,第186页。
② 数据来源于世界银行WDI数据库:https://data.worldbank.org/indicator/NY.GDP.MKTP.PP.KD?locations=CN-1W-US。

件,其中境内有效发明专利 160 万件,专利合作协定(PCT)达到 52511 件,超过美国(52224 件)和日本(48274 件),居世界首位,研发人员总量、发明专利申请量也分别连续 6 年和 8 年居世界首位。在国际影响力方面,2018 年货物进出口总额达到 4.6 万亿美元,占世界总量比重的 11.8%,居世界首位。中国已成为世界 124 个国家和地区的第一大贸易伙伴,多于美国的 56 个国家和地区。自 2013 年中国发起"一带一路"倡议以来,目前已经得到 160 多个国家(地区)和国际组织的积极响应。[①] 经过四十多年的不懈奋斗,中国的综合国力从量变到质变,居世界前列,成为国际社会不可忽视的一支重要力量。

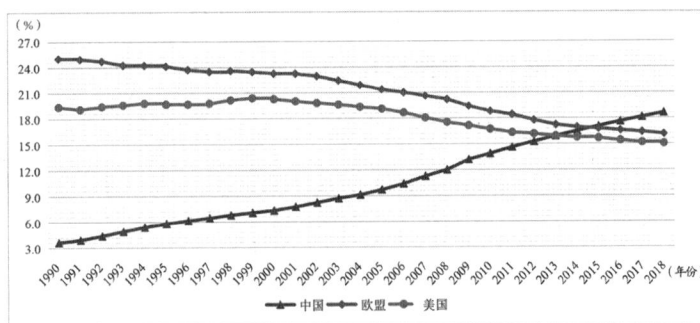

图 6.2　中国、欧盟、美国占世界 GDP 总量比重(1990—2018 年)

注:GDP 系购买力平价法数据(2011 年国际元)

数据来源:世界银行 WDI 数据库:https://data.worldbank.org/indicator/NY.GDP.MKTP.PP.KD?locations = CN - 1W - US - EU。

[①]　人类发展指数数据来自联合国开发计划署(UNDP)数据库:http://hdr.undp.org/en/content/human - development - index - hdi;制造业增加值数据来自于世界银行数据库:https://data.worldbank.org/indicator/NV.IND.MANF.CD?locations = CN - 1W - US;专利合作协定数据来自世界知识产权组织(WIPO)数据库:http://www.wipo.int/portal/en/index.html;进出口总额数据来自国家统计局编:《中国统计摘要(2019)》,中国统计出版社,2019 年,第 197 页;贸易伙伴数据来自 Parag Khanna, *Connectography*: *Mapping the Future of Global Civilization*, Random House, 2016, p.264;其余数据来自国家统计局:《沧桑巨变七十载 民族复兴铸辉煌——新中国成立 70 周年经济社会发展成就系列报告之一》,2019 年 7 月 1 日。

　　在改革开放之前三十年的坚实基础上,改革开放之后中国的国家能力建设也没有停滞不前,而是始终怀着居安思危、不进则退的忧患意识,表达了深化改革的强烈政治意愿和坚定国家意志,并以实际行动促进了财政汲取、收入再分配、公共产品供给等能力的进一步提高。比如,在财政汲取能力方面,改革开放初期,由于实行大包干的财政分权体制,财政收入占 GNP比重曾于 1992 年一度降至 14.7%的低点,通过 1994 年的分税制改革,财政收入占 GDP 比重和中央财政收入占全国财政收入比重的下降趋势得到了根本性扭转。根据国家统计局公布的数据计算,自 2010 年之后全国财政收入占 GDP 比重一直保持在 20%以上,2018 年为 20.4%,比 1995 年的 10.2%翻了一倍;中央财政收入占全国财政收入比重也从 1993 年的 22.0%迅速提高到 1994 年的 55.7%,此后一直保持在 50%左右,2018 年为 46.6%。在收入再分配能力方面,以减贫为例,改革开放四十多年来中国贫困人口累计减少7.4 亿人,贫困发生率下降 94.4 个百分点。党的十八大以来,由于精准扶贫政策和扶贫攻坚战的推进,2018 年末我国农村贫困人口减少至 1660 万人,农村贫困发生率下降至 1.7%,[①]绝对贫困基本消灭,率先完成联合国减贫目标,创造了全球减贫事业的"中国奇迹"。在公共产品供给能力方面,以交通基础设施为例,截至 2018 年底,中国铁路营业里程达到 13.1 万公里,其中高铁营业里程 2.9 万公里以上,占世界的三分之二以上。全国公路总里程484.65 万公里,其中高速公路里程 14.26 万公里。高铁里程、高速公路里程、内河航道里程、万吨级泊位数量均位居世界第一。[②]

　　改革开放是中国的第二次革命,它将中华民族伟大复兴的历史进程转

---

　　① 参见习近平:《在庆祝改革开放 40 周年大会上的讲话》,新华社,2018 年 12 月 18 日;国家统计局:《沧桑巨变七十载 民族复兴铸辉煌——新中国成立 70 周年经济社会发展成就系列报告之一》,2019 年 7 月 1 日。

　　② 参见交通运输部:《2018 年交通运输行业发展统计公报》,2019 年 4 月 12 日。

移到正确的轨道。在改革开放和国家能力建设的共同作用下,中国的综合国力和国际地位实现了跨越式提升,而且经过四十余年的飞速发展,它的前进势头依然没有衰减,反而呈现出一派乐观的前景。周虽旧邦,其命维新。几度探索历经波折,在中国共产党的带领之下,中国终于找到了适合本国国情符合事物客观发展规律的正确发展道路。只要沿着这条道路继续奋斗,中华民族伟大复兴梦想的实现可以说是胜利在望、胜利在握。

第六节　本章小结

到目前为止,中华民族伟大复兴的历史进程已经持续了近二百年。在近二百年的时间里,以综合国力和国家能力为双重维度,可以大致勾勒出四个阶段:清朝末期综合国力大国家能力弱的衰落阶段;民国时期综合国力小国家能力弱的低谷阶段;新中国建设时期综合国力小国家能力强的奠基阶段;改革开放时期综合国力大国家能力强的崛起阶段。在这四个阶段中,中华民族先后实现了"站起来""富起来"和正在实现"强起来"的历史性飞跃,它也见证了世界经济重心不断向西方转移之后又不断向东方转移的历史轮回,中西方世界从大分流走向大合流、南方国家和北方国家从大趋异走向大趋同的时代转变。总结中华民族走过的复兴之路,可以得到以下三点启示。

第一,中国共产党的领导是国家能力提升最关键的变量,是中华民族伟大复兴从低谷走向复苏继而走向胜利的中流砥柱,坚持党的领导是继续完成民族复兴伟业的根本保证。在中华民族伟大复兴的历史征程中,新中国的成立和改革开放是决定前途命运的历史转折点,它们从根本上改变了旧中国国家能力弱小的状态,激发出世界五分之一人口的无穷潜力和创造力,完成了民族复兴救、兴国以及即将完成强国的重要步骤,而在其中,中国共产党发挥了中流砥柱的作用，它是中华民族复兴事业从一个胜利走向另一个胜利的最关键变量和最根本保证。如今中华民族伟大复兴胜利在即，已经进入百米赛跑的冲刺阶段，更应当坚持中国共产党的坚强领导。

第二，国家能力变化是综合国力变化的基础，综合国力提升是国家能力强大的结果，中华民族伟大复兴在重视综合国力提升的同时也要重视国家能力建设。由于历史的强大惯性，综合国力与国家能力未必存在一一对应的关系，综合国力大不一定意味着国家能力强，国家能力强也并不意味着综合国力大，综合国力的变化总是滞后国家能力的变化。中华民族伟大复兴近二百年的历史充分说明了这一点，在1820年中国经济总量占世界总量比重达到高峰时，国家看似繁荣强盛其实已经危机重重，在1949年中国经济总量占世界总量比重陷入低谷时，则是典型的"一穷二白"之国，但从国家能力视角来看却是充满了新生现代国家的一派生机。历史的无数实践证明，国家能力是国家走向繁荣富强的必要条件，它的重要性不言而喻、不可低估，中华民族伟大复兴未来的征程中必须对国家能力建设予以充分重视，不断推进国家治理体系和治理能力现代化。

第三，中华民族伟大复兴符合国家发展生命周期，1949年新中国的成立是新的国家发展生命周期的起点，2020年之后将进入强盛期。根据国家发展生命周期理论，一个国家的兴起是由于国家之间竞争，从被动响应到主动响应的历史过程，它将经历综合国力的准备成长期、迅速成长期、强盛期和衰落期四个阶段，而决定周期变动的关键因素是国家能否创新。① 1750—1820年的清朝中国处于农业经济、农业社会、农业文明的强盛期，综合国力处于农业文明遥遥领先的地位，然而由于国家缺乏现代化要素、技术创新、制度创新、观念创新的充足动力和国家能力，在西方工业文明的冲击之下，

---

① 参见胡鞍钢：《国家生命周期与中国崛起》，《教学与研究》，2006年第1期。

作为老大帝国的中国始终处于被动响应、落后挨打阶段。经过 1820—1840 年短暂的停滞期后,中国的国家发展进入了长达一百余年的衰落期,1840—1911 年中华农业文明迅速走向解体,1912—1949 年则处于综合国力和国家能力的双重低端锁定阶段。只有到了 1949 年新中国的成立,在中国共产党的带领下,进行技术、制度、观念的全面创新之后,开展了有史以来最广泛、最深刻的社会变革,中国才从低端锁定的泥潭中解脱出来,开启了新的国家发展生命周期,也即是现代国家发展生命周期,并迅速进入准备成长期,为中华民族伟大复兴奠基。1978 年改革开放之后,中国加速创新,进入了现代国家发展生命周期的迅速成长期。经过四十余年的奋斗,2020 年之后中国将进入现代国家发展生命周期的强盛期。

中华民族伟大复兴是一场持续的接力赛。党的十九大报告指出:"行百里者半九十。中华民族伟大复兴,绝不是轻轻松松、敲锣打鼓就能实现的。"[①]在新中国成立 70 周年和民族复兴伟业即将完成但又尚未完成之际,中国人民尚需继续努力,完成三件大事:一是在全面建成小康社会的基础上,再奋斗十五年,到 2035 年基本实现社会主义现代化。二是在 21 世纪中叶,也即是新中国成立一百周年时,把我国建成富强民主文明和谐美丽的社会主义现代化强国,最终实现中华民族伟大复兴。三是在整个 21 世纪下半叶,不断巩固和发展中华民族的伟大复兴。中国经济实力、政治活力、文化魅力进一步增强,国民人类发展水平进一步提高,人、社会与自然之间关系更加和谐,建成引领世界发展潮流、维护世界公平正义、享有广泛国际认同、拥有国际示范作用的人类"大同世界"。自公元前 221 年秦始皇统一华夏以来,此后两千余年中国分分合合,中华民族经历了多次兴盛和衰落,但都展

[①]　习近平:《决胜全面建成小康社会 夺取新时代中国特色社会主义伟大胜利——在中国共产党第十九次全国代表大会上的报告》,2017 年 10 月 18 日。

现出极强的民族韧性和再生能力。在中国共产党的带领之下,继续沿着中国特色社会主义现代化道路,中华民族伟大复兴必将实现,中华民族也必将以更加昂扬的姿态屹立于世界民族之林。

第七章 国家能力与经济全球化视域下的中美贸易战

    自 1979 年中美建交以来,经贸关系被普遍认为是两国关系的"压舱石""推进器"和"减压阀",如今深受贸易战的影响,中美关系正在面临着重心动摇、动力缺乏、机制失灵的风险,甚至冲突和对抗。不仅如此,作为世界上两个最大的贸易体和经济体,中国和美国的经济发展、贸易增长对世界其他地区具有极强的溢出效应、外部性和影响力,因此中美贸易战也引发了世界的广泛关注和普遍担忧。美国为何挑起对华贸易战? 目前众说纷纭,有两种代表性的观点:一种认为中美贸易战之所以发生的主要原因是美国主观上认定中美贸易逆差太大,中国没有履行当初加入世界贸易组织(WTO)的承诺,以及中国通过不公正手段获取美国技术。[①] 另一种认为贸易平衡只不过是美国的一个借口,醉翁之意不在酒,中美贸易战的真实原因在于美国企图

[①] 参见余永定:《中美贸易战的回顾与展望》,《新金融评论》,2018 年第 3 期。

以贸易战的方式遏制正在崛起的中国,维护其不断衰落的(美元)霸权地位。① 除此之外,还有研究从产业链、利益排序等视角解释了美国发动贸易战的动机。② 客观地说,它们都从不同视角加深了人们对中美贸易战成因的认识。我们认为,更重要的成因分析还是要基于马克思主义唯物辩证法,即"外因是变化的条件,内因是变化的根据,外因通过内因而起作用"③。换言之,中美贸易战更根本的原因在于内因,美国率先对中国挑起和发动贸易战的内因不在于中国,而在于美国自身。中国出口导致美国贸易失衡或者中国崛起挑战美国霸权地位等中国方面的因素只是外因,它不可能单独起作用,而只能通过美国的内部因素起作用。因此,笔者从美国的内部因素出发,以国家能力为视角,指出美国发动中美贸易战更深层次的原因以及中国应对中美贸易战的基本战略,并对当前背景下中国的发展前景做一个大致判断。

第一节　认识中美贸易战的基本框架

众所周知,经济全球化的挑战和机遇并存,那么如何趋利避害、扬长补短,让经济全球化为我所用、造福社会,是各个国家对外开放过程中无法回避的难题。在国际无政府状态之下,由于不存在一个权威的、全面的全球治理机构,主权国家到目前为止依然是国际社会最基本、最主要的行为体。所

---

① 参见王东京:《美国为何发动贸易战》,《学习时报》,2018 年 4 月 2 日;任平:《美国挑起贸易战的实质是什么?》,《人民日报》,2018 年 8 月 9 日;何自力:《美国发动贸易战凸显其霸权主义本质》,《红旗文稿》,2018 年第 17 期。

② 参见王义桅:《中美贸易战的美方逻辑、本质及中方应对》,《新疆师范大学学报(哲学社会科学版)》,2019 年第 1 期;钟飞腾:《超越霸权之争:中美贸易战的政治经济学逻辑》,《外交评论(外交学院学报)》,2018 年第 6 期。

③ 《毛泽东选集》(第一卷),人民出版社,1991 年,第 302 页。

以,对于经济全球化的弊端,国家扮演了极其重要的元治理角色。它通过发挥在调节收入差距、维护市场运转、提供社会保障等方面的作用,补偿弱势群体、解决市场失灵、缓和社会矛盾,可以让经济全球化的潜在或现实风险总体控制在社会可以承受的范围之内。不过,需要指出的是,国家角色扮演的好与坏,在很大程度上取决于国家能力的强弱,尤其是国家的规管能力、再分配能力、宏观调控能力、公共产品供给能力以及支撑它们必不可少的财政汲取能力的强弱。当然,更需要明确的是,国家能力作为实现国家意志和完成国家任务而动员人力、物力、财力的能力,[①]它并不是与生俱来的,也不是一成不变的,它在国与国之间差别迥异,甚至被认为是各国之间最重要的政治分野。所以,诚如哈佛大学教授丹尼·罗德里克(Dani Rodrik)所言,在全球化背景下,政府是每个国家的政府,市场却是全球性的,这是全球化的致命弱点。要使全球经济健康发展,就要小心处理两者之间的关系,从中取得平衡。[②] 换言之,在经济全球化时代,如何构建与之相适应的国家能力应对内外部挑战是世界各国面临的突出任务,为此就必须考察经济全球化与国家能力水平的适应性程度,这也是认识当今各类逆全球化行为特别是美国发动中美贸易战的基本分析框架。

根据经济全球化和国家能力两个维度,笔者将它们的适应性程度分为四个象限(如表7.1所示),每个象限代表了经济全球化和国家能力不同的匹配状况,以及它们对国家和社会发展的不同影响。在第一象限,经济全球化水平低,同时国家能力也弱,二者看似相互匹配,实则处于一种低端锁定状态。它虽然消极地避免了经济全球化的弊端,但也无法受益于经济全球化的好处,因此国家和社会总体处于低水平发展的陷阱之中,15世纪地理大

---

① 参见王绍光、胡鞍钢:《中国国家能力报告》,辽宁人民出版社,1993年,第2页。

② 参见[美]丹尼·罗德里克:《全球化的悖论》,廖丽华译,中国人民大学出版社,2011年,第8页。

发现之前世界相互隔绝的长期历史大体就处于这种状态。在第二象限,经济全球化水平高,但是国家能力弱,二者处于不平衡状态。在这种状态下,一个国家通常无法应对经济全球化的各类挑战和冲击,更遑论实现经济全球化挑战向机遇的转变。此时,由于自身原因而错过经济全球化的发展机遇成为常态,国家和社会总体处于失序、焦虑和彷徨的困境之中。在第三象限,经济全球化水平低,但是国家能力强,二者同样处于不平衡状态。此时,国家虽然做好了迎接经济全球化的准备,但是由于各种各样客观的外部原因,无法实现对外开放积极融入世界,导致错过经济全球化的开放红利,以致于无法充分利用国际资源发展自身,改革开放之前遭受西方资本主义国家封锁的中国大体属于这种状态。在第四象限,经济全球化水平高,国家能力也强,这是一种比较理想的状态。它既可以充分利用经济全球化的开放红利,又可以保持国内社会的相对稳定,从而实现经济发展和社会进步。

表7.1　经济全球化与国家能力的四个象限

		经济全球化	
		低	高
国家能力	弱	第一象限	第二象限
	强	第三象限	第四象限

根据马克思主义政治经济学的基本原理,经济基础决定上层建筑,上层建筑可以反作用于经济基础。在经济全球化和国家能力二者的辩证关系当中,经济全球化是经济基础,国家能力是上层建筑。经济基础对上层建筑的决定作用不仅表现在前者决定后者的产生和性质,还表现在前者决定后者的变革,也即是在经济全球化时代,必然会遇到各种不可测、不可控的外部冲击,这就要求国家积极变革构建与之相适应的国家能力,否则将错失发展良机,在激烈的国际竞争中落于下风。

第二节　美国发动中美贸易战的内因

20 世纪 90 年代冷战结束之后,借助第三次科技革命的东风,世界范围内进入了经济全球化 3.0 时代,①经济全球化步伐以前所未有的速度和方式前进。以贸易总额占 GDP 比重为例,冷战之后,世界贸易总额占 GDP 的比重不断攀升,并于 2008 年达到顶峰,具体地,它由 1990 年的 38.7% 上升至 2008 年的 60.8%,上升幅度为 22.1 个百分点,其中,中国由 24.3% 上升至 57.5%(最高值为 2006 年的 64.5%),上升幅度为 33.2 个百分点;美国则由 19.8% 上升至 29.9%,上升幅度为 10.1 个百分点。2008 年之后,由于深受国际金融危机冲击,以及英国脱欧、美国贸易保护主义等逆全球化事件的影响,世界各国贸易总额占 GDP 的比重均有所下降,但 2017 年中国该比重(为 37.8%)仍然高出美国(为 27.1%)10.7 个百分点(如图 7.1 所示)。

---

① 　根据胡鞍钢、蔡昉等学者的研究,截至目前,经济全球化一共可以划分为三个阶段。胡鞍钢、王蔚认为,1870—1913 年的帝国主义时代,是由英国等西欧国家主导的经济全球化第一阶段;1950—1990 年的冷战时代,是由美国等北方国家主导的经济全球化第二阶段;1990 年之后的后冷战时代,是仍由美国主导但是中国等南方国家积极参与的经济全球化第三阶段。蔡昉则从大航海时代开始算起,认为自 15 世纪地理大发现到 20 世纪初期可以视作经济全球化的 1.0 时期;第二次世界大战结束之后,直到以布雷顿森林体系为主导的全球经济体系形成为止,可以视作经济全球化的 2.0 时期;从 20 世纪 90 年代开始到现在,可以视作经济全球化的 3.0 时期。详见胡鞍钢、王蔚:《从"逆全球化"到"新全球化":中国角色与世界作用》,《学术界》,2017 年第 3 期;蔡昉:《全球化、趋同与中国经济发展》,《世界经济与政治》,2019 年第 3 期。

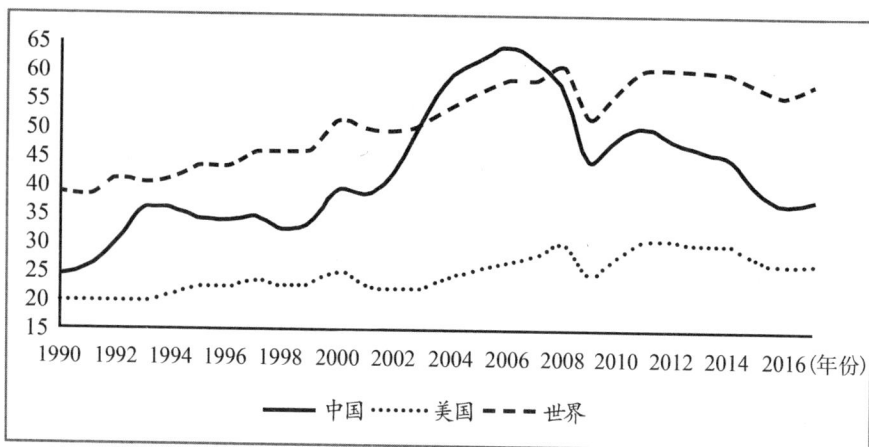

图7.1 中国、美国、世界贸易总额占 GDP 比重(1990—2017 年)

数据来源:世界银行数据库(https://data. worldbank. org)

　　以上事实可以说明的是,在过去几十年的时间,中国从一个比较低的起点开始,一直积极地融入、主动地参与经济全球化,中国贸易开放水平(如贸易依存度)远高于美国。换言之,中国在短时间内从一个相对封闭的状态迅速走向一个高度开放的状态,受到了比美国更大的外部冲击,面临着比美国更为严峻的外部挑战,比如 1997 年暴发的亚洲金融危机、2001 年加入世界贸易组织、2008 年暴发的国际金融危机等。所以按照美国的逻辑推断,中国似乎更有理由站出来反对经济全球化。但是现实情况却是,从中国贸易自由化、投资自由化以及经济全球化中获益颇多的美国反而竖起贸易保护主义的大旗,并单方面挑起中美贸易争端。为了解释上述反常现象,根据前文的分析框架,笔者认为,本质上是在不断高度化的经济全球化的背景下,美国的国家能力在过去几十年处于下降之中,总体上已处于"国家能力赤字"

状态,^①它不仅越来越不适应经济全球化,反而成为逆经济全球化的重要来源;中国恰恰相反,国家能力大体处于上升通道,总体上正处于"国家能力盈余"状态,不仅主动适应经济全球化,而且提出"一带一路"建设,主办世界首个以进口为主题的中国国际进口博览会,引领经济全球化潮流,成为推动经济全球化不可逆转的重要力量。

一、美国相对于其他国家经济全球化水平处于"国家能力赤字"状态

冷战结束之后,面对经济全球化的挑战,美国政界、工商界、学术界秉持着新自由主义的信念,认为国家干预不是太少而是太多了。曾经盛行一时的新公共管理运动和新公共服务运动也认为国家不是解决问题的出路,而是问题本身,主张"将国家退回去"。因此,冷战后的美国不仅没有积极构建国家能力,反而不断推行私有化、放松监管和过度自由化等损害国家能力的市场原教旨主义政策,而且在全世界推销和兜售所谓的"华盛顿共识"(Washington Consensus),相对经济全球化处于"国家能力赤字"状态。具体地,它表现为以下五个方面:

第一,美国社会秩序陷入混乱,规管能力不断下降。经济全球化将那些拥有不同价值观念、行为规范、偏好和制度体系的众多国家、企业、个人联系到一起而且彼此间展开竞争,无疑会引发社会冲突、加剧社会失序,因此它

---

① 毛克疾在研究印度工业化历程时,提出了"国家能力赤字"的概念。他指出"国家能力赤字"是指国家无法将其意志和目标转化为现实,"国家能力赤字"是印度无法顺利推进工业化的重要原因。笔者借用他的概念和定义,但与之不同的是,毛文所指的"国家能力赤字"是国家能力相对于工业化要求的不足,此处所指的则是国家能力相对于经济全球化要求的不足,与之相对的概念是"国家能力盈余"。详见毛克疾:《"印度制造"的双重困境——印度工业化的曲折道路》,《文化纵横》,2019年第3期。

必然要求每个参与经济全球化的国家加强规管能力。规管的意义在于改变个人和团体的行为，使他们的行为符合国家制定的规则。在工业化、城市化、商业化的背景下，信息不对称和权力不对称使得国家在规管现代社会当中变得非常重要。① 社会失序一直是美国作为一个移民国家的顽症，近十几年来伴随着经济全球化的不断发展，更是呈现出不断恶化的趋势。比如，根据美国枪支暴力档案室网站发布的数据显示，2018 年美国共发生涉枪案件57103 件，导致 14717 人死亡、28172 人受伤，其中未成年人死伤 3502 人。② 此外，对美国 2000 年至 2016 年枪支致死官方数据的分析发现，枪支暴力导致美国人均预期寿命减少近 2.5 岁，其中非洲裔减少 4.14 岁。③ 其他的表现还有屡见报端的校园枪击案、仇恨犯罪案件等。由此可见，在开放的过程中，美国社会秩序不可避免地走向混乱，而美国自由放任的政策却无视这种危机，不断下降的规管能力使得美国社会混乱不断加剧。

第二，美国贫富差距不断拉大，再分配能力不断下降。根据斯托尔珀 - 萨缪尔森定理（Stolper - Samuelson Theorem），自由贸易虽然可以从整体上改善各个国家的社会福利，但是它却导致要素丰裕部门的实际收入提高而要素稀缺部门的实际收入降低，从而扩大不同社会群体之间的收入差距。因此，国家作为合法垄断暴力的组织，它理应通过累进税制、转移支付等方式对社会财富进行权威性再分配，以抵消或控制经济全球化对收入分配格局的负面影响。然而美国的现实情况却是，过去十几年间，由于收入所得税和资本利得税的制度设计，以及税收支出和政府转移支付体系的漏洞，高收入

① 参见王绍光：《国家治理与基础性国家能力》，《华中科技大学学报（社会科学版）》，2014 年第 3 期。
② 数据源自美国枪支暴力档案室网站（https://www.gunviolencearchive.org），2019 年 2 月 24 日。
③ See Nick Wing, Gun Violence Has Cut More Than 4 years off the Life Expectancy of Black Americans, *HuffPost*, December 6, 2018.

阶层相比于中低收入阶层享受到了更多的税收优惠和抵免好处。① 最后的结果是,美国1%的最富有人群拥有全国38.6%的财富,而普通民众的财富总量和收入水平持续下降。美国人口普查的数据显示,2017年美国有约4200万贫困人口,约占总人口的13.4%。② 由此可见,在经济全球化背景下,美国倾向性的再分配政策不仅没有成为收入差距扩大的弥合剂,反而加剧了美国的分裂,成为恶化收入分配格局的助推器。

第三,美国利益集团不断做大,宏观调控能力不断下降。市场存在固有的弱点和缺陷,在经济全球化的背景下,市场的自发性、盲目性、滞后性更是被无限放大,甚至成为经济衰退的根源,因此旨在熨平经济波动的国家宏观调控必不可少。然而美国作为一个联邦制国家,联邦政府主要负责国防、外交等事务,宏观调控能力本来就十分有限。除此之外,美国的利益集团无处不在,已经深深渗透至美国的行政、立法和司法系统之中,更是使其丧失宏观调控所必需的国家自主性。如今华盛顿的五角大楼和纽约的华尔街,已经构成了美国最强大的特殊利益集团,它们可以合谋游说美国总统行政当局和国会,对美国联邦政府预算具有最大的发言权,③使得美国有限的宏观调控能力进一步受到牵制,以至于美国成为2008年国际金融危机的来源国、扩散国。奥巴马政府时期,为了改善信贷市场环境注入流动性,美联储先后采取了零利率的超常规操作并实施了四轮量化宽松的货币政策,它虽然在短期内让美国证券市场和银行体系得以复苏,但却没有实现其降低失业率和推动经济增长的预期目标。即使在特朗普执政时期,美国经济增长率有

---

① 参见李奇泽、黄平:《经济全球化与发达国家收入不平等》,《红旗文稿》,2017年第22期。
② 除此之外,约瑟夫·斯蒂格利茨(Joseph Stiglitz)在2011年的一篇文章中也指出:美国1%的人控制了40%的国民财富,而在20世纪80年代末,这两个数字还分别是12%和33%。详见国务院新闻办公室:《2018年美国的人权纪录》,2019年3月14日;Joseph Stiglitz, Of the 1%, by the 1%, for the 1%, *Vanity Fair*, May 2011.
③ 参见胡鞍钢:《美国为何衰落》,《学术界》,2014年第5期。

所回升,但是也未能实现其在总统竞选时"超越奥巴马"的公开政治承诺和3%的预期增长目标,成为美国宏观调控有心无力的表现。

第四,美国基础设施严重滞后,公共产品供给能力不断下降。交通、通信等基础设施是经济全球化深入发展的客观要求。得益于 1956 年艾森豪威尔签署的《联邦资助公路法案》,20 世纪下半叶美国建成了世界上最发达的州际高速公路体系,它曾经推动了美国数十年的经济繁荣。可如今,美国对基础设施建设的投资已经降到了 20 世纪 40 年代以来的最低水平。① 在交通公共产品供给方面,美国不仅高速公路"超期服役"②,而且在新一轮的高铁建设中更是成为落伍者,截至目前,美国不仅至今没有真正意义上的高铁线路,而且曾经一度备受关注的加州大型高铁项目由于融资、成本和征地等问题也不得不宣布正式放弃,③高铁建设的前景在可预见的未来依然黯淡。在通信公共产品供给方面,美国在 5G 无线通信网络建设方面也丧失了领先地位,2019 年 4 月美国国防部的报告显示,目前中国建有 35 万个 5G 基站,而美国仅有 3 万多个,中国是美国的 10 余倍之多。④ 由此可以发现,不进则退,在一些基础的、关键的公共产品供给方面,美国的供给能力已经大不如前。

第五,美国财政赤字不断扩大,财政汲取能力不断下降。财政能力是支撑其他国家能力的基础性能力,它在经济全球化时代的重要作用自不待言。

---

① See Thomas Fulle, Jennifer Medina and Conor Dougherty: Can America still build big? A California Rail Project Raises Doubts, *New York Time*, February 25th 2019.

② 20 世纪 80 年代以前是美国州际公路网建设的高峰期,90 年代初基本宣告完成。一般而言,州际公路的预期使用寿命是 20 年。21 世纪仍在使用的美国州际公路基本属于"超期服役"。

③ 2008 年时任加利福尼亚州州长阿诺德·施瓦辛格提出建设美国加州高铁,原计划连接旧金山与洛杉矶,总投资 773 亿美元,线路里程 826.8 公里。2015 年该项目举行了开工典礼并开始施工。而后面临不断延长的工期和不断上升的成本,2019 年新上任州长盖文·纽森正式宣布放弃该高铁项目,仅保留并继续完成项目中已经动工的一段长度长为 177 公里线路。

④ See Defense Innovation Board, The 5G Ecosystem: Risks & Opportunities for DoD, April 2019.

然而在收入方面,美国税收收入占GDP比重自2000年开始呈波浪式下降状态,根据世界银行公布的数据,由2000年的12.9%下降至2009年7.9%的最低点,2017年虽然回升至11.9%的水平,但依然低于OECD(经济合作与发展组织)国家15.9%的平均水平。在支出方面,自小布什政府上台之后,美国联邦政府财政赤字相对于GDP的比重持续扩大,它从2001年54.7%提高至2008年的76.1%。① 根据国际金融协会(Institute of International Finance)公布的数据,2018年美国这一比重更是高达105.2%,相比于21世纪初几乎翻了一倍。在"9·11"事件之后,美国还先后发动和卷入了伊拉克战争、阿富汗战争、利比亚空袭以及叙利亚战争,是世界上发动战争最多和军费开支最大的国家,光21世纪以来打的几场仗,便付出了7万多亿美元的代价,不仅没有将有限的财政资源用于国家建设,反而用于非生产性的侵略战争。

二、中国相对于其经济全球化水平处于"国家能力盈余"状态

与之相反的是,中国在积极融入世界的同时,始终怀着不进则退、底线思维的忧患意识。国家能力建设与经济全球化进程齐头并进,二者之间相互作用、相互适应,相对经济全球化总体处于"国家能力盈余"状态,突出表现为以下五个方面:

第一,中国社会整体安全稳定,规管能力不断提升。改革开放之后,由于经济往来的频繁、信息沟通的便捷和交通条件的改善,中国人口的城乡流动、跨省流动甚至跨国流动急剧加速。在不断参与经济全球化的同时,中国的上述人口流动速度、规模和不确定性更是有增无减,它无疑给中国社会的

---

① 参见胡鞍钢:《美国为何衰落》,《学术界》,2014年第5期。

管理提出了巨大挑战。在此过程中，中国的军队体制、武警体制、公安体制不断适应变化的环境进行积极改革，经过十余年的集权型建设，逐渐走向法治化、正规化、精细化，走出了一条合理协调中央和地方行政为特征的"统分结合"，以及综合运用国家力量和群众力量为特征的"专群结合"的特色道路。[1] 根据全球权威网站 Numbeo 公布的数据，2018 年中国的安全指数（Safety Index）为 60.56，与加拿大（60.72）、德国（63.35）处于同一水平，高于美国（50.42）、法国（54.71）、意大利（55.47）、英国（58.80）等大部分 G7 国家的水平，[2]是世界上最有安全感的国家之一。由此可以说明，作为一个拥有近 14 亿人口的大国，中国的社会秩序并没有随着经济全球化进程的加快而走向混乱，中国的规管能力也没有随着经济全球化挑战的增多而走向失效，反而逆势上扬。

第二，中国减贫脱贫创造奇迹，再分配能力不断提高。在加入世界贸易组织之后的初期，中国确实面临着贫富差距不断扩大的趋势。根据世界银行公布的数据，1999 年中国的基尼系数为 0.387，低于美国的水平（2000 年为 0.404），而后的十余年，中国的基尼系数大体呈现上升趋势，并于 2010 年达到峰值，为 0.437，高于国际公认的 0.4 的警戒线。但是中国始终坚持共同富裕的发展理念，一直怀有强烈地遏制贫富差距扩大的政治意愿，尤其是党的十八大之后，党中央提出了精准扶贫的减贫脱贫方略，并将其迅速付诸于实际行动，不断提升减贫人群的识别度、精准度。改革开放四十余年来，按国家现行农村贫困标准（每人每年 2300 元，2010 年不变价），中国贫困人口累计减少 7.4 亿人，贫困发生率下降 94.4 个百分点，[3]按世界银行绝对贫

---

① 参见樊鹏、汪卫华、王绍光：《中国国家强制能力建设的轨迹与逻辑》，《经济社会体制比较》，2009 年第 5 期。

② 具体参照：https://www.numbeo.com/crime/rankings_by_country.jsp?title=2018.

③ 参见习近平：《在庆祝改革开放 40 周年大会上的讲话》，新华网，2018 年 12 月 18 日.

困线标准(每人每日消费支出1.9国际元,购买力平价,2011年不变价),中国贫困发生率从1990年的66.2%下降至2015年的0.7%,①这意味着中国提前15年实现了2015年联合国提出的可持续发展目标(SDG)2030年核心目标——消除绝对贫困,创造了人类减贫史的奇迹。中国基尼系数自此也开始回落,2015年下降至0.386,低于美国的0.415(2016年),②重新回到20世纪末的水平。

第三,中国宏观调控工具不断丰富,宏观调控能力走向成熟。在参与经济全球化的同时,中国也经历了从计划经济向社会主义市场经济的深度转型。在转型过程中,中国因地制宜、多措并举,不断丰富宏观调控工具箱,一次次化危为安、转危为机。不仅采用财政政策和货币政策有效地应对了1994年的恶性通货膨胀、1998年亚洲金融危机、2008年国际金融危机,实现了经济"软着陆"和平稳过渡。还创造性地采用区域政策主动缩小地区差距,比如2000年实施的西部大开发战略,2003年提出的振兴东北老工业基地发展战略以及2004年提出的中部崛起,采用城乡政策主动缩小城乡差距,比如2005年提出实施社会主义新农村建设,2017年又提出乡村振兴战略,采用产业政策引领经济结构转型,比如2015年出台并制定《中国制造2025》行动纲领。除此之外,由于中国领导集体独特的交接班制度,它有效确保了国家宏观调控经验和宏观调控能力的延续性和累积性,以及宏观调控政策的稳定性和机制化,其中中美两国的医改历程便是典型案例,中国医改在短短不到二十年的时间,实现了医保从无到有,再到全民覆盖质的飞跃,医疗保险覆盖超过13.5亿人,基本实现全民医保。而美国至今只有年满65岁的

---

① 数据来源:世界银行WDI数据库:https://data.worldbank.org.cn/indicator/SI.POV.DDAY? locations = CN.

② 数据来源:世界银行WDI数据库:https://data.worldbank.org.cn/indicator/SI.POV.GINI?locations = CN – US.

老年人,才有资格享受社会医疗保险,仅占总人口的 16.3%。奥巴马提出的医改方案,即为美国全民提供"可以负担得起"的医疗保险的目标并没有实现,反倒被特朗普上台之后给推翻。

第四,中国成为现代化基础设施大国,公共产品供给能力不断上升。根据经济学的基本原理,公共产品有效供给的条件是,所有消费者的边际私人收益之和等于边际社会收益和边际社会成本。然而由于公共产品非竞争、非排他的特性,私人供给难以避免搭便车(free riders)现象,因此如果完全由市场主导,公共产品将出现有效供给不足的问题。在公共产品供给方面,与美国的市场化取向不同,①中国充分发挥政府"有形之手"的作用,以及社会主义集中力量办大事的制度优势,在短时间内跨越式地完成了基础设施现代化、网络化建设。截至 2018 年底,中国铁路营业里程达到 13.1 万公里,其中高铁营业里程 2.9 万公里以上,占世界的三分之二以上。全国公路总里程 484.65 万公里,其中高速公路里程 14.26 万公里。高铁里程、高速公路里程、内河航道里程、万吨级泊位数量均位居世界第一。② 中国班轮运输相关指数为 187.8,成为世界海洋航运第一大国,是位于第八位的美国(96.7)的 1.94 倍。③ 另外,中国还建成了沟通城乡、覆盖全国、连通世界的现代邮政网络,以及世界最大规模的信息化社会,电话、互联网用户数居全球之首,网民规模达 8.29 亿,普及率达 59.6%,手机接入互联网比例高达 98.6%,城乡"数字鸿沟""信息差距"加速弥合。④

第五,中国财政体制改革成效卓著,财政汲取能力不断上升。20 世纪 80

---

① 为了应对 20 世纪 70 年代的经济"滞胀"和财政危机,80 年代美国政府在公共产品供给和运营领域开始逐渐引入市场力量,推行市场化改革。

② 交通运输部:《2018 年交通运输行业发展统计公报》,2019 年 4 月 12 日。

③ 班轮运输相关指数是指各国与全球航运网络的连通程度,它由联合国贸发会议(UNCTAD)根据海运部门的五部分数据计算得出:船舶数量、船舶集装箱承载能力、最大船舶规模、服务量、在一国港口部署集装箱船舶的公司数量。数据来源于世界银行 WDI 数据库。

④ 中国互联网络信息中心:《中国互联网发展状况统计报告(第 43 次)》,2019 年 2 月。

年代,由于实行"分灶吃饭"的财政大包干体制,国家财政汲取能力迅速下降,政府财力极度分散,财政收入占 GNP 比重于 1992 年降至 14.7% 的低点,中央政府财政能力降至历史最低点。① 于是,1994 年党中央、国务院决定实施分税制改革和金税工程,从制度层面和技术层面根本上扭转了财政收入占 GDP 比重和中央财政收入占全国财政收入比重的下降趋势,稳定了中央和地方财政收入的初次分配比例。根据国家统计局公布的数据计算,全国财政收入占 GDP 比重从 1995 年的 10.2% 提高到 2010 年的 20.2%,此后一直保持在 20% 以上,2018 年这一比重为 20.4%;中央财政收入占全国财政收入比重从 1993 年的 22.0% 提高到 1994 年的 55.7%,此后一直保持在 50% 左右,2018 年这一比重为 46.6%。从趋势上看,国家财政汲取能力上升态势和中国参与经济全球化的进程相吻合。

总而言之,经济全球化是机遇与挑战并存的矛盾体,它的这一特性对于世界上任何国家都是如此。但是不同国家的国家能力不同,由此导致了它们不同的国家发展命运,以及对待经济全球化的不同政治反应。通过中美比较可以发现,在经济全球化的过程中,美国的国家能力基本处于赤字状态,它无法充分应对来自国际社会以及国内社会的各种挑战;相反的是,中国的国家能力总体处于盈余状态,它通过不断地调整和改革以适应经济全球化的要求,不仅开放程度越来越高,而且成为"新全球化"的引领者。美国单边主义、贸易保护主义的反全球化行径本质上是其国家能力长期不断下降以至于无法适应全球化步伐的结果,而它最极端的体现就是率先发动中美贸易战。

---

① 参见王绍光、胡鞍钢:《中国国家能力报告》,辽宁人民出版社,1993 年,第 6~7 页。

第三节　中国应对中美贸易战的基本战略

从人类社会的长远发展来看,经济全球化仍然是不可逆转的、不以人的意志为转移的时代潮流和历史趋势。目前中国提出"一带一路"建设以及人类命运共同体理念,顺应了历史潮流。美国公然发动对华贸易战则是逆历史潮流而动。事实上,无论是中国还是美国,融入经济全球化的过程中必然遭遇许多突出问题,但是解决问题的正确态度不是反经济全球化,而应当在发展过程对那些问题进行解决。如今,面对中美贸易战,中国的基本战略应当继续坚持对外开放的基本立场,不断提升国家能力及其与经济全球化的适应水平。

第一,保持战略定力坚定开放立场。得道多助,失道寡助。在当今世界,和平发展、合作互利的共赢主义是顺应道义之举,而以邻为壑、冲突对抗的霸权主义则是悖逆道义之举。在西方世界纷纷反经济全球化的紧要关头,中国更应当保持战略定力,坚定开放立场,主动扛起共赢主义的"新全球化"大旗。具体地,主动降低关税水平,扩大进口贸易,建立与世界分享的"中国市场"。对最不发达和低收入国家要"先予后取""多予少取",甚至可"只予不取",实施零关税待遇、增加促贸援助、提供人才培训,让发展中国家收获"中国效益"。进一步开放国内服务业市场,推动国内服务业转型升级,建立世界服务贸易强国,为世界提供"中国服务"。加快实施"走出去"战略,培育一批世界水平的跨国公司,一批业内领先的创新型企业,履行社会责任,造福当地人民,在全球范围内树立"中国形象"。积极推动绿色发展,主动参与减排承诺,大力推动农业的精细化发展,保证粮食供应,在国际社会继续代表发展中国家争取利益,为世界提供"中国保障"。

第二,全面深化改革提升国家能力。党的十九大报告提出必须全面深化改革,全面深化改革的总目标是完善和发展中国特色社会主义制度、推进国家治理体系和治理能力现代化。[1] 通过改革开放发展壮大自己,是应对经贸摩擦的根本之道。[2] 当前中国改革已经进入攻坚期和深水区,必须以更大的政治勇气和决心全面深化改革,以确保国家能力和更高水平经济全球化的适应性。其中,必须深化依法治国实践,深化国家监察体制改革,深化司法体制改革,深化武警部队改革,提高国家规管能力及其现代化、法治化水平;履行好政府再分配调节职能,加快推进基本公共服务均等化,加强社会保障体系建设,打赢脱贫攻坚战,缩小收入分配差距,提高国家再分配能力及其合理化、有序化水平。创新和完善宏观调控,发挥国家发展规划的战略导向作用,健全财政、货币、产业、区域等经济政策协调机制,提高国家宏观调控能力及其科学化、精确化水平。必须深化供给侧结构性改革,坚持去产能、去库存、去杠杆、降成本、补短板,加强水利、铁路、公路、水运、航空、管道、电网、信息、物流等基础设施网络建设,提高国家公共产品供给能力及其有效性、公平性水平;深化税收制度改革,健全地方税体系,加快建立现代财政制度,理顺中央和地方财政关系,提高国家财政汲取能力及其制度化、可持续性水平。

第三,以国家能力把握经济开放节奏。作为一个发展中国家,中国参与经济全球化的目的并不是争夺所谓的权力或者霸权,而是始终坚持"以人民为中心"的价值导向,追求互通有无互利共赢,旨在提高中国人民的生活福利水平和促进世界和平发展。因此,经济全球化不是最终目的,它只是达成最终目的的手段。为了充分利用经济全球化的益处,有效规避经济全球化

---

[1]　参见习近平:《决胜全面建成小康社会 夺取新时代中国特色社会主义伟大胜利——在中国共产党第十九次全国代表大会上的报告》,2017 年 10 月 18 日。

[2]　参见国务院新闻办公室:《关于中美经贸磋商的中方立场》,新华社,2019 年 6 月 2 日。

的弊端，走向封闭是不可取的，盲目开放同样也是不可取的，必须视国家能力的强弱掌控经济开放的力度、速度和次序。比如在金融、能源、电信、铁路、教育、医疗等涉及国家命脉和国计民生的重要领域，在走向更高层次开放的同时不能单纯地追求市场效率，必须优先考虑国家的规管能力和宏观调控能力，坚持实事求是的原则做好顶层设计，将开放方向和节奏设置在国家能力可以掌控的范围之内。

第四节　本章小结

中国和美国是世界最大的两个经济体、贸易体，两国关系好坏对世界经济贸易增长直接产生重大影响，两国合作不仅互利共赢，还会产生极大的正外部性，两国冲突不仅双方受损，还会产生极大的负外部性。对于中美贸易战这个不确定因素，国内也有许多人表示担忧和疑虑，认为它是否会影响"第一个百年"奋斗目标的实现？是否会阻挡中国的长远发展？因此，作为一个自然延伸，笔者也对中美贸易战背景下的中国前景做一个大致判断。对于第一个疑问，我们的评估结果表明，中国已经提前实现了党的十六大、党的十七大所提出的 2020 年目标，

正在如期实现党的十八大、党的十九大所提出的 2020 年新目标，可以认为胜利在望、胜利在握。① 对于第二个疑问，笔者认为，如前文所述，目前中国处于"国家能力盈余"状态，可以应付经济全球化各种形式的挑战，并将挑战转化为机遇。因此，从综合国力和国家能力的视角来看，2020 年之后中国

---

① 参见姜佳莹、胡鞍钢、鄢一龙：《确保实现第一个百年奋斗目标——国家"十三五"规划实施评估（2016—2018）》，《新疆师范大学学报（哲学社会科学版）》，2019 年第 4 期。

将进入现代国家发展生命周期的强盛期。当然,除了国家能力方面的优势之外,中国还具有以下四个方面优势。

第一,从历史经验上看,中国在发展过程中曾经历了许多外部挑战,有的比贸易战形势严峻得多,比如新中国成立初期的抗美援朝,但是它们都没有遏制中国的发展、阻挡中国的前进,反而促使中国变得更加强大。1997 年亚洲金融危机暴发之时,根据世界银行公布的数据显示,中国国内生产总值总量为 3.71 万亿国际元(PPP,2011 年不变价,下同),1998 年中国提出确保 8% 的经济增长率目标,实际结果为 7.8%,在亚洲各国和地区中最高,与美国国内生产总值的相对差距为 2.98 倍;又如 2008 年国际金融危机暴发之时,中国国内生产总值总量已经上升至 10.53 万亿国际元,2009 年中国却是 G20 国家中主要宏观经济指标(经济增长率、制造业增长率、通货膨胀率、失业率、赤字率、国际收支)表现最好的国家之一,中国国内生产总值相对于美国的差距缩小至 1.30 倍;2018 年中国国内生产总值上升至 22.62 万亿国际元,反倒是美国国内生产总值(18.22 万亿国际元)的 1.24 倍。由此可见,在一次又一次的危机过程中,中国的发展势头不但没有减弱,反而与美国的经济差距不断缩小并实现反超。

第二,从市场规模上看,目前中国拥有世界最庞大的就业队伍,2018 年全国就业人员达到 77586 万人,占世界就业人数(33 亿人)的 23.5%,是美国就业人数(15334 万人)的 5.05 倍。中国已经建成世界最大规模的市场主体,2018 年全国拥有 1.09 亿户市场主体,其中 3435 万户实有企业,私营企业占 90.3%,个体工商户 7237 万户,私营企业和个体就业人员高达 3.74 亿人,是 1990 年 2275 万人的 16.4 倍,甚至大大超过了美国总人口数(3.25 亿人)。中国拥有世界上规模最大的消费群体,已是世界第二大消费市场。2018 年我国总人口达到 13.95 亿人,是美国总人口数(3.25 亿人)的 4.29 倍。只要中国人均消费支出达到美国的 1/4 强,就可以成为世界最大的消费市场。中国已经是世界最大的上中等收入国家，其中，2018年全国31个省市自治区已经有北京、上海、天津、江苏、浙江、广东六个地区进入世界高收入水平阶段，总人口达到3.13亿人，占全国总人口的22.4%。中国拥有世界规模最大的城市人口，2018年已经达到83137万人，相当于美国城市人口（26681万人）的3.12倍。中国是世界第二大进口国，2018年货物进口额首次突破2.1万亿美元，占世界货物进口总额的1.0%以上。习近平主席曾指出："中国经济是一片大海，而不是一个小池塘。狂风骤雨可以掀翻小池塘，但不能掀翻大海。"①因此，中国经济的汪洋大海绝对不是中美贸易战的波澜可以掀翻的。

第三，从增长潜力上看，虽然中国经济已由高速增长阶段转向高质量发展阶段，经济增速有所下滑，但是基于经济结构、产业结构、就业结构、城镇化率、人口年龄结构、劳动参与率等方面的综合预测，笔者预判未来十几年，中国仍然拥有明显的发展优势、良好的发展基础和强大的发展驱动力，经济仍可保持较长时间的持续增长，2015—2030年期间GDP年均增速在5.4%~6.5%之间。② 林毅夫也指出，如果没有中美贸易战，在2020—2030年，中国可以维持5.5%左右的增长速度。如果中美贸易战全面打起来，中国增长速度减少0.5个百分点，在2020—2030年实现5%的增长。③ 此外，如果考虑到世界经济平均每年3%的增长率，以及中国经济的庞大规模，即2017年国内生产总值总量达到21.2万亿国际元（PPP，2011年不变价），占世界国内生产总值总量的18.2%，那么即使未来中国经济增速降至6%或者5%，也是世界大国中增长速度最快的国家之一，也是对世界经济增长贡献最多的国

---

① 习近平：《共建创新包容的开放型世界经济——在首届中国国际进口博览会开幕式上的主旨演讲》，新华社，2018年11月5日。
② 参见胡鞍钢、刘生龙：《中国实现现代化经济社会结构的展望》，《山东大学学报（哲学社会科学版）》，2018年第2期。
③ 参见林毅夫：《中国的新时代与中美贸易争端》，《武汉大学学报（哲学社会科学版）》，2019年第2期。

家之一。从长远看,中国经济增长仍然存在巨大的增长潜力和发展空间。

第四,从国际合作上看,美国虽然是中国经贸合作的重要国家,但却不是唯一国家,而且它对中国的重要性也正在下降。根据中国海关总署的统计,2019 年前三季度,中国与欧盟、东盟的外贸保持快速增长,中国与东盟贸易总值为 3.14 万亿元,超越美国(2.75 万亿元)成为中国第二大贸易伙伴,位于欧盟(3.57 万亿元)之后。除此之外,美国发动中美贸易战可以阻止它自身与中国的合作,但却无法阻止世界上其他国家与中国的合作。实际上,中国近些年通过"一带一路"建设早已打开了局面,自 2013 年以来,截至 2019 年 8 月末,中国已经与 136 个国家和 30 个国际组织签署了 195 份共建"一带一路"合作文件。2013—2018 年,中国与"一带一路"沿线国家的累计进出口总额达到 64691.9 亿美元,建立了 82 个境外经贸合作区。中国与欧洲的经贸关系也取得重要突破,截至 2018 年底,中欧班列累计开行突破 12000 列,与德国、俄罗斯、哈萨克斯坦、波兰、白俄罗斯等沿线国家的经贸合作更加紧密。① 除此之外,与 2017 年美国宣布正式退出《跨太平洋伙伴关系协定》相反,由中国、日本、韩国、澳大利亚、新西兰、东盟十国推动的《区域全面经济伙伴关系协定》不断取得重大进展,并于 2020 年 11 月 15 日正式签署,成为全球涵盖人口数量最多、成员构成最多元、发展最具活力的自由贸易区。美国企图通过贸易战的方式达到封锁中国的目的,在当今的开放世界,是绝无可能实现的。

因此,结合中国的国家能力优势,以及历史经验优势、市场规模优势、发展潜力优势、国际合作优势,美国发动中美贸易战不仅不会阻挡中国的前进发展,而且还会进一步激发 14 亿中国人民的凝聚力、创造力和自信心,中国经济巨轮必将迎着狂风骤雨,披波斩浪驶向中国两个百年奋斗目标。

---

① 具体参见中国一带一路网:https://www.yidaiyilu.gov.cn。

实 证 篇

第八章 国家汲取能力与企业出口二元边际

在"逆经济全球化"和全球减税浪潮兴起的时代背景之下,如何应对世界范围内的税收博弈成为备受关注的现实议题。从"稳外贸"的视角出发,中国应当降低汲取水平参与税收征纳的逐底竞争吗? 为了回答这一问题,笔者基于"一带一路"沿线 49 个国家的宏观层面数据和企业问卷调查微观数据,深入考察了国家汲取能力对企业出口行为的影响。研究结果表明:第一,国家汲取能力对企业出口扩展边际具有正向的促进作用,但是对企业出口集约边际没有显著影响。第二,国家汲取能力对企业出口扩展边际的影响因企业出口模式、国家发展水平、企业所有制形式的不同而呈现异质性特征。第三,国家汲取能力对企业出口扩展边际的可能影响途径是电力基础设施和交通基础设施建设的可及性。言下之意,面对全球税收竞争,中国无需自乱阵脚盲目加入减税的队伍,关键在于充分运用财政收入,强化电力、交通等有助于降低企业出口成本的生产性公共产品供给。相比于既往研究,此研究在主题、计量方法和实证数据三个方面有所突破,在一定程度上进一步丰富了对企业出口行为的认识,也为理解国家与社会的关系提供了一个新的视角。

第一节　问题的提出

自 2008 年国际金融危机爆发以来,国际贸易形势不容乐观,国际贸易增长速度不仅持续放缓,而且连续多年低于世界经济增长速度。世界银行数据显示,2018 年世界进出口贸易总额占世界生产总值的比重为 59.4%,仍然低于 2008 年的发展水平(为 60.9%);除此之外,中国的情况也大同小异,2018 年进出口贸易总额占 GDP 的比重为 38.2%,已经低于 2000 年的发展水平(为 39.4%);在出口贸易领域,2018 年货物和服务出口贸易占国内生产总值的比重为 19.5%,也已经回落至 21 世纪初的水平(2000 年为 20.9%),相比于 2006 年的最高水平(为 36.0%),下降了 16.5 个百分点。[1]众所周知,出口依存度过高未必是一件好事,它让最终消费需求受制于他国,危及国家经济安全。但是作为拉动经济增长的"三驾马车"之一,出口贸易长期低迷不振同样未必是一件好事,因为这不仅预示着本国出口产品缺乏国际竞争力,也将对国内就业和国民收入产生倍减作用,影响国家经济社会的可持续发展。因此,在当今贸易保护主义和逆经济全球化盛行的背景下,如何稳定和扩大企业出口,做好党中央和国务院部署的"稳外贸"工作,[2]或者从更长远的角度出发,如何筑牢出口贸易持续发展的根基,是不容忽视的现实问题。

---

[1]　数据源自世界银行世界发展指标(WDI)数据库:https://data.worldbank.org。
[2]　2018 年 7 月 30 日,中共中央政治局会议要求:有效应对经贸摩擦,全面做好"六稳"工作。此后 2018 年和 2019 年连续两年的中央经济工作会议均再次强调"六稳"工作的重要性,明确指出要坚持稳中求进总基调,进一步做好"六稳"工作,完善和强化"六稳"举措。"六稳"指的是稳就业、稳金融、稳外贸、稳外资、稳投资、稳预期。

根据经济学基本原理,主动降低国家汲取水平的减税政策可以减轻企业负担增强企业出口竞争优势。近年来,为了吸引制造业回流和提高企业全球竞争力,美国特朗普政府出台了自里根时代以来最大规模的减税方案,其中企业所得税由35%下调为21%。[①] 在美国减税政策的刺激之下,英国、法国、印度等国家也争相跟进制定减税计划,全球范围内正在掀起一股税收竞争浪潮。自党的十八大以来,我国也先后实施了全面"营改增"等税费改革和减税降费政策,有效地降低了各类市场主体的经营负担。但是从另一个角度考虑,如果国家在减税的同时并未同步削减政府开支,那么减税政策无疑将会引发财政赤字扩大风险,影响财政的健康发展。如果单纯基于促进企业出口的作用考量,权衡利弊,我国有必要加入世界减税博弈和竞赛吗? 对于这个现实问题的回答,笔者认为,应当首先从实证层面考察国家汲取能力对企业出口行为的影响。

传统国际贸易理论认为,国家间的贸易动因来源于比较优势、资源禀赋差异或规模效应。然而随着新兴贸易现象的不断涌现,旨在解释产业间和产业内国际贸易现象的传统国际贸易理论,已经无法对微观企业的异质性贸易行为作出回应。针对上述状况,20世纪末诞生的"新—新贸易理论"(New – New Trade Theory)予以了尝试,其核心观点表明,企业出口行为是企业自选择效应的结果,只有高生产率的企业才能跨越出口贸易的沉没成本进入国际市场,企业生产率与企业出口参与成正比(Melitz,2003)。[②] 受益于新-新贸易理论的启发,国内外涌现了一股研究微观企业出口行为决定的学术热潮,并且随着实证研究的逐渐深入,愈来愈多的研究开始发现,企业出口行为不仅受企业生产率单一异质性因素的影响,而且还受企业规模、企业

---

① 参见《特朗普签署30年来最大规模减税法案》,新华社华盛顿电,2018年12月22日。

② See Melitz J. Marc, The Impact of Trade on Intra – Industry Reallocations and Aggregate Industry Productivity, *Econometrica*, 2003, 71(6).

区位、企业所有制、企业互联网化程度等多重异质性因素的影响（Bernard et. al，2003；Gleeson & Ruane，2007；刘志彪、张杰，2009；李军、刘海云，2015；沈国兵、袁征宇，2020）；[1]除此之外，进一步的研究发现，它不仅受上述内生异质性因素的影响，还受基础设施、金融约束、用地成本、最低工资制度、汇率波动等外生异质性因素的影响（盛丹等，2011；阳佳余，2012；孙楚仁等，2014；许家云等，2015；黄玖立、冯志艳，2017）。[2] 不过，仔细梳理可以发现，虽然既有研究对企业异质性的关注已经从企业内生因素拓展至企业外生因素，但是绝大多数研究所指的企业外生异质性依然局限于一国之内，对企业所处的国别异质性关注甚少。事实上，企业出口行为不仅在同一国家的不同地区表现不同，在国家之间更是差别迥异。国家汲取能力作为既影响国家经济发展又在国家间尤其是发展中国家之间存在明显差异的重要国别特征（Kaldor，1963），[3]探究其对企业出口行为的影响具有重要的理论意义。

综合以上分析，无论是基于国家减税政策出口效应的现实考虑，还是基

---

① See Bernard B. Andrew, Eaton Jonathan, Jensen J. Bradford and Kortum Samuel, Plants and Productivity in International Trade, *American Economic Review*, 2003, 93(4); Gleeson Anne Marie and Ruane Frances, Irish Manufacturing Export Dynamics: Evidence of Exporter Heterogeneity in Boom and Slump Periods, *Review of World Economics*, 2007, 143(2); 刘志彪、张杰：《我国本土制造业企业出口决定因素的实证分析》，《经济研究》，2009 年第 8 期；李军、刘海云：《生产率异质性还是多重异质性——中国出口企业竞争力来源的实证研究》，《南方经济》，2015 年第 3 期；沈国兵、袁征宇：《企业互联网化对中国企业创新及出口的影响》，《经济研究》，2020 年第 1 期。

② 参见盛丹、包群、王永进：《基础设施对中国企业出口行为的影响："集约边际"还是"扩展边际"》，《世界经济》，2011 年第 1 期；阳佳余：《融资约束与企业出口行为：基于工业企业数据的经验研究》，《经济学（季刊）》，2012 年第 4 期；孙楚仁、田国强、章韬：《最低工资标准与中国企业的出口行为》，《经济研究》，2013 年第 2 期；许家云、佟家栋、毛其淋：《人民币汇率变动、产品排序与多产品企业的出口行为——以中国制造业企业为例》，《管理世界》，2015 年第 2 期；黄玖立、冯志艳：《用地成本对企业出口行为的影响及其作用机制》，《中国工业经济》，2017 年第 9 期。

③ See Kaldor Nicholas, Will Underdeveloped Countries Learn to Tax? *Foreign Affairs*, 1963, 41。王绍光（2002）指出，国家（财政）汲取能力是政府从社会获取财政资源的渗透能力，是国家构建（state building）的首要任务，是所有其他国家能力的基础，而且它在国与国之间存在着较大的差异。Besley & Persson（2014）也指出，征税能力是国家发展（state development）的核心，它在不同国家之间差别迥异，低收入国家税收占 GDP 的比重通常在 10% ~ 20% 之间，高收入国家的这一比重却平均在 40% 左右。

于外生国别异质性对企业出口行为的理论考虑,考察国家汲取能力对企业出口行为的影响都具有重要意义。为了对这一基础问题进行回答,本章其余内容安排如下:除第一部分之外,第二部分主要是对模型构建、变量测度和数据进行说明,第三部分为基准估计结果以及对估计结果的分析;第四、五、六部分则依次为稳健性分析、异质性分析和影响机制分析;最后为本章小结。

第二节　模型、变量和数据

本部分主要包括两个方面的内容,即实证策略和数据说明,其中实证策略主要是模型构建和指标测度。

一、模型构建

根据梅利兹(Melitz,2003)的说法,[1]企业出口总量增长可以进一步分解为企业出口扩展边际(extensive margin)和企业出口集约边际(intensive margin),其中,企业出口扩展边际通常既可以指企业进入或退出国际市场的出口参与,也可以指出口企业所出口产品种类的增加或减少;企业出口集约边际则通常指的是企业出口产品数量在单一方向上的增加或减少。就本书而言,因变量企业出口二元边际指的是以企业是否出口表示的出口扩展边际和以企业出口多少表示的出口集约边际。因此,国家汲取能力与企业出口

---

① See Melitz J. Marc, The Impact of Trade on Intra – Industry Reallocations and Aggregate Industry Productivity, *Econometrica*, 2003, 71(6).

二元边际的模型构建也包含国家汲取能力与企业出口扩展边际、国家汲取能力与企业出口集约边际两个方面。

首先,为了考察国家汲取能力与企业出口扩展边际(也称"企业出口决策")之间的关系,笔者基于以下两点理由构建了一个基于微观企业层面出口决定因素的广义分层线性模型(Generalized Hierarchical Linear Model, GHLM):其一,样本数据为双层嵌套结构。国家汲取能力属于国家层面的宏观数据,企业出口决策属于企业层面的微观数据,微观层面的企业嵌套于宏观层面的国家。对此,传统实证方法主要采取两种策略,即要么将宏观变量分解至微观层面,要么将微观变量加总至宏观层面,然而两种方法都存在明显的弊端。其中,前者无法满足样本的独立性假设,后者则忽略了微观层面的组间变异。幸运的是,针对多层嵌套数据结构开发的分层线性模型,不仅可以避免传统实证方法的弊端,而且与普通模型相比,还可以解决以全概偏导致的区群谬误(ecological fallacy)问题,并通过对低层数据的聚类性质进行调节以纠正参数估计的标准误差,从而改善置信区间和显著性检验,降低犯第一类错误的概率,因此相比于传统做法,分层线性模型是更适合本书的有效实证分析工具。[①] 其二,企业出口决策是二分变量的离散数据,因此针对连续变量的分层线性模型无法运用,只能借助以 Probit 或 Logit 为链接函数的广义分层线性模型。根据分层线性模型的基本原理,即将低层模型的系数定义为高层模型的被解释变量,从而揭示高层单位的群体变量与低层单位的个体变量之间的关系。具体地,本书的双层模型如下:

$$Prob(Exportdum_{ijkt} = 1|x) = \beta_0 + \beta_1 \times Size_{ijkt} + \beta_2 \times Age_{ijkt} + \beta_3 \times Age2_{ijkt}$$

---

① 之所以说将宏观数据分解至微观层面的做法无法满足样本的独立性假设,原因在于取自同一国的企业的相关性显然高于随机独立抽取的企业的相关性;而之所以说微观变量加总至宏观层面的做法忽略了微观层面的组间变异,原因在于对同一国家的所有企业取平均值损失了企业之间本来存在的差异性。统计学意义上的第一类错误有时候也被称为弃真错误,是指假设检验拒绝了实际上成立的零假设。

$$\beta_4 \times Foreign_{ijkt} + \beta_5 \times Affiliate_{ijkt} + \beta_6 \times Share_{ijkt} \qquad (8-1)$$

$$\beta_7 \times Quality_{ijkt} + \beta_8 \times Productivity_{ijkt} + \eta_k + \nu_i + \varepsilon_{ijkt}$$

第一层模型如式(8-1)所示,其中,i、j、k、t分别代表企业、国家、行业、年份。为企业是否出口的虚拟变量,如果调研当年企业存在直接出口或间接出口行为为1,反之则为0;$Prob(Exportdum_{ijkt}=1|x)$为企业出口概率,也即企业出口扩展边际。在解释变量中,$Size$表示企业规模;Age表示企业年龄,$Age2$表示企业年龄的二次项;$Foreign$表示企业所有制类型的虚拟变量,如果该企业含有外国个人、公司或组织的股份为1,反之则为0;$Affiliate$表示企业级别的虚拟变量,如果该企业附属于一个更大的企业为1,反之则为0;$Share$表示企业治理结构,它由企业所有权和经营权分离程度表示;$Quality$表示企业国际认证资质的虚拟变量,如果该企业获得了质量管理体系认证(ISO9000)、环境管理体系认证(ISO14000)或危害分析与关键控制点体系认证(HACCP)等认证资质为1,反之则为0;$Productivity_{ijkt}$表示企业劳动生产率;η_k、ν_i分别表示行业、年份的控制变量;ε_{ijkt}表示服从正态分布的随机扰动项。

第二层模型如式(8-2)所示,被解释变量β_0是第一层模型中的截距项,它表示第一层模型的截距项随第二层模型即国家层面解释变量的变化而变化;在其他变量中,$Tax\_Capacity$代表国家汲取能力,是本书关注的解释变量,它由税收(扣除社会捐献)占GDP的比重表示;$lnGDP$代表国家的经济规模或市场规模,它由GDP的对数值表示;$lnGDPPC$代表国家发展水平,它由人均GDP的对数值表示;GDP_Growth代表国家经济增速,它由GDP年均增长速度表示;$Labor$代表国家劳动力要素禀赋,它由劳动年龄人口(15~64岁)占总人口的比重表示;WTO、$Inland$分别表示国家在企业调查当年及以前是否为世界贸易组织(WTO)成员国以及是否为内陆国的虚拟变量,如果是为1,反之则为0;μ_j表示随机扰动项。

$$\beta_0 = \gamma_{00} + \gamma_{01} \times Tax\_Capacity_j \times \gamma_{02} \times lnGDP_j \times \gamma_{03} \times lnGDPPC_j$$

$$+ \gamma_{04} \times GDP\_Growth_j \times \gamma_{05} \times Labor_j \times \gamma_{06} \times WTO_j + \gamma_{07} \times Inland_j + \mu_j \quad (8-2)$$

其次,为了考察国家汲取能力与企业出口集约边际(也称"企业出口强度")之间的关系,笔者需要构建一个以企业出口量为被解释变量的分层线性模型。但是根据已有研究和经济常识可知,企业是否出口并不是一个随机分布的事件,它受企业规模、企业年龄、企业所有制等一系列因素的影响。因此,如果直接对所有出口企业进行分层线性回归,它必然会产生样本选择偏误(sample selection bias)问题,从而影响参数估计的有效性。为了纠正样本选择偏误,应当根据样本选择的具体形式进行有针对性的校正,一种有效的做法是根据詹姆斯·赫克曼(James Heckman,1979)提出的两步估计法,提取逆米尔斯比率(inverse Mill's ratio),然后将其作为控制变量加入分层线性模型。因此,笔者首先根据式(8-1)构造了关于企业是否出口的 Probit 二值选择模型,并形成"逆米尔斯比率"变量,再在此基础上,构建了关于企业出口集约边际的计量模型,具体如下所示:

$$Exportdum_{ijkt} = \beta_0 + \beta_1 \times Size_{ijkt} + \beta_2 \times Age_{ijkt} + \beta_3 \times Age2_{ijkt}$$

$$\beta_4 \times Foreign_{ijkt} + \beta_5 \times Affiliate_{ijkt} + \beta_6 \times Share_{ijkt} \quad (8-3)$$

$$\beta_7 \times Quality_{ijkt} + \beta_8 \times Productivity_{ijkt} + \beta_9 \times Mills_{ijkt} + \eta_k + \nu_i + \varepsilon_{ijkt}$$

在第一层模型(8-3)中,为被解释变量,它表示企业出口额占总销售额的比重,也即企业出口集约边际。在其他变量中,除增加逆米尔斯比率之外,其余均与式(8-1)含义相同。另外,关于企业出口集约边际的第二层模型也与式(8-2)相同。

二、变量测度

根据既有理论和实证的研究,笔者对控制变量的指标设定和测度方法

作如下说明(见表8.1),首先是企业层面的变量:

企业规模(*Size*),目前已有许多实证研究表明,企业规模与企业出口决策与企业出口强度之间存在密切关系(Andrew Bernard & Joachim Wagner,1997;Anne Gleeson & Frances Ruane,2007;刘志彪、张杰,2009;易靖韬,2009)。[①] 它们认为,在追求利润最大化的过程中,只有规模较大的企业才能负担进入国际市场前期必须付出的各种沉没成本,从而实现出口。换言之,企业规模越大,企业出口意愿更强烈,出口数量也越多。目前衡量企业规模的常用指标主要有企业人数规模、企业资产规模和企业销售规模等,它们都存在一定的合理性。但是考虑到数据的可得性和完整性,笔者选取企业销售规模作为企业规模的代理变量,它由"1 + 企业上一年度总销售额"的对数值表示。

企业年龄(*Age*),李军、刘海云(2015)基于1998—2007年中国工业企业数据研究发现,企业年龄异质性对企业出口抉择存在显著影响。[②] 但是根据所考察的行业不同,其影响方向并不一致,具体地,对纺织服装行业,它表现为显著的正向影响;而对电子设备和工艺制造行业,它则表现为显著的负向影响。笔者认为,企业年龄对企业出口的影响除了因行业而异之外,也可能会因年龄长短而异,由此导致二者的关系呈现非线性特征。为了验证这种可能存在的非线性影响,笔者在控制变量中加入了企业年龄的二次项。为了缓解可能存在的异方差问题,关于企业年龄的衡量方法,运用"1 + (调查

---

① See Bernard B. Andrew and Wagner Joachim, Exports and Success in German Manufacturing, *Weltwirtschaftliches Archiv*, 1997, 133(1); Gleeson Anne Marie and Ruane Frances, Irish Manufacturing Export Dynamics: Evidence of Exporter Heterogeneity in Boom and Slump Periods, *Review of World Economics*, 2007, 143(2);刘志彪、张杰:《我国本土制造业企业出口决定因素的实证分析》,《经济研究》,2009年第8期;易靖韬:《企业异质性、市场进入成本、技术溢出效应与出口参与决定》,《经济研究》,2009年第9期。

② 参见李军、刘海云:《生产率异质性还是多重异质性——中国出口企业竞争力来源的实证研究》,《南方经济》,2015年第3期。

年份－企业成立年份）"之后取对数值表示。

企业外资占比（*Foreign*），企业所有制形式是企业产权关系的反映，在中国经济转型的背景下，许多实证研究都发现企业所有制形式对企业出口行为存在重要影响（Lu et. al，2010；赵伟、赵金亮，2011；盛丹，2013）。[①] 总的观点认为，在出口方面，外资企业比非外资企业更具优势，因为一方面外资的注入为企业走向国际市场增加了渠道；另一方面，许多外资跨国公司在发展中国家投资设厂的目的本身就是利用当地廉价的劳动力资源进行加工贸易，再出口发达国家市场。考虑到"一带一路"沿线主要是发展中国家，因此针对它们的研究必须纳入企业所有制因素。世界银行企业调查数据将企业不同所有制占比分为私有占比、外资占比、国有占比和其他四类，本书以"1＋外资占比"取对数值作为企业外资占比的代理变量。

企业级别（*Affiliate*），不同的企业面临着不同的成本函数。已有研究指出，相比于内销企业，出口企业面临着更高的消费市场探索、销售渠道建设等固定成本，而且不同的企业在出口固定成本方面存在异质性（邱斌、闫志俊，2015）。[②] 通常而言，如果一个企业附属于更大的企业，那么它可以共享母企业的市场资源和销售网络，形成规模效应，节约出口固定成本，从而更容易走向国际市场。基于以上考虑，本书认为，企业级别也是影响企业出口二元边际的一个重要因素，因此本章引入了企业级别的虚拟变量。

企业治理结构（*Share*），已有研究表明，企业投资决策与企业治理结构密切相关，企业越是外部人控制，越有利于激发企业的投资能力和投资意愿

---

① See Lu Jiangyong, Lu Yi and Tao Zhigang, Exporting Behavior of Foreign Affiliates: Theory and Evidence, *Journal of International Economics*, 2010, 81（2）；赵伟、赵金亮:《生产率决定中国企业出口倾向吗？——企业所有制异质性视角的分析》,《财贸经济》,2011 年第 5 期。

② 参见邱斌、闫志俊:《异质性出口固定成本、生产率与企业出口决策》,《经济研究》,2015 年第 9 期。

（焦豪、焦捷、刘瑞明，2017）。① 类似地，在企业出口贸易领域，治理结构或许也会对企业出口二元边际产生一定影响，但是其影响方向和影响程度则有待实证检验。借鉴焦豪等（2017）的做法，笔者也以企业所有权和经营权两权分离程度作为企业治理结构的度量，具体地，独资制企业赋值为1，合伙制（包括普通合伙制和有限合伙制）企业赋值为2，股份制企业（包括股份有限公司和有限责任公司）赋值为3，其他少量未分类的企业则赋值为0，总的来说，赋值越大，表示公司治理结构越倾向于两权分离，即越倾向于外部人控制。

国际认证资质（*Quality*），以形形色色的贸易壁垒为表现形式的贸易保护主义是国际贸易自由化的一大障碍，但是如果企业的产品质量或环保标准获得国际权威机构的认证，那么将有助于企业突破贸易壁垒的障碍进入国际市场。郑妍妍等（2015）的研究表明，国际质量认证的获得可以促进企业出口扩展边际和集约边际的提升。② 因此，笔者也将企业是否获得国际认证资质的虚拟变量作为控制变量。

企业劳动生产率（*Productivity*），无论是理论层面还是实证层面，许多研究普遍认为生产率是影响企业出口的决定性因素。当前基于部分发达国家和发展中国家微观数据的实证研究认为，企业生产率对企业出口具有正向的促进作用，但是也有部分研究指出，在瑞士、韩国和斯洛文尼亚等国家没有发现二者的显著正向关系，还有部分基于中国企业数据的研究指出，由于中国的特殊国情，中国出现了企业生产率与企业出口显著负相关的"生产率悖论"现象。鉴于企业生产率对企业出口行为的重要影响，它无疑应当加以

---

　　① 参见焦豪、焦捷、刘瑞明：《政府质量、公司治理结构与投资决策——基于世界银行企业调查数据的经验研究》，《管理世界》，2017年第10期。
　　② 参见郑妍妍、李磊、庄媛媛：《国际质量标准认证与企业出口行为——来自中国企业层面的经验分析》，《世界经济研究》，2015年第7期。

控制。关于企业生产率的测量方法,一般存在劳动生产率和全要素生产率之分。考虑到企业增加值和要素投入数据的可得性,笔者以企业劳动生产率作为企业生产率的代理变量,具体地,它由"1 + 企业年度销售额/全职职工人数"之后取对数值表示。

其次,关于国家层面的控制变量,笔者控制了经济规模($lnGDP$)、发展水平($lnGDPPC$)、经济增速(GDP_Growth)等反映国家经济基本特征的变量。除此之外,根据国际贸易要素禀赋理论,国际分工和国际贸易肇因于各国要素的相对稀缺性。劳动力($Labor$)作为一种必不可少的生产要素,笔者也将其纳入控制变量。根据毛其淋和盛斌(2014)等的研究,[①]贸易自由化对制造业企业出口行为具有重要影响,为了控制这一影响,笔者在计量模型中加入了企业所在国是否为世界贸易组织成员国的虚拟变量。考虑到交通成本等对企业出口的影响,以及内陆国家没有出海口的事实,笔者在计量模型中也加入了是否为内陆国的虚拟变量。变量说明和数据来源如表 8.1 所示。

表 8.1 变量说明与数据来源

变量名	变量说明	数据来源	变量名	变量说明	数据来源
Export-dum	出口决策:是否参与出口,是 = 1,否 = 0	世界银行企业调查问卷	*Inland*	内陆国虚拟变量:是否为内陆国,是 = 1,否 = 0	世界地图
Export-num	出口强度:出口额占总销售额的比例	同上	*Size*	企业规模:1 + 年销售总额的对数值	世界银行企业调查问卷
Tax _ Ca-pacity	国家汲取能力:税收收入(不包含社会捐献)占 GDP 比重	政府收入数据库(GRD)	*Age*	企业年龄:1 + 调查年份减去企业成立年份的对数值	同上
lnGDP	经济规模:GDP 总量(现价美元)对数值	世界银行数据库	*Foreign*	企业外资占比:1 + 外资所占比重的对数值	同上

---

① 参见毛其淋、盛斌:《贸易自由化与中国制造业企业出口行为:"入世"是否促进了出口参与?》,《经济学(季刊)》,2014 年第 2 期。

变量名	变量说明	数据来源	变量名	变量说明	数据来源
lnGDPPC	发展水平:人均 GDP(现价美元)对数值	同上	*Affiliate*	企业级别虚拟变量:企业是否附属于一个更大的公司,是 = 1,否 = 0	同上
GDP_Growth	经济增速:GDP 年均增长速度	同上	*Share*	企业治理结构:企业所有权和经营权分离程度,股份制 = 3,合伙制 = 2,独资制 = 1,其他 = 0	同上
Labor	劳动力禀赋:劳动适龄人口(15～64 岁)占总人口比重	同上	*Quality*	国际认证资质:企业是否获得 ISO9000/14000 或 HACCP 等国际质量认证,是 = 1,否 = 0	同上
WTO	世界贸易组织成员国虚拟变量:是否属于 WTO 成员国,是 = 1,否 = 0	世界贸易组织(WTO)数据库	*Productivity*	企业生产率:1 + 销售总额/全职职工人数的对数值	同上

资料来源:作者自制。

三、数据说明

本研究使用的是企业微观数据和国家宏观数据相结合的混合截面数据,其中,微观层面的企业数据来自 2012—2016 年第五轮由欧洲复兴开发银行、欧洲投资银行和世界银行联合开展的"营商环境与企业绩效问卷调查(Business Environment and Enterprise Performance Survey,BEEPS)"①,以及同时段世界银行单独开展的企业问卷调查(Enterprise Surveys)。之所以选择

---

① 根据欧洲复兴开发银行官方网站的介绍,截至目前,欧洲复兴开发银行和世界银行分别于 1999—2000 年、2002 年、2004—2005 年、2008—2009 年、2012—2016 年开展了五轮营商环境与企业绩效问卷调查。调查的范围涵盖了东欧和中亚的绝大部分国家,其中,第五轮调查还纳入了中东地区以及北非地区的国家作为比较。具体可参见:https://www.beeps - ebrd.com/data/。

欧洲复兴开发银行和世界银行微观企业调查数据，其原因为以下三点：第一，它们的调查范围基本覆盖所有的发展中国家和转型经济体，具有跨国可比性；第二，它们的调查方法经过科学论证，数据具有较高的可信度、权威性和客观性，因为它们的问卷设计事前经过多方论证，调查所采用的 PPS 抽样调查方法保证了样本选择的随机性，并且在正式开展调研之前有预调研机制，并根据预调研结果反馈及时调整调查策略，另外在调查过程中有比较严格的数据质量控制机制；第三，它们的调查主题与本研究的匹配程度较高，其问卷包括三个模块：核心模块、制造业调查问卷、服务业调查问卷，调查的主题涵盖了企业基本情况、金融可及性、腐败、出口、基础设施、治安状况、劳动力、企业绩效、政商关系等众多议题，与本研究的主题比较契合。宏观层面的国家数据主要来自世界银行公布的世界发展指标（World Development Indicators，WDI）以及联合国大学世界发展经济学研究所（UNU – WIDER）发布的政府收入数据库（Government Revenue Dataset，GRD）。

在样本选择方面，笔者以"一带一路"沿线国家的调研企业为样本。其理由主要在于，自 2013 年习近平总书记分别提出"丝绸之路经济带"和"21 世纪海上丝绸之路"合作以来，共建"一带一路"的建设得到了国际社会的广泛关注和热烈响应。[①] "一带一路"建设已然成为"逆经济全球化"背景下中国引领合作共赢"新经济全球化"的重要平台。然而到底哪些国家属于"一带一路"国家，目前中国政府并没有宣布一个官方名单，而是指出"一带一路"建设是一个开放性、非排他的合作平台。在没有具体国家名单的情况下，世界银行出版的《一带一路经济学》报告（2019）指出两种可行的路径：一是以地理位置方式确定丝绸之路经济带六条陆上经济走廊和 21 世纪海上丝绸之

① 截至 2019 年 10 月底，已有 137 个国家和 30 个国际组织与中国签署 197 份"一带一路"合作文件。详见《中国已与 137 个国家、30 个国际组织签署 197 份"一带一路"合作文件》，新华社，2019 年 11 月 15 日电。

路的沿线国家;二是以合作文件方式确定与中国签署"一带一路"合作倡议文件的国家。① 为了加以区分,笔者称前者为"一带一路"沿线国家,后者为"一带一路"参与国家。考虑到参与"一带一路"国家名单短期内仍然可能发生变动,而"一带一路"沿线国家则基本固定,因此,笔者以"一带一路"沿线国家作为划定研究范围的依据。② 除此之外,考虑到2012—2016年之间有些国家没有参与欧洲复兴开发银行或世界银行的企业调研,再剔除黑山和不丹两个人口不足百万人的国家,余下的49个国家构成了本书的国家样本。③

关于数据处理,做法如下:一是除虚拟变量之外,对其余宏观层面的国别变量均取调研年份前五年(含当年)的平均值,以克服混合截面数据因单一年份特殊事件引起的异常变动问题;二是考虑到绝大多数服务业不可贸易的特征,及其与制造业企业出口行为的重大差异,笔者剔除了零售、运输等服务业企业样本;三是为了减少样本损失,根据主要产品的类型编码或文字描述,笔者参照调查问卷所采用的国际标准分类(ISIC3.1)二分位分类原

---

① 世界银行:《一带一路经济学:交通走廊的机遇与风险》,世界银行出版集团,2019年,第7页。

② "一带一路"沿线国家名单与"一带一路"参与国家名单存在重叠,但是并不因为后者数量更多而覆盖前者的全部。事实上,有一些国家比如印度,它们属于"一带一路"沿线国家,但是它们并没有与中国签署"一带一路"合作文件。根据中国一带一路网的介绍,算上中国"一带一路"沿线国家共有66个,其余65个分别为:阿尔巴尼亚、阿富汗、阿联酋、阿曼、阿塞拜疆、埃及、爱沙尼亚、巴基斯坦、巴勒斯坦、巴林、白俄罗斯、保加利亚、波黑、波兰、不丹、东帝汶、俄罗斯、菲律宾、格鲁吉亚、哈萨克斯坦、黑山、吉尔吉斯斯坦、柬埔寨、捷克、卡塔尔、科威特、克罗地亚、拉脱维亚、老挝、黎巴嫩、立陶宛、罗马尼亚、马尔代夫、马来西亚、马其顿、蒙古、孟加拉国、缅甸、摩尔多瓦、尼泊尔、塞尔维亚、塞浦路斯、沙特阿拉伯、斯里兰卡、斯洛伐克、斯洛文尼亚、塔吉克斯坦、泰国、土耳其、土库曼斯坦、文莱、乌克兰、乌兹别克斯坦、新加坡、匈牙利、叙利亚、亚美尼亚、也门、伊拉克、伊朗、以色列、印度、印度尼西亚、约旦、越南。

③ 它们分别是:阿尔巴尼亚、阿富汗、阿塞拜疆、埃及、爱沙尼亚、巴基斯坦、白俄罗斯、保加利亚、波黑、波兰、东帝汶、俄罗斯、菲律宾、格鲁吉亚、哈萨克斯坦、吉尔吉斯共和国、柬埔寨、捷克、克罗地亚、拉脱维亚、老挝、黎巴嫩、立陶宛、罗马尼亚、马来西亚、马其顿、蒙古、孟加拉国、缅甸、摩尔多瓦、尼泊尔、塞尔维亚、塞浦路斯、斯洛伐克、斯洛文尼亚、塔吉克斯坦、泰国、土耳其、乌克兰、乌兹别克斯坦、匈牙利、亚美尼亚、也门、以色列、印度、印度尼西亚、约旦、越南、中国。除此之外,根据 Bryan & Jenkins(2016)的研究,为了保证参数估计的准确性,分层线性模型国家层面的样本数量应不低于25个。本研究的国家数量满足这一要求。

则,对部分企业的行业属性缺失值进行了填补;四是剔除了企业年龄或出口产品比重为负等违背常识的企业样本。主要变量的描述性统计特征与相关关系分别如表8.2和表8.3所示。

表8.2 主要变量的描述性统计特征

变量	观察值	均值	标准差	最小值	最大值
Exportdum	26293	0.284	0.451	0	1
Exportnum	26139	14.528	29.868	0	100
Tax_Capacity	26293	16.117	4.891	5.677	33.28
lnGDP	26293	26.771	1.667	22.337	29.484
lnGDPPC	26293	7.969	0.875	6.406	10.379
GDP_Growth	26293	5.005	2.607	−2.379	9.42
Labor	26293	65.892	4.036	50.612	73.335
WTO	26293	0.929	0.257	0	1
Inland	26293	0.082	0.275	0	1
Size	23563	17.297	3.063	0	31.908
Age	25985	2.696	0.747	0	5.298
Foreign	26131	0.286	1.050	0	4.615
Affiliate	26289	0.152	0.359	0	1
Share	26262	1.948	0.893	0	3
Quality	25935	0.363	0.481	0	1
Productivity	23517	13.607	2.634	0	26.749

资料来源:作者自制。

第三节 基准估计结果及分析

一、模型的适用性分析

根据分层线性模型的基本原理,一个研究议题是否必须以分层线性模型进行分析需要从三个层面加以检视:一是理论层面,即所研究的问题是否属于多层次的议题;二是统计层面,即数据结构是否违背了普通回归分析对误差项所要求的独立性和同质性假设;三是数据层面,即组内相关系数(Intra - class Correlation Coefficient,ICC)是否足够大以至于不能忽略其对回归分析结果的影响(温福星、邱皓政,2014)。[①]　其中,理论层次的要求与研究议题有关,统计层次和数据层次的要求则可以在实证层面进行判断,即通过构建不包含任何解释变量的零模型(null model)计算组内相关系数。根据科恩(Cohen,1988)的研究,0.059 是一个临界点,如果组内相关系数小于0.059,那么可以认为被解释变量之间的群体同质性(group homogeneity)可以忽略不计;[②]如果组内相关系数大于 0.059,那么可以认为被解释变量之间并不是独立分布的,组内相关将会影响回归系数的标准误,因此必须考虑使用分层线性模型。其中,根据程度的不同,又可以将组内相关系数介于0.059 至 0.138 之间的情况称之为中度相关;大于 0.138 的情况称之为高度相关。

为了考察分层线性模型对本书的适用性,笔者分别构建了以企业出口决策和企业出口强度为被解释变量的两个空模型。通过 stata 软件计算,企业出口决策空模型的组内相关系数为 0.277,说明国别之间的差异可以解释企业出口扩展边际总体差异的 27.7%,它大于 0.138 的高度相关临界值,说明跨国家的企业出口决策研究可以运用分层线性模型;企业出口强度空模型的组内相关系数为 0.116,说明国别之间的差异可以解释企业出口集约边际总体差异的 11.6%,它位于 0.059 ~ 0.138 的中度相关区间,说明跨国家

[①]　组内相关系数是指高层级观察单位之间的变异(组间变异数)占被解释变量变异数的比例。温福星、邱皓政:《多层次模式方法论:阶层线性模式的关键问题与试解》,经济管理出版社,2014 年,第 24 ~ 25 页。

[②]　See Cohen Jacob, Statistical Power Analysis for the Behavioral Sciences (2nd edition), *Hillsdale, Eribaum*, 1988.

的企业出口强度研究也应当运用分层线性模型。除此之外,它们均在 1% 的显著性水平下拒绝了企业出口扩展边际和企业出口集约边际不随国家层面因素变化而变化的零假设,再次表明运用国家和企业两层数据的分层线性模型解释企业出口行为的正确性。因此,结合前文对研究主题和数据结构的分析,笔者认为,无论是理论层面、统计层面还是数据层面,分层线性模型对本研究的企业出口扩展边际和企业出口集约边际两大主题都是适用的。

二、基准估计结果分析

基于前文的模型构建和数据处理,基准计量结果如表8.3所示,其中,第3、5、7列考察的是"一带一路"沿线国家企业出口扩展边际的决定因素;第4、6、8列考察的是"一带一路"沿线国家企业出口集约边际的决定因素。为了避免年份效应和行业效应对模型参数估计的影响,笔者分别列示了不考虑年份效应和行业效应(第3—4列)、只考虑年份效应不考虑行业效应(第5—6列)、同时考虑年份效应和行业效应(第7—8列)的计量结果。

首先,关于国家汲取能力与企业出口扩展边际的关系,第3、5、7列的估计结果表明,国家汲取能力的提升可以显著地促进企业出口扩展边际,即促进更多的企业走向国际市场,而且该结果不受年份效应和行业效应的影响,初步具有一定的稳健性。关于国家汲取能力与企业出口集约边际的关系,第4、6、8列的估计结果表明,国家汲取能力与企业出口集约边际不存在显著的相关关系。

其次,从控制变量的估计结果与显著性水平观察,在宏观层面,国家经济规模对企业出口决策和企业出口强度均存在显著的负向影响,表明位于经济规模更大国家的企业更倾向于内销,而且出口产品的比重也更小。其原因可能在于经济规模比较大的国家,它本身可以为企业产品提供足够的市场需求,因此企业没有必要冒风险探索出口市场;国家经济发展水平对企业出口决策和企业出口强度均存在显著的正向影响,这表明位于经济发展水平更高国家的企业,它更倾向于出口,而且出口产品比重更大。其原因可能在于经济发展水平更高的国家,普遍参与经济全球化的程度更高,企业更容易跻身于全球价值链和生产链之中。然而,总的来看,国家经济增速与企业出口行为不存在显著的相关关系,仅在控制了年份效应之后,它在 10% 的显著性水平之下对企业出口强度具有一定的促进作用,由此表明,国家经济增速越快,它或许可以促进企业出口在量方面的增加,但并不表明它可以促进更多的企业出口。就劳动力资源禀赋而言,实证结果表明,它对企业出口强度的影响显著为负,而对企业出口决策则不存在显著影响,换言之,国家整体的劳动力资源状况并不影响企业的出口决策。就是否加入世界贸易组织以及是否为内陆国家的虚拟变量而言,实证结果表明,前者既可以显著提高企业出口概率又可以显著提高企业出口强度,而后者主要影响的则是企业出口强度,对企业出口概率的提高则不存在显著影响。

在微观层面,实证研究结果表明,企业规模、企业外资占比以及企业附属地位与企业出口决策和企业出口强度都存在显著的正向关系,它们基本符合既有研究的实证结果以及前文的预测。企业劳动生产率与企业出口决策、企业出口强度都存在显著的负向关系,由此说明或许与中国情况相似,"一带一路"沿线国家整体来说都存在"企业生产率–出口悖论"现象(李春顶,2010)。[1] 就企业年龄而言,其一次项不显著,但二次项与企业出口决策显著正相关,在控制年份效应和行业效应之后,与企业出口强度不相关,考虑到企业年龄均为大于 0 的正数,大体可以说明企业年龄与企业出口行为之

---

[1] 参见李春顶:《中国出口企业是否存在"生产率悖论":基于中国制造业企业数据的检验》,《世界经济》,2010 年第 7 期。

间不存在 U 型或倒 U 型的二次项关系，但是它对提升企业出口概率具有促进作用。除此之外，我们还可以发现，企业治理结构与企业出口决策显著正相关，但在控制年份效应和行业效应之后，与企业出口强度不相关，由此说明经营权和所有权分离程度影响的只是企业出口决策而不影响企业出口强度。国际认证资质的获得可以显著地促进企业参与出口贸易，在控制年份效应和行业效应之后，也与企业出口强度显著正相关，这与既有研究结果一致。在企业出口强度的诸模型中，逆米尔斯比率均在 1% 的显著性水平下为正，说明企业出口行为确实存在样本选择偏差，加入逆米尔斯比率作为控制变量是必要的。

表 8.3　国家汲取能力与企业出口二元边际的基准计量结果

变量	出口决策(1)	出口强度(2)	出口决策(3)	出口强度(4)	出口决策(5)	出口强度(6)	出口决策(7)	出口强度(8)
$Tax\_Capacity$			0.025 * *	-0.042	0.025 * *	-0.150	0.025 * *	-0.155
			(0.010)	(0.161)	(0.011)	(0.163)	(0.011)	(0.135)
$lnGDP$			-0.123 * * *	-3.527 * * *	-0.105 * * *	-3.640 * * *	-0.111 * * *	-3.840 * * *
			(0.037)	(0.523)	(0.036)	(0.533)	(0.037)	(0.440)
$lnGDPPC$			0.376 * * *	6.655 * * *	0.313 * * *	7.004 * * *	0.354 * * *	7.816 * * *
			(0.068)	(1.010)	(0.070)	(1.022)	(0.071)	(0.840)
GDP_Growth			0.005	0.257	-0.016	0.480 *	-0.015	0.446 *
			(0.023)	(0.277)	(0.023)	(0.285)	(0.023)	(0.235)
$Labor$			-0.006	-0.356 *	-0.025	-0.435 * *	-0.029 *	-0.513 * * *
			(0.016)	(0.183)	(0.016)	(0.187)	(0.016)	(0.155)
WTO			0.390	11.543 * * *	0.550 * *	12.588 * * *	0.494 * *	10.338 * * *
			(0.245)	(2.390)	(0.227)	(2.449)	(0.229)	(2.021)
$Inland$			-0.235	-6.958 * * *	-0.248	-8.538 * * *	-0.275	-8.952 * * *
			(0.181)	(1.711)	(0.169)	(1.760)	(0.171)	(1.466)
$Size$			0.332 * * *	6.573 * * *	0.332 * * *	6.572 * * *	0.306 * * *	5.660 * * *
			(0.009)	(0.109)	(0.009)	(0.109)	(0.009)	(0.105)
Age			-0.093	0.864	-0.097	0.768	-0.126 *	0.082
			(0.067)	(0.817)	(0.067)	(0.816)	(0.068)	(0.771)

变量	出口决策(1)	出口强度(2)	出口决策(3)	出口强度(4)	出口决策(5)	出口强度(6)	出口决策(7)	出口强度(8)
Age2			0.029＊＊	-0.403＊＊	0.030＊＊	-0.373＊＊	0.038＊＊＊	-0.187
			(0.013)	(0.157)	(0.013)	(0.157)	(0.013)	(0.148)
Foreign			0.162＊＊＊	4.780＊＊＊	0.162＊＊＊	4.774＊＊＊	0.158＊＊＊	4.659＊＊＊
			(0.010)	(0.128)	(0.010)	(0.128)	(0.010)	(0.121)
Affiliate			0.112＊＊＊	1.802＊＊＊	0.114＊＊＊	1.853＊＊＊	0.148＊＊＊	2.452＊＊＊
			(0.028)	(0.373)	(0.028)	(0.372)	(0.028)	(0.352)
Share			0.078＊＊＊	-0.446＊＊	0.080＊＊＊	-0.446＊＊	0.099＊＊＊	-0.009
			(0.015)	(0.188)	(0.015)	(0.188)	(0.015)	(0.178)
Quality			0.378＊＊＊	-0.636＊＊	0.381＊＊＊	-0.599＊	0.436＊＊＊	0.838＊＊＊
			(0.023)	(0.312)	(0.024)	(0.311)	(0.024)	(0.299)
Productivity			0.268＊＊＊	-6.820＊＊＊	-0.266＊＊＊	-6.782＊＊＊	-0.223＊＊＊	-5.440＊＊＊
			(0.011)	(0.141)	(0.011)	(0.141)	(0.011)	(0.135)
Mills				27.806＊＊＊		27.828＊＊＊		27.733＊＊＊
				(0.193)		(0.193)		(0.182)
截距项	-0.652＊＊＊	19.634＊＊＊	-3.235＊＊＊	48.167＊＊＊	-1.775＊	56.816	-1.828＊	55.521
	(0.011)	(1.514)	(0.996)	(12.697)	(1.065)	(13.234)	(1.079)	(11.106)
年份效应	No	No	No	No	Yes	Yes	Yes	Yes
行业效应	No	No	No	No	No	No	Yes	Yes
LR Test	1176.62＊＊＊	2091.76＊＊＊	507.11＊＊＊	812.36＊＊＊	360.35＊＊＊	510.43＊＊＊	344.34＊＊＊	455.02＊＊＊
国家观察值	49	49	49	49	49	49	49	49
企业观察值	26293	26139	22990	22931	22990	22931	22985	22931

注:括号内数值为参数估计值的标准误;＊＊＊、＊＊、＊分别表示1%、5%、10%的显著性水平。

第四节　稳健性检验

一、关于内生性问题的讨论

回归分析的一个重要前提是解释变量与随机扰动项不相关,如果二者相关，就会产生内生性问题，导致样本参数估计无法收敛到真实的总体参数。从经验上讲，引起内生性问题的原因通常有以下三种：一是遗漏解释变量；二是测量误差问题；三是被解释变量与解释变量互为因果，也即是反向因果问题。通常而言，测量误差与所选择数据的质量有关，前文指出，世界银行企业调查数据质量较有保证，因此，这可以在一定程度上控制测量误差问题。关于遗漏变量问题，笔者通过控制年份效应和行业效应之后可以得到一定缓解。关于可能存在的反向因果问题，由于研究的是宏观层面的国家汲取能力对微观层面的企业出口行为的影响，被解释变量是企业出口扩展边际和企业出口集约边际，解释变量是政府税收收入占 GDP 的比重，按照正常的逻辑分析，单个企业出口与否以及出口数量的多寡无法影响国家整体税收收入，因此，本研究的自变量和因变量几乎不存在反向因果问题。除此之外，本研究中所有宏观变量的取值都是调查年份前五年的平均值，按照时间发生顺序的因果逻辑，本年度企业出口状况无法影响过去年度的宏观变量，这也再次说明国家汲取能力与企业出口二元边际之间不存在逆向因果关系。综合以上分析，可以认为本研究内生性问题的可能性较低。

二、采用 logit 广义分层线性模型

为了考察广义分层线性模型不同连接函数对参数估计结果的影响，笔者运用 logit 广义分层线性模型对国家汲取能力与企业出口决策的关系进行了重新估计，[①]估计结果如表8.4第1列所示。实证结果表明，国家汲取能力仍然在5%的显著水平下与企业出口决策正向相关，控制变量的系数符号

---

① 由于表 8.4 的基准计量结果表明，国家汲取能力与企业出口强度不存在显著的相关关系，因此不针对它们的关系进行稳健性检验以及异质性和影响机制分析。

和显著性水平与表8.3的基准估计也大体相同,由此表明国家汲取能力与企业出口决策的正相关关系不受估计模型的影响。

三、剔除纯粹直接出口的企业样本

与发达国家出口企业先耕耘本土市场然后再走向国际市场的渐进式发展模式不同,许多跨国资本在发展中国家设立企业的初衷就是利用发展中国家廉价的劳动力资源进行生产,再转而出口至国际市场,它们属于生而为国际市场的企业,它们的一个重要特征就是直接出口。从理论上讲,这种类型的企业在"一带一路"沿线国家存在不少,而且出口决定机制与其他一般企业不同。为了排除它们对参数估计的影响,笔者剔除了直接出口占总产量比重为100%的企业样本,并对剩下样本进行重新估计,估计结果如表8.4第2列所示。实证结果表明,相比于基准计量结果,国家汲取能力对企业出口决策的影响程度和显著性水平都有所下降,但是依然通过了10%水平的显著性检验,再次表明国家汲取能力的增强确实提升了企业的出口扩展边际。此外,通过观察控制变量的估计结果可以发现,与基准计量结果相比,剔除了完全直接出口的企业样本之后,剩下的企业样本在企业年龄和企业出口决策关系方面在10%的显著性水平之下呈现一定的倒U型特征,也即是说企业出口概率会随着企业年龄的增长而提升,但是到了一定阶段,它们的出口概率又会随着企业年龄增长而下降。

四、考虑可能存在的倒U型关系

阿西莫格鲁(Acemoglu,2005)曾经在一篇论文中指出,国家能力与经济增长呈倒U型关系,国家能力太强意味着征税过高,容易挫伤投资者的积极性;国家能力太弱意味着统治者从经济发展中可以获得的税收预期回报过低,缺乏对社会公共产品供给的激励,二者均会对经济活动造成扭曲,因此最合意的国家能力既不必太高也不能过低,而应当控制在一个中间最优水平。[1] 出口贸易作为推动经济增长的重要力量,国家能力与企业出口是否也存在倒 U 型关系呢? 为了考察二者可能存在的倒 U 型关系,笔者在模型中加入了税收收入占 GDP 比重的二次项($Tax\_Capacity2$),估计结果如表 8.4 第 3 列所示。从实证结果可以看出,在加入税收收入占 GDP 比重的二次项之后,$Tax\_Capacity$ 和 $Tax\_Capacity2$ 都无法通过 10% 水平下的显著性检验,由此说明,至少在本研究所考察的企业样本中没有发现国家汲取能力与企业出口扩展边际的倒 U 型关系。

五、采用宏观变量的前三年平均值

为了排除国家层面宏观变量波动对企业出口行为的可能影响,笔者选取调查年份前三年国家层面变量的平均值($Tax\_Capacity3$),对国家汲取能力与企业出口扩展边际的关系重新进行估计,考察更临近调查年份的宏观变量对企业出口扩展边际的影响,估计结果如表 8.4 第 4 列所示。实证结果表明,国家汲取能力与企业出口扩展边际依然呈显著的正向关系。除此之外,企业年龄与企业出口扩展边际的倒 U 型关系也再次得到证实。

---

[1] See Acemoglu Daron, Politics and Economics in Weak and Strong States, *Journal of Monetary Economics*, 2005, 52(7).

表 8.4 国家汲取能力与企业出口扩展边际的稳健性检验结果

变量	出口决策 （1）	出口决策 （2）	出口决策 （3）	出口决策 （4）	出口决策 （5）
Tax_Capacity	0.043 * * （0.019）	0.0178 * （0.0106）	0.068 （0.050）		
Tax_Capacity2			−0.001 （0.001）		
Tax_Capacity3				0.025 * * （0.012）	
Expenditure					0.058 * * * （0.016）
lnGDP	−0.192 * * * （0.063）	−0.103 * * * （0.036）	−0.118 * * * （0.037）	−0.109 * * * （0.037）	−0.081 * * （0.035）
lnGDPPC	0.611 * * * （0.123）	0.405 * * * （0.070）	0.364 * * * （0.071）	0.351 * * * （0.071）	0.272 * * * （0.072）
GDP_Growth	−0.028 （0.041）	−0.017 （0.023）	−0.016 （0.023）	0.016 （0.024）	−0.010 （0.022）
Labor	−0.052 * （0.028）	−0.029 * （0.016）	−0.031 * （0.016）	−0.029 * （0.016）	−0.028 * * （0.014）
WTO	0.884 * * （0.400）	0.459 * * （0.224）	0.450 * （0.233）	0.496 * * （0.231）	0.449 * （0.241）
Inland	−0.488 * （0.295）	−0.201 （0.167）	−0.295 * （0.171）	−0.263 （0.171）	−0.309 * （0.164）
Size	0.532 * * * （0.016）	0.287 * * * （0.009）	0.306 * * * （0.009	0.306 * * * （0.009）	0.306 * * * （0.009）
Age	−0.200 （0.122）	−0.127 * （0.072）	−0.126 * （0.068）	−0.126 * （0.068）	−0.127 * （0.068）
Age2	0.063 * * * （0.023）	0.044 * * * （0.014）	0.038 * * * （0.013）	0.038 * * * （0.013）	0.039 * * * （0.013）
Foreign	0.271 * * * （0.017）	0.142 * * * （0.010）	0.158 * * * （0.010）	0.158 * * * （0.010）	0.158 * * * （0.010）
Affiliate	0.255 * * * （0.049）	0.156 * * * （0.030）	0.148 * * * （0.028）	0.148 * * * （0.028）	0.153 * * * （0.029）
Share	0.172 * * * （0.026）	0.111 * * * （0.016）	0.098 * * * （0.015）	0.099 * * * （0.015）	0.098 * * * （0.015）
Quality	0.760 * * * （0.043）	0.438 * * * （0.025）	0.436 * * * （0.024）	0.436 * * * （0.024）	0.436 * * * （0.024）

续表

变量	出口决策 (1)	出口决策 (2)	出口决策 (3)	出口决策 (4)	出口决策 (5)
Productivity	−0.385*** (0.020)	−0.209*** (0.012)	−0.223*** (0.011)	−0.222*** (0.011)	−0.221*** (0.011)
截距项	−3.203* (1.864)	−2.277** (1.067)	−1.921* (1.077)	−1.885* (1.082)	−2.489** (0.979)
时间效应	Yes	Yes	Yes	Yes	Yes
行业效应	Yes	Yes	Yes	Yes	Yes
LR Test	345.80***	339.04***	334.85***	348.22***	357.93***
国家观察值	49	49	49	49	48
企业观察值	22985	22082	22985	22985	22898

注：括号内数值为参数估计值的标准误；***、**、*分别表示1%、5%、10%的显著性水平。

六、以政府支出度量国家汲取能力

为了排除国家汲取能力测度方式的不同对计量结果的可能影响，笔者以调查年份前五年政府最终消费支出占 GDP 比重的平均值（*Expenditure*）作为国家汲取能力的代理变量，[①]重新考察了国家汲取能力与企业出口扩展边际的关系，估计结果如表8.4第5列所示。实证结果表明，国家汲取能力与企业出口扩展边际的正向关系在1%的显著性水平下通过了检验，再次验证了国家汲取能力对企业出口扩展边际的促进作用。

综合以上分析，笔者认为国家汲取能力与企业出口扩展边际之间的正向关系结论是稳健的，结论的正确性总体而言不受实证方法、模型设定、样本范围、解释变量测度方式等变化而影响。

① 政府最终消费支出占 GDP 比重数据来源于世界银行世界发展指标（World Development Indicators，WDI）数据库。

第五节 异质性分析

通过基准回归和稳健性分析,本研究基本证实了国家汲取能力与企业出口扩展边际之间的正相关关系。但值得注意的是,前面的实证分析针对的是全部企业样本,其结果反映的是国家汲取能力影响企业出口扩展边际的平均效应。事实上,企业出口的现实影响因素非常复杂,国家汲取能力对企业出口扩展边际的影响完全可能因为企业出口方式、企业所在国家发展水平以及企业本身性质的不同而呈现一定的异质性特征。为了捕捉这些异质性特征,深化对"一带一路"沿线国家企业出口行为的认识,笔者根据以上三个方面对样本进行分组回归。

一、企业出口方式的异质性

根据出口模式的不同,企业出口可以分为直接出口和间接出口。① 与前者相比,后者降低了出口的固定成本,但是增加了出口的可变成本(蒋冠宏,2016)。② 由于两种出口模式面临的成本约束不同,因此,可以合理地推测,它们的出口行为影响因素也会有所不同。为了甄别国家汲取能力对异质性企业出口方式的影响,笔者对出口决策进行了直接出口和间接出口的区分,其回归结果分别如表8.5第1列和第2列所示。实证结果表明,国家汲取能

---

① 直接出口是指企业主动开展出口业务,直接与国外客户联系,实现商品出口。间接出口是指企业由于各种原因不直接与国外客户联系,而通过国内的经销商、代理商或其他机构实现商品出口。

② 参见蒋冠宏:《融资约束与中国企业出口方式选择》,《财贸经济》,2016 年第 5 期。

力与企业直接出口扩展边际显著正相关，而与企业间接出口扩展边际则在10%的显著性水平下呈现一定的负向关系，这说明国家汲取能力主要影响的是企业直接出口行为，而对企业间接出口行为的影响则相对较小。之所以存在这一现象，其原因或许在于国家汲取能力主要影响的是企业出口的固定成本，而对企业出口的可变成本不存在重大影响。在控制变量方面，国家是否为WTO成员国以及企业是否隶属于其他公司主要影响的是企业直接出口行为，而对企业间接出口行为不存在显著影响。

二、国家发展水平的异质性

从国家层面考虑，在不同发展水平的国家，国家汲取能力对企业出口行为的影响或许也有所不同。为了考察国家发展水平的异质性，根据世界银行的划分标准，笔者将企业样本按照所在国家收入水平划分为高收入和上中等收入国家组以及低收入和下中等收入国家组，①并对不同国家组别的企业样本重新进行回归，回归结果分别如表8.5第3列和第4列所示。实证结果表明，国家汲取能力对"一带一路"沿线低收入和下中等收入国家的企业出口扩展边际存在显著的正向影响，而对高收入和上中等收入国家的企业出口扩展边际则不存在显著影响。对于这种现象，一种可能的解释是低收入和下中等收入国家普遍存在较大的国家汲取能力缺口，因此国家汲取能力的提升对提高企业出口概率存在正向促进作用；在高收入和上中等收入

---

① 高收入国家和上中等收入国家分别为：阿尔巴尼亚、阿塞拜疆、爱沙尼亚、白俄罗斯、保加利亚、波黑、波兰、俄罗斯、格鲁吉亚、哈萨克斯坦、捷克、克罗地亚、拉脱维亚、黎巴嫩、立陶宛、罗马尼亚、马来西亚、其顿、塞尔维亚、塞浦路斯、斯洛伐克、斯洛文尼亚、泰国、土耳其、匈牙利、亚美尼亚、以色列、约旦、中国。低收入国家和下中等收入国家分别为：阿富汗、埃及、巴基斯坦、东帝汶、菲律宾、吉尔吉斯斯坦、柬埔寨、老挝、蒙古、孟加拉国、缅甸、摩尔多瓦、尼泊尔、塔吉克斯坦、乌克兰、乌兹别克斯坦、也门、印度、印度尼西亚、越南。

国家,其国家汲取能力已经基本适应经济发展水平,因此,国家汲取能力对企业出口概率影响不大。除此之外,在控制变量方面,在高收入和上中等收入国家组,国家经济规模对企业出口扩展边际的提升没有影响,而国家发展水平以及国家是否为世界贸易组织成员国,与企业出口扩展边际则存在显著的正向关系;在低收入和下中等收入国家组,这一情况则正好相反。

表8.5　国家汲取能力与企业出口扩展边际的异质性分析结果

变量	出口模式		发展水平		所有制形式	
	直接出口 (1)	间接出口 (2)	上中+高收入 (3)	下中+低收入 (4)	外资企业 (5)	内资企业 (6)
Tax_Capacity	0.035*** (0.011)	-0.019* (0.010)	-0.021 (0.018)	0.062** (0.024)	-0.019 (0.018)	0.024** (0.011)
lnGDP	-0.074* (0.038)	-0.095*** (0.026)	-0.076 (0.063)	-0.202** (0.084)	-0.083 (0.054)	-0.122*** (0.036)
lnGDPPC	0.273*** (0.075)	0.324*** (0.056)	0.478*** (0.144)	0.140 (0.224)	0.400*** (0.094)	0.378*** (0.070)
GDP_Growth	-0.044* (0.025)	-0.017 (0.018)	-0.063* (0.035)	-0.082 (0.057)	-0.006 (0.031)	-0.014 (0.023)
Labor	-0.026 (0.017)	-0.013 (0.012)	-0.039 (0.028)	-0.088*** (0.032)	0.020 (0.020)	-0.035** (0.016)
WTO	0.604** (0.245)	0.183 (0.158)	1.092*** (0.272)	0.564 (0.484)	0.818*** (0.277)	0.503** (0.225)
Inland	-0.284 (0.179)	-0.065 (0.116)	-0.350** (0.175)	-0.853* (0.461)	-0.088 (0.221)	-0.302* (0.167)
Size	0.313*** (0.009)	0.093*** (0.010)	0.275*** (0.016)	0.562*** (0.019)	0.225*** (0.028)	0.317*** (0.009)
Age	-0.093 (0.072)	-0.087 (0.081)	-0.176 (0.116)	-0.204 (0.154)	0.191 (0.214)	-0.147** (0.072)
Age2	0.030** (0.014)	0.031** (0.015)	0.050** (0.022)	0.062** (0.029)	-0.034 (0.041)	0.043*** (0.014)
Foreign	0.140*** (0.009)	0.066*** (0.010)	0.172*** (0.016)	0.258*** (0.021)		
Affiliate	0.112*** (0.029)	0.053 (0.035)	0.120** (0.057)	0.259*** (0.057)	0.244*** (0.086)	0.141*** (0.030)

续表

变量	出口模式		发展水平		所有制形式	
	直接出口 (1)	间接出口 (2)	上中 + 高收入 (3)	下中 + 低收入 (4)	外资企业 (5)	内资企业 (6)
Share	0.116 * * * (0.016)	0.049 * * * (0.018)	0.072 * * * (0.027)	0.195 * * * (0.032)	0.123 * * (0.054)	0.093 * * * (0.016)
Quality	0.433 * * * (0.025)	0.219 * * * (0.030)	0.362 * * * (0.041)	0.867 * * * (0.054)	0.524 * * * (0.080)	0.434 * * * (0.026)
Productivity	− 0.212 * * * (0.012)	− 0.066 * * * (0.013)	− 0.194 * * * (0.019)	− 0.413 * * * (0.025)	− 0.199 * * * (0.032)	− 0.228 * * * (0.012)
截距项	− 3.177 * * * (1.139)	− 1.494 * (0.859)	− 1.985 (2.104)	2.696 (3.076)	− 4.764 * * * (1.679)	− 1.414 (1.072)
时间效应	Yes	Yes	Yes	Yes	Yes	Yes
行业效应	Yes	Yes	Yes	Yes	Yes	Yes
LR Test	313.03 * * *	142.25 * * *	95.10 * * *	3.09 * *	12.49 * * *	308.48 * * *
国家观察值	49	49	29	20	47	49
企业观察值	22985	22985	7003	15982	1731	21351

注:括号内数值为参数估计值的标准误; * * * 、* * 、* 分别表示1% 、5% 、10%的显著性水平。

三、企业所有制形式的异质性

前文指出,既有研究普遍认为,企业所有制形式对企业出口行为存在深刻的影响。为了考察企业所有制的异质性,笔者分别对外资企业样本和内资企业样本单独进行回归,其结果分别如表8.5第5列和第6列所示。实证结果表明,国家汲取能力对外资企业的出口决策不存在影响,而对内资企业的出口决策则存在显著地正向影响。由此说明,外资企业由于与国际市场存在联系,天然地具有出口基因,它们的出口倾向受东道国汲取能力水平影响较小;而内资企业由于本土特征非常明显,它们的出口倾向与东道国汲取能力水平密切相关。从控制变量的估计结果还可以发现,所在国的劳动力资源禀赋以及是否为内陆国对内资企业出口扩展边际的提升存在较为显著的负向影响;而对外资企业出口扩展边际则不存在影响;除此之外,在内资企业当中,还可以发现企业年龄与企业出口扩展边际存在显著的倒 U 型关系,但是这一现象在外资企业样本中则不存在,由此说明内资企业先经营本土市场后走向国际市场,然后再回归本土市场的发展路径。

综合上述分析,可以发现,国家汲取能力与企业出口扩展边际的关系确实因企业出口方式、国家发展水平以及企业所有制形式的不同而呈现异质性特征。就程度而言,国家财政能力提升对低收入国家企业出口扩展边际的促进效应最明显,对企业直接出口扩展边际的促进效应次之,但都明显高于平均效应;国家财政能力提升对内资企业出口扩展边际的促进效应则与平均效应基本相同。

第六节　影响机制分析

实证研究结果表明,在"一带一路"沿线国家,国家汲取能力对企业出口扩展边际存在正向影响。但是宏观层面的国家汲取能力是如何影响到微观层面的企业出口决策呢? 对于这一问题,还有待进一步实证分析。众所周知,财政是国家治理的基础和重要支柱,它是一项基础性和支撑性的政府职能(高培勇,2014)。[①] 除此之外,国家财政作为一种促进资源合理配置的必要手段,还是解决公共物品(public goods)供给不足的重要方案。基础设施建设具有投入成本高、回报周期长、投资风险大等特征,如果完全依靠私人

---

①　参见高培勇:《论国家治理现代化框架下的财政基础理论建设》,《中国社会科学》,2014 年第 12 期。

和市场供应,必定造成供需错配和供应不足的问题。国家财政作为基础设施建设的主要力量,国家汲取财政能力的强弱必然影响到基础设施建设的水平。基于上述逻辑,联想到此前许多研究指出电力、交通、通信、互联网等基础设施对企业出口二元边际具有重要影响(盛丹、包群、王永进,2011;李坤望、邵文波、王永进,2015),[①]其理由是基础设施的可及性将影响企业出口的固定成本和可变成本。詹科夫、弗伦德和帕姆(Djankov, Freund & Pham, 2006)的研究也指出,在控制距离因素的情况下,从工厂到装船的货运时间每增加一天,该国贸易量平均将减少一个百分点。具体地,如果中非共和国的出口货运时间可以从 116 天减少至 27 天(非洲国家平均时间),其实际效果相当于中非共和国与主要出口市场的距离缩短了 6200 公里,它的年出口量将比当前翻一倍。[②] 由此可见,国家汲取能力影响企业出口行为的一种可能机制是企业的基础设施可及性,换言之,国家汲取能力影响了基础设施可及性,而基础设施可及性又影响了企业出口决策。

为了验证上述猜想,笔者在宏观层面的国家变量和微观层面的企业变量之间加入了中观层面的城市变量,其中,核心城市层面变量是电力基础设施可及性(Electricity)、交通基础设施可及性(Transport)和通信基础设施可及性(Telecom)。它们的数据来源于欧洲复兴开发银行和世界银行的企业问卷调查,即"电力、交通、通信在多大程度上构成了企业经营运转的障碍",其程度从 0 ~ 4 一共分为"无障碍""小障碍""中等障碍""大障碍"以及"非常严重障碍"五个等级。为了计量结果便于理解,笔者首先运用倒扣逆变换法对

---

① 参见盛丹、包群、王永进:《基础设施对中国企业出口行为的影响:"集约边际"还是"扩展边际"》,《世界经济》,2011 年第 1 期;李坤望、邵文波、王永进:《信息化密度、信息基础设施与企业出口绩效——基于企业异质性的理论与实证分析》,《管理世界》,2015 年第 4 期。

② See Djankov Simeon, Freund Caroline and Pham S. Cong, Trading on Time, *World Bank Policy Research Working Paper No. 3909*, May 2006.

原始数据进行了正向化处理，①然后借鉴 Dollar et. al（2006）的做法，②以城市为单位对每个企业的赋值求得平均值，作为城市电力、交通以及通信基础设施可及性程度的代理变量，而之所以以城市层面的平均值代替企业层面的原始值，其原因一方面在于避免单个企业对基础设施可及性水平判断的主观随意性问题，另一方面在于避免被解释变量与基础设施可及性指标的内生性问题。笔者对调查问卷中填写"不知道"或"没有回答"的情况作缺失值处理。除此之外，本书还加入了三个城市层面的虚拟变量，即是否为所在国首都（Capital）、是否为主要商业城市（Business）以及城市人口规模（Citysize），其中，前两者如果为是，为 1，反之则为 0；城市人口规模根据"少于 5 万""5 万至 25 万之间""25 万至 100 万之间""超过 100 万"依次分为四个等级分别赋值。

在数据处理的基础上，实证策略分为两步：第一步是分别构造以电力、交通、通信基础设施可及性为被解释变量，以国家汲取能力为解释变量的国家——城市分层线性模型（如表 8.6 第 1、3、5 列所示），目的是考察国家汲取能力对电力、交通、通信基础设施可及性的影响；第二步是分别构造以企业出口决策为被解释变量，以电力、交通、通信基础设施可及性为解释变量的城市 - 企业广义分层线性模型（如表 8.6 第 2、4、6 列所示），目的是考察电力、交通、通信基础设施可及性对企业出口决策的影响。

通过表 8.6 第 1、3、5 列的实证结果可以发现，国家汲取能力均与电力、交通、通信基础设施可及性存在显著的正向关系，其中，国家汲取能力对电力基础设施可及性的促进作用最大，其次为交通基础设施和通信基础设施。

①　通常而言，指标正向化处理方法有两种，一种为倒数逆变化法，即对原始数据取倒数；另一种为倒扣逆变换法，即用原始数据中的最大值减去原始数据。考虑到倒数逆变化法将会改变原指标的分布规律，本书用倒扣逆变换法对原始数据进行正向化处理。

②　See Dollar David, Mary Hallward - Driemeier and Taye Mengistae, Investment Climate and International Integration, *World Development*, 2006, 34(9).

从控制变量的估计参数来看,世界贸易组织成员国的电力、交通、通信基础设施可及性显著高于非世界贸易组织成员国;首都城市和人口规模越大的城市在电力、交通、通信基础设施可及性也普遍更高;但是主要商业城市在电力、交通、通信基础设施可及性方面较非商业城市更低,一个可行的解释或许在于"一带一路"沿线国家优先将基础设施建设布局在工业城市。除此之外,其他控制变量与三大基础设施可及性都不存在显著的相关关系。通过表8.6第2、4、6列的实证结果则可以发现,企业出口扩展边际与电力、交通基础设施可及性存在显著的正向相关,交通基础设施可及性的提高对企业出口扩展边际的提升作用最大,其次为电力基础设施,但通信基础设施可及性则不存在这一提升作用。从控制变量的参数估计来看,位于主要商业城市的企业,其更倾向于出口贸易,但是是否为首都城市以及城市人口规模则与企业出口扩展边际不存在相关关系,一个可能的解释或许在于主要商业城市更容易获得国际市场的出口信息,激发更多的企业走向国际市场。其余企业层面控制变量的参数估计结果与基准回归基本相似。

表8.6 国家汲取能力与企业出口扩展边际的影响机制检验结果

变量	Electricity (1)	Exportdum (2)	Transport (3)	Exportdum (4)	Telecom (5)	Exportdum (6)
Tax_Capacity	0.066*** (0.015)		0.027*** (0.009)		0.026** (0.011)	
lnGDP	−0.040 (0.051)		−0.036 (0.030)		−0.007 (0.037)	
lnGDPPC	0.051 (0.098)		0.071 (0.058)		−0.056 (0.072)	
GDP_Growth	0.001 (0.027)		0.028* (0.016)		0.004 (0.020)	
Labor	0.041** (0.018)		0.021* (0.011)		0.017 (0.013)	
WTO	0.528** (0.232)		0.441*** (0.139)		0.622*** (0.172)	

续表

变量	Electricity (1)	Exportdum (2)	Transport (3)	Exportdum (4)	Telecom (5)	Exportdum (6)
Inland	0.181 (0.162)		0.002 (0.096)		-0.083 (0.119)	
Electricity		0.136 * * (0.061)				
Transport				0.259 * * * (0.086)		
Telecom						0.066 (0.089)
Capital	0.165 * * * (0.012)	-0.065 (0.063)	0.083 * * * (0.009)	-0.060 (0.063)	0.075 * * * (0.008)	-0.066 (0.064)
Business	-0.072 * * * (0.010)	0.098 * * * (0.036)	-0.103 * * * (0.008)	0.099 * * * (0.036)	-0.153 * * * (0.006)	0.096 * * * (0.036)
Citysize	0.121 * * * (0.004)	-0.027 * (0.016)	0.048 * * * (0.003)	-0.026 (0.016)	0.051 * * * (0.003)	-0.027 * (0.016)
Size		0.308 * * * (0.009)		0.307 * * * (0.009)		0.308 * * * (0.009)
Age		-0.070 (0.072)		-0.071 (0.072)		-0.069 (0.072)
Age2		0.019 (0.014)		0.019 (0.014)		0.019 (0.014)
Foreign		0.152 * * * (0.010)		0.152 * * * (0.010)		0.152 * * * (0.010)
Affiliate		0.143 * * * (0.030)		0.143 * * * (0.030)		0.142 * * * (0.030)
Share		0.110 * * * (0.016)		0.110 * * * (0.016)		0.111 * * * (0.016)
Quality		0.521 * * * (0.026)		0.520 * * * (0.026)		0.521 * * * (0.026)
Productivity		-0.262 * * * (0.012)		-0.262 * * * (0.012)		-0.262 * * * (0.012)
截距项	-1.456 (1.209)	-3.333 * * * (0.252)	0.929 (0.726)	-3.734 * * * (0.320)	1.718 * (0.891)	-3.149 * * * (0.344)
时间效应	Yes	Yes	Yes	Yes	Yes	Yes

续表

变量	Electricity (1)	Exportdum (2)	Transport (3)	Exportdum (4)	Telecom (5)	Exportdum (6)
行业效应	Yes	Yes	Yes	Yes	Yes	Yes
LR Test	4823.53***	1537.45***	2136.76***	1553.46***	5618.12***	1640.84***
国家观察值	49	—	49	—	49	—
城市观察值	276	276	276	276	276	276
企业观察值	—	22121	—	22121	—	22121

注:括号内数值为参数估计值的标准误,***、**、*分别表示1%、5%、10%的显著性水平。

综合以上分析,基本可以证实国家汲取能力促进企业出口扩展边际的影响途径之一是通过提升企业的电力和交通基础设施可及性。通过粗略计算,我们可以发现,电力基础设施可及性大约可以解释国家汲取能力与企业出口扩展边际的35.9%;交通基础设施可及性则大约为28.0%。[①]

第七节　本章小结

党的十八届三中全会强调,财政是国家治理的基础和重要支柱。税收不仅仅是一个经济问题,也是一个涉及国家能力的政治问题。在"逆经济全球化"和全球减税浪潮兴起的时代背景之下,从"稳外贸"的视角出发,本章基于"一带一路"沿线49个国家的宏观层面数据和企业问卷调查微观数据,实证考察了国家汲取能力对企业出口行为的影响及其可能的影响机制,主要研究结论如下:

第一,国家汲取能力对企业出口扩展边际具有正向的促进作用,但是对

[①]　电力基础设施贡献度计算方法为(0.066×0.136/0.025)×100%;交通基础设施贡献度计算方法为(0.027×0.259/0.025)×100%。

企业出口集约边际没有显著影响。换言之,国家汲取能力增强可以促进更多的企业参与出口贸易,但是无法促进原出口企业在出口强度方面的增加。国家汲取能力与企业出口扩展边际正向关系的结论不受实证方法、模型设定、样本范围、解释变量测度方式等变化的影响。

第二,国家汲取能力对企业出口扩展边际的影响因企业出口模式、母国发展水平、企业所有制形式的不同而呈现异质性特征。具体地,国家汲取能力与企业直接出口扩展边际呈显著的正向关系,而与企业间接出口扩展边际则呈现一定程度的负向关系;国家汲取能力对"一带一路"沿线低收入和下中等收入国家的企业出口扩展边际存在显著的正向影响,而对高收入和上中等收入国家的企业出口扩展边际则不存在显著影响;国家汲取能力对外资企业的出口扩展边际不存在影响,而对内资企业的出口扩展边际则存在显著的正向影响。

第三,国家汲取能力对企业出口扩展边际的可能影响途径主要是通过电力基础设施和交通基础设施建设的可及性。为了探究国家汲取能力影响企业出口扩展边际的机制,笔者构造了城市层面的基础设施可及性变量,实证结果表明,国家汲取能力促进企业出口扩展边际的影响途径主要是通过提升电力和交通基础设施的可及性,其中,电力基础设施可及性的贡献度大约为35.9%;交通基础设施可及性的贡献度大约为28.0%。

以上研究结论对我国财税政策有两点启示:第一,企业作为国际贸易活动的微观主体,其出口活动受宏观层面国家财政能力的重要影响。经过改革开放四十余年的发展,目前国家财政能力和宏观税负基本保持稳定。因此,从"稳外贸"的视角出发,面对全球减税浪潮,我国不宜简单跟进,而是应当继续保持国家财政能力的总体稳定,将财税收入"取之于民、用之于民",使其更适应高质量发展阶段的市场建设需要。第二,由于"一带一路"沿线不同国家财政能力的不同,导致它们在基础设施等生产性公共产品供给方面存在差异,进而导致企业出口绩效存在差异。这表明"一带一路"建设中"五通"建设本质上相互联动,[①]贸易畅通与设施联通密不可分,提高电力和交通基础设施可及性是促进"一带一路"沿线国家更多企业参与出口贸易和经济全球化的重要方面。

近年来,关于企业出口行为的研究,国内外已经涌现了许多文献,它们加深了我们对企业出口行为影响因素的认识。但与此前研究不同的是,本书在三个方面有所突破:第一,在研究主题层面,笔者实证考察了国家层面的宏观因素对企业层面的微观行为的影响,这在以前的研究是少有涉及的;第二,在计量方法层面,本章运用的广义分层线性模型,不仅可以较好地规避区群谬误,而且可以较好地纠正参数估计的标准误差,从而改善置信区间和显著性检验,降低犯第一类错误的概率。由于数据结构的原因,这种方法以前研究也很少使用。第三,在数据选择层面,与国内绝大部分研究运用规模以上中国工业企业数据不同,本研究使用的是多达 49 个"一带一路"沿线国家的企业问卷调查数据,其中绝大多数是经营规模大小不等的私营企业,企业规模覆盖面更广,更具有代表性。总而言之,本研究在一定程度上进一步地丰富了我们对企业出口行为的认识,也为理解国家与社会、政府与市场的关系提供了一个新的视角。

---

① "一带一路"建设的"五通"理念是指:政策沟通、设施联通、贸易畅通、资金融通、民心相通。

第九章　国家行政能力与企业进口二元边际

第一节　问题的提出

改革开放以来,中国经济经历了四十余年的高速增长,目前已经进入高质量发展的全新阶段。面对高质量发展和国内消费不断升级的需求,我国积极顺应和主动引领贸易自由化和经济全球化的时代潮流,提出了推动开放合作和主动扩大进口的政策主张。2021 年 11 月,国家主席习近平在第四届中国国际进口博览会开幕式上指出:"中国将更加注重扩大进口,促进贸易平衡发展,增设进口贸易促进创新示范区,优化跨境电商零售进口商品清单,推进边民互市贸易进口商品落地加工,增加自周边国家进口。"①除了贸

---

① 习近平:《习近平在第四届中国国际进口博览会开幕式上发表主旨演讲》,《人民日报》,2021年 11 月 5 日。

易政策的重大转变之外，近十余年来，一些学术研究也逐渐发现进口贸易对经济发展的重要意义。比如，有的研究指出先进设备进口对消费品出口具有重要作用；①有的研究则指出中间品进口可以显著促进企业生产率的改善②、延长制造业企业生存持续期、提升企业创新概率③、改善企业出口产品质量。④

既然贸易政策和理论研究均表明，进口贸易对企业生存、产业升级和经济发展至关重要，那么如何才能有效扩大进口？既有研究发现，固定贸易成本⑤、企业信贷约束⑥、生产性补贴⑦、贸易政策波动⑧等是影响进口贸易的重要因素。然而关于行政审批效率与企业进口行为的研究，目前却鲜有涉及。已有研究表明，行政审批制度改革可以改善资源错配⑨、降低制度性交易成本⑩、

---

① 参见巫强、刘志彪：《中国沿海地区出口奇迹的发生机制分析》，《经济研究》，2009 年第 6 期；Amiti M., O. Itskhoki and J. Konings, Importers, Exporters, and Exchange Rate Disconnect, *American Economic Review*, 2014, 104(7).

② See Lu Yi and Travis Ng, Import Competition and Skill Content in U. S. Manufacturing Industries, *Review of Economics and Statistics*, 2013, 95(4)；简泽、张涛、伏玉林：《进口自由化、竞争与本土企业的全要素生产率——基于中国加入 WTO 的一个自然实验》，《经济研究》，2014 年第 8 期；张杰、郑文平、陈志远、王雨剑：《进口是否引致了出口：中国出口奇迹的微观解读》，《世界经济》，2014 年第 6 期。

③ 参见许家云：《中间品进口贸易与中国制造业企业竞争力》，经济科学出版社，2018 年，第 154～156 页。

④ See Song Y. G., Y. G. Wu, G. Y. Deng and P. F. Deng, Intermediate Imports, Institutional Environment, and Export Product Quality Upgrading: Evidence from Chinese Micro - Level Enterprises, *Emerging Markets Finance and Trade*, 2019, 57(3).

⑤ 参见魏浩、郭也：《中国进口增长的三元边际及其影响因素研究》，《国际贸易问题》，2016 年第 2 期。

⑥ 参见武力超、刘莉莉：《信贷约束对企业中间品进口的影响研究——基于世界银行微观企业调研数据的实证考察》，《经济学动态》，2018 年第 3 期。

⑦ 参见许家云、毛其淋：《生产性补贴与企业进口行为：来自中国制造业企业的证据》，《世界经济》，2019 年第 7 期。

⑧ 参见毛其淋：《贸易政策不确定性是否影响了中国企业进口？》，《经济研究》，2020 年第 2 期。

⑨ See Xia J. C. and C. Liu, Effects of China's Administrative Approval Reforms on Transaction Cost and Economic Growth, *China Economist*, 2017, 12(5).

⑩ 参见冯笑、王永进、刘灿雷：《行政审批效率与中国制造业出口——基于行政审批中心建立的"准自然实验"》，《财经研究》，2018 年第 10 期。

促进企业市场进入①。企业进口贸易作为一种资源配置方式,也是交易成本的函数,行政审批效率的高低无疑会在某种程度上对其产生影响。基于以上理由,笔者尝试运用世界银行 2012—2016 年"一带一路"沿线国家的企业问卷调查数据,对行政审批效率与企业进口行为的关系进行实证考察。

本研究的边际贡献主要表现为:一是在理论层面,自古典贸易理论形成以来,国际贸易主流理论的研究对象先后经历了从宏观层面的国家间贸易到中观层面的产业间贸易、产业内贸易再到微观层面的企业间贸易的历史演变,而以微观企业为研究对象的新—新贸易理论经过不断发展,目前又形成了异质性企业理论和企业内生边界理论两大分支,其中,前者主要关注的是企业内部生产率异质性对企业贸易的影响,而对企业外部营商环境异质性的关注尚显不足,行政审批效率是企业营商环境的一个重要方面,考察其对企业进口行为的影响,拓展了异质性企业理论的研究边界。二是在实证层面,以往绝大多数关于微观企业的实证研究主要采用的是中国工业企业数据、中国海关进出口贸易数据或二者的匹配数据,与之不同的是,笔者所采用的世界银行企业调查数据,不仅具有更高的数据质量、更合理的跨国可比性,②同时还涵盖了相当数量的规模以下企业,具有更广泛的样本范围,而且数据更具随机性和代表性。除此之外,世界银行数据库的跨国特征亦使得研究对象突破一国的范围,延伸至绝大部分"一带一路"沿线国家,从而使得研究结论更具普遍意义。

---

① 参见毕青苗、陈希路、徐现祥、李书娟:《行政审批改革与企业进入》,《经济研究》,2018 年第 2 期。

② 参见龙小宁、林志帆:《中国制造业企业的研发创新:基本事实、常见误区与合适计量方法讨论》,《中国经济问题》,2018 年第 2 期。

第二节　研究假设、实证策略与数据说明

一、研究假设

自亚当·斯密以来,国际贸易主流学派均认为,国际贸易可以优化资源配置、提高社会福利、实现互利共赢。那么,为什么绝大多数发展中国家却依然长期处于国际贸易的外围地带,无法享受开放发展的红利? 按照意愿-能力的行动分析框架,国际贸易最终能否实现,不仅取决于贸易主体参与国际贸易的意愿,还取决于其参与国际贸易和国际竞争的能力。根据阿玛蒂亚·森的可行能力理论(capability approach),发展的首要目的在于拓展自由,[1]然而由于个体本身的差异和外部环境的差异,每个个体拓展自由的可行能力并不相同,提高个体的可行能力是国家和社会的责任所在。事实上,国际贸易也是如此。国际市场看似对每个企业机会平等,但由于许多企业所在的国家无法为其创造开展国际贸易的基本条件,经济开放仍然无法拓展企业参与国际贸易的实质自由。关于部分发展中国家沦为全球贸易体系边缘者的原因,不少研究将其归结为国家职能的缺位。裴长洪、郑文曾指出,企业特定优势固然不可忽视,但国家特定优势也是本国企业参与国际竞争的优势之源。[2] 世界贸易组织认为,某些发展中国家的企业之所以无法有效参与全球贸易体系,国家制度建设的缺失是主要原因之一。[3] 张向晨等中国常驻

---

① 参见[印]阿玛蒂亚·森:《以自由看待发展》,任赜、于真译,中国人民大学出版社,2002年,第62~63页。

② 参见裴长洪、郑文:《国家特定优势:国际投资理论的补充解释》,《经济研究》,2011年第11期。

③ See World Trade Organization. Building Trade Capacity,详见 https://www.wto.org/english/tratop_e/devel_e/build_tr_capa_e.htm.

世界贸易组织代表团成员也撰文呼吁,WTO 改革应关注发展中成员的能力缺失问题。[1] 行政审批效率是衡量国家特定优势的重要标准,也是国家制度建设效果的综合反映。它对企业生产经营活动的影响无疑是方方面面的,但具体在企业进口贸易领域,低下的行政审批效率关键在于隐形地增加了企业进口的制度性交易成本,由此可能导致企业被迫延长货物交付时间、错失价格最优进口时机或额外增加非生产性支出,从而抑制企业进口的意愿,对企业进口贸易产生负面影响。基于以上分析,笔者提出如下研究假设:

研究假设一:在其他条件不变的情况下,低下的行政审批效率将对企业进口贸易产生抑制效应。

企业规模是企业组织的一个基本特征。已有研究表明,企业规模对企业创新[2]、企业出口[3]、企业融资[4]等企业生产经营活动均有重要影响。除此之外,李路路、朱斌的研究还表明,家族涉入和民营企业绩效的关系在不同规模类型的企业当中的表现也不尽相同。[5] 因此,笔者认为,行政审批效率与企业进口行为的关系或许也因企业规模的不同而有所差异。原因主要在于,虽然无论规模大小,低下的行政审批效率对企业进口贸易都意味着交易成本的增加,不过,对于经营规模越大的企业而言,由于其生产数量更多,单件产品分摊的隐性进口成本相对更低,所以低下的行政审批效率对企业进口行为的抑制效应更小,小微企业的情况则正好相反。除此之外,在以发展

---

① 参见张向晨、徐清军、王金永:《WTO 改革应关注发展中成员的能力缺失问题》,《国际经济评论》,2019 年第 1 期。

② 参见周黎安、罗凯:《企业规模与创新:来自中国省级水平的经验证据》,《经济学(季刊)》,2005 年第 3 期。

③ See Gleeson Anne Marie and Ruane Frances, Irish Manufacturing Export Dynamics: Evidence of Exporter Heterogeneity in Boom and Slump Periods, *Review of World Economics*, 2007, 143(2).

④ 参见谭之博、赵岳:《企业规模与融资来源的实证研究——基于小企业银行融资抑制的视角》,《金融研究》,2012 年第 3 期。

⑤ 参见李路路、朱斌:《家族涉入、企业规模与民营企业的绩效》,《社会学研究》,2014 年第 2 期。

中国家为主的"一带一路"沿线,希冀通过招商引资促进当地就业和带动经济发展的动机,在某种程度上造成了内资企业和外资企业在制度层面或事实层面的差别对待,由于外资企业拥有与东道国政府更强的议价能力,它们往往在行政审批方面享有政策优惠,可以更便捷、更快速地通过进口许可行政审批,而内资企业的情况则正好相反。基于以上分析,笔者提出如下两个研究假设:

研究假设二:在其他条件不变的情况下,相比于小微企业,低下的行政审批效率对大型企业进口贸易的抑制效应更小。

研究假设三:在其他条件不变的情况下,相比于内资企业,低下的行政审批效率对外资企业进口贸易的抑制效应更小。

二、模型构建和指标测度

为了实证考察行政审批效率对企业进口行为的影响,借鉴 Melitz 关于企业出口行为研究的相关做法,[①]笔者将因变量企业进口行为分解为企业进口扩展边际和企业进口集约边际两个层面,其中,前者度量的是企业进口意愿,后者度量的是企业进口强度。为了考察行政审批效率对企业进口扩展边际的影响,笔者首先构建了一个基于企业层面的二值选择模型:

$$Prob(Improtdum_{ijkt} = 1 \mid x) = \beta_0 + \beta_1 \times Adm\_efficiency_{ijkt} + \beta \times \overline{Z}_{ijkt} + \xi \qquad (9-1)$$

在式(9-1)中,i、j、k、t 分别代表企业、行业、国家、年份。因变量 Import-dum 表示企业进口意愿,也即企业进口扩展边际,它为二值虚拟变量,如果过去一年企业存在进口行为为 1,反之则为 0。Adm_efficiency 表示行政审批效

---

① See Melitz J. Marc, The Impact of Trade on Intra-Industry Reallocations and Aggregate Industry Productivity, *Econometrica*, 2003, 71(6).

率,笔者运用过去一年内企业从申请到最终获得进口许可证的行政审批时间表示。由于只有一部分企业在过去一年内向政府有关部门提交过进口许可申请,因此,笔者借鉴 Dollar et. al(2006)的做法,[1]对进口许可证的行政审批天数在城市层面进行加总平均并除以 10,行政审批平均天数越长,意味着行政审批效率越低。$\xi = \delta_j + \varphi_k + \nu_i + \varepsilon_{ijkt}$,其中,$\delta_j$、$\varphi_k$、$\nu_i$ 分别表示行业、国家和年份固定效应,ε_{ijkt} 为随机扰动项。向量 $\overline{Z}_{ijkt}$ 为控制变量的集合,参考 Bishwanath[2]、Amiti 等[3]、Halpern 等[4]、许家云[5]的研究,它的构成方式如下所示:

$$
\begin{aligned}
\overline{Z}_{ijkt} = &\gamma_1 \times Capital_{ijkt} + \gamma_2 \times Citysize_{ijkt} + \gamma_3 \times Firmsize_{ijkt} + \gamma_4 \times Age_{ijkt} + \gamma_5 \times Experience_{ijkt} \\
&+ \gamma_6 \times Foreign_{ijkt} + \gamma_7 \times Register_{ijkt} + \gamma_8 \times Export_{ijkt} + \gamma_9 \times Finance_{ijkt} + \gamma_{10} \times Productivity_{ijkt}
\end{aligned}
\tag{9-2}
$$

在式(9-2)中,*Capital* 和 *Citysize* 为城市层面的控制变量,它们分别表示企业所在城市是否为所在国家首都的虚拟变量,是为 1,反之则为 0;以及企业所在城市的人口规模,根据少于 5 万、5 万至 25 万、25 万至 100 万、100万以上四个标准分为四个等级,分别赋值为 1、2、3、4。其余变量为企业层面的控制变量,其中,*Firmsize* 表示企业规模,根据 1 至 19 人、20 至 99 人、100人以上三个标准分为三个等级,分别赋值为 1、2、3;*Age* 表示企业年龄,它的计算方法为调查年份与企业成立年份的差值;*Experience* 表示企业管理经验,它用高级经理人的任职年数作为代理变量,任职年数越长,表示企业管理经

---

① See Dollar D., H. D. Mary and M. Taye, Investment Climate and International Integration, *World Development*, 2006, 34(9).

② See Bishwanath G, Determinants of Import Intensity of India's Manufactured Exports Under the New Policy Regime, *Indian Economic Review*, 2013, 48(1).

③ See Amiti M., O. Itskhoki and J. Konings, Importers, Exporters, and Exchange Rate Disconnect, *American Economic Review*, 2014, 104(7).

④ See Halpern L., M. Koren and A. Szeidl, Imported Inputs and Productivity, *American Economic Review*, 2015, 105(12).

⑤ 参见许家云:《中间品进口贸易与中国制造业企业竞争力》,经济科学出版社,2018 年,第154~156 页。

验越丰富。为了减弱异方差性，企业年龄和企业管理经验以"1 + 企业年龄"和"1 + 企业管理经验"的对数值表示；*Foreign*、*Register*、*Export* 分别表示企业是否存在外资成分、是否正式注册、是否存在出口历史的虚拟变量，是为 1，反之则为 0；*Finance* 表示企业融资约束，根据世界银行企业调查问卷中"金融可得性（Access to Finance）在多大程度构成了当前企业运营的障碍"的五种回答，即"无障碍""小障碍""中等障碍""大障碍""严重障碍"，它们被划分为五个等级，分别被赋值为 0、1、2、3、4，数值越大，表示融资约束程度越深；*Productivity* 表示企业劳动生产率，它为企业增加值与企业全职工人数之商的对数值，企业增加值的计算方法为企业年销售额减去工资支出、中间品投入、机器设备和厂房租金等中间投入之后的余值。

为了考察行政审批效率对企业进口集约边际的影响，需要构建一个以企业进口强度为因变量的普通最小二乘（OLS）回归模型。但是考虑到现实中大部分企业不存在进口行为，企业是否进口并不是一个随机分布的事件，它受企业规模、企业所有制、企业生产率等一系列因素的影响。因此，如果直接剔除不存在进口行为的企业样本，再对剩下的企业样本进行 OLS 回归，必然会产生样本选择偏误问题。为此，笔者尝试运用 Heckman 两步法对样本选择偏误进行纠正，即首先根据式（1）构造关于企业是否进口的 Probit 二值选择模型，提取逆米尔斯比率（inverse Mill's ratio），然后将其作为控制变量加入至企业进口集约边际的计量模型，具体如下所示：

$$Importnum_{ijkt} = \theta_0 + \theta_1 \times Adm\_efficiency_{ijkt} + \theta \times \overline{Z}_{ijkt} + \lambda \times Mills_{ijkt} + \delta_j + \varphi_k + \nu_i + \varepsilon_{ijkt} \quad (9-3)$$

在式（9-3）中，因变量 *Importnum* 表示企业进口强度，也即企业进口集约边际，它用"1 + 国外商品占企业购置总商品比重"的对数值表示。控制变量的构成与式（9-2）相同。Mills 表示逆米尔斯比率，如果它在回归结果中显著不为零，表明的确存在样本选择偏误。

三、数据说明与描述统计

本研究实证分析所使用的数据主要来自2012—2016年世界银行第五轮企业问卷调查（World Bank Enterprise Surveys），该问卷调查覆盖了绝大部分发展中国家和转型经济体。在样本选择方面，考虑到"一带一路"建设已成为引领合作共赢"新型经济全球化"的重要平台，因此，笔者以"一带一路"沿线国家企业为研究对象，一共涵盖了49个国家的26000余家企业。① 在数据处理方面，做法如下：一是剔除了服务业企业数据，原因在于服务业企业调查问卷中未涉及企业进口方面的问题；二是为了减少样本损失，对部分企业缺失值进行了填补，其中，对部分企业所处行业的缺失值，根据其主要产品类型编码以及主要产品文字描述，参照调查问卷所使用的国际标准分类（ISIC3.1）二分位分类原则进行填补；对部分企业所处城市人口规模级别缺失值，根据百度百科搜索所在城市调查年份的人口数量进行填补；三是剔除了不符合常识的可能异常值样本，比如企业年龄小于零等。主要变量的描述性统计特征如表9.1所示。

表9.1　主要变量的描述性统计

变量	观察值	均值	标准差	最小值	最大值
Importdum	26293	0.19	0.392	0	1
Importnum	25722	1.321	1.849	0	4.615
Adm_efficiency	23364	2.239	2.465	0.1	18.4

---

① 它们分别是：阿尔巴尼亚、阿富汗、阿塞拜疆、埃及、爱沙尼亚、巴基斯坦、白俄罗斯、保加利亚、波黑、波兰、东帝汶、俄罗斯、菲律宾、格鲁吉亚、哈萨克斯坦、吉尔吉斯斯坦、柬埔寨、捷克、克罗地亚、拉脱维亚、老挝、黎巴嫩、立陶宛、罗马尼亚、马来西亚、马其顿、蒙古、孟加拉国、缅甸、摩尔多瓦、尼泊尔、塞尔维亚、塞浦路斯、斯洛伐克、斯洛文尼亚、塔吉克斯坦、泰国、土耳其、乌克兰、乌兹别克斯坦、匈牙利、亚美尼亚、也门、以色列、印度、印度尼西亚、约旦、越南、中国。

续表

变量	观察值	均值	标准差	最小值	最大值
Capital	26184	0.189	0.392	0	1
Citysize	26293	2.984	1.042	1	4
Firmsize	26293	1.916	0.779	1	3
Age	25985	2.696	0.747	0	5.298
Experience	25674	2.629	0.732	0	4.248
Foreign	26293	0.077	0.267	0	1
Register	25993	0.912	0.283	0	1
Export	26293	0.251	0.433	0	1
Finance	25970	1.216	1.226	0	4
Productivity	23511	11.61	4.073	0	26.734

第三节　实证检验及分析

一、基准回归结果

　　根据前文的模型构建和数据处理,实证分析的基准回归结果如表9.2所示,其中,第1、3、5列考察的是企业进口扩展边际的决定因素;第2、4、6列考察的是企业进口集约边际的决定因素;为了考察行业、国家和年份效应对回归结果的影响,第1、2列仅控制了企业层面的影响因素,第3、4列同时控制了行业固定效应,第5、6列又进一步控制了国家和年份固定效应。为了更准确地得到真实参数的一致估计量,参数估计标准误均为稳健标准误。通过表2所呈现的计量结果可以发现,进口许可审批时间越长,企业进口意愿越低,企业进口强度越弱,换言之,低下的行政审批效率对企业进口二元边际均具有抑制作用。进一步地,在控制行业、国家和年份效应之后,核心解释变量 Adm_efficiency 的系数符号和显著性水平仍然没有发生实质性变化,这表明基准回归的结果具有一定的稳健性,由此验证了前文的第一个研究假设。

那么,行政审批效率更多的是影响企业进口扩展边际还是集约边际呢?针对这一问题,参照盛丹等的计算方法,[①]笔者对二者进行了比较。由于离散选择模型和最小二乘法模型的回归结果无法直接对比,因此笔者对行政审批效率的估计结果进行了标准化处理,根据公式 $\beta_1' = \beta_1 \times Se(Adm\text{-}efficiency)/Se(Importdum)$ 和 $\beta_2' = \beta_2 \times Se(Adm\text{-}efficiency)/Se(Importdum)$ 分别重新计算各自的估计系数,其中,β_1、β_2 分别为行政审批效率对企业进口扩展边际和企业进口集约边际的估计系数,$Se(Adm\text{-}efficiency)$、$Se(Importdum)$、$Se(Importnum)$ 分别表示各自变量的标准差。如果,$|\beta_1'| > |\beta_2'|$ 意味着行政审批效率对企业进口扩展边际的影响大于其对集约边际的影响,反之则反。结合表9.2和表9.1的估计结果计算,$|\beta_1'| \approx 0.075$,$|\beta_2'| \approx 0.019$,前者远大于后者,约为后者的4倍,这说明行政审批效率更多地影响企业进口扩展边际的提升,也即是更多地影响企业进口意愿。除此之外,在企业进口集约边际的回归模型当中,逆米尔斯比率均在1%的显著性水平下为正,由此说明企业进口行为确实存在样本选择偏误,因此模型设定是合理的。

二、稳健性分析

本章旨在考察行政审批效率对企业进口二元边际的影响,因变量是企业层面变量,自变量是城市层面变量。按照正常逻辑分析,企业层面变量通

---

① 参见盛丹、包群、王永进:《基础设施对中国企业出口行为的影响:"集约边际"还是"扩展边际"》,《世界经济》,2011年第1期。

常无法影响城市层面变量，行政审批效率相对于微观企业而言属于外生变量，回归分析中不存在由逆向因果引起的内生性问题。除此之外，笔者在实证分析过程中先后固定了行业、国家和年份效应，这也可以有效规避由遗漏变量引致的内生性问题。综合以上分析，可以认为基准回归不存在内生性问题。为了确保研究结论的可信性，笔者主要从估计方法和样本异常值处理两个方面对基准回归的结果进行稳健性分析。

首先，运用 logit 和 Tobit 方法对基准回归结果进行再估计。为了考察不同估计方法对实证结果的可能影响，笔者运用 logit 回归模型重新估计了行政审批效率对企业进口扩展边际的影响，实证结果如表 9.2 第 7 列所示，行政审批效率的估计系数依然在 10% 的显著性水平下为负。为了便于解释回归结果，笔者还运用 logit 回归模型计算了行政审批效率的几率比（Odds Ratio），其结果为 0.981，并通过了 10% 的显著性水平检验，这意味着在给定其他条件不变的情况下，"一带一路" 沿线国家进口许可行政审批时间平均每延长 10 天，企业进口意愿下降 1.9%。除此之外，考虑到企业进口强度的数据特点，即非进口企业的进口强度均为零，进口企业的进口强度均为正数，属于典型的以零为下限的归并数据（censored data），因此笔者还运用 Tobit 模型重新估计了行政审批效率对企业进口集约边际的影响。其结果如表 9.2 第 8 列所示，行政审批效率的估计系数在 1% 的显著性水平下为负。

其次，对行政审批效率的异常值缩尾处理之后进行再估计。为了克服个别企业因特殊情况产生的异常值对回归估计的影响，笔者对自变量原始数据即企业进口许可审批时间在 1% 的水平下进行缩尾处理，并在此基础上重新生成城市层面的行政审批效率变量，然后估计行政审批效率对企业进口二元边际的影响，回归结果如表 9.2 第 9、10 列所示。其中，行政审批效率对企业进口扩展边际和企业进口集约边际的影响依然显著为负，与基准回归结果相比，自变量的估计系数和显著性水平并没有发生明显变化。在控制变量方面,稳健性分析结果与基准回归结果也基本一致。总而言之,以上稳健性分析结果再度表明,低下的行政审批效率对企业进口二元边际的提升具有抑制效应,而且这一结论不受估计方法和样本异常值的影响,基准回归结果是可靠的。

表9.2　行政审批效率与企业进口二元边际:基准回归与稳健性分析

变量	基准回归						稳健性分析			
	扩展边际 (1)	集约边际 (2)	扩展边际 (3)	集约边际 (4)	扩展边际 (5)	集约边际 (6)	扩展边际 (7)	集约边际 (8)	扩展边际 (9)	集约边际 (10)
Adm_efficiency	-0.015*** (0.005)	-0.018*** (0.004)	-0.017*** (0.005)	-0.017*** (0.004)	-0.012** (0.006)	-0.014*** (0.003)	-0.020* (0.011)	-0.037*** (0.013)	-0.011* (0.006)	-0.014*** (0.003)
Capital	0.405*** (0.030)	0.879*** (0.032)	0.397*** (0.030)	0.823*** (0.032)	0.085** (0.036)	0.265*** (0.029)	0.135** (0.065)	0.629*** (0.084)	0.085** (0.036)	0.265*** (0.029)
Citysize	0.133*** (0.012)	-0.197*** (0.011)	-0.139*** (0.012)	-0.204*** (0.011)	0.046*** (0.015)	0.041*** (0.010)	0.085*** (0.027)	0.109*** (0.036)	0.046*** (0.015)	0.041*** (0.010)
Firmsize	0.332*** (0.016)	0.163*** (0.014)	0.334*** (0.016)	0.167*** (0.014)	0.467*** (0.018)	0.278*** (0.012)	0.844*** (0.033)	0.839*** (0.042)	0.467*** (0.018)	0.278*** (0.012)
Age	0.022 (0.017)	-0.088*** (0.016)	0.021 (0.017)	-0.083*** (0.015)	0.017 (0.019)	-0.006 (0.014)	0.033 (0.034)	-0.017 (0.046)	0.017 (0.019)	-0.006 (0.014)
Experience	0.159*** (0.018)	0.245*** (0.015)	0.162*** (0.018)	0.240*** (0.015)	0.071*** (0.020)	0.057*** (0.013)	0.130*** (0.036)	0.200*** (0.047)	0.071*** (0.020)	0.057*** (0.013)
Foreign	0.624*** (0.038)	1.104*** (0.044)	0.612*** (0.038)	1.095*** (0.044)	0.499*** (0.042)	0.722*** (0.039)	0.856*** (0.075)	1.175*** (0.091)	0.499*** (0.042)	0.722*** (0.039)
Register	0.192*** (0.044)	0.042 (0.035)	0.203*** (0.044)	0.064** (0.035)	0.180*** (0.048)	0.090*** (0.033)	0.324*** (0.088)	0.240** (0.112)	0.180*** (0.048)	0.090*** (0.033)
Export	0.847*** (0.024)	1.004*** (0.027)	0.848*** (0.025)	0.969*** (0.027)	0.753*** (0.027)	0.716*** (0.023)	1.308*** (0.048)	1.808*** (0.067)	0.753*** (0.027)	0.716*** (0.023)
Finance	0.008 (0.009)	0.065*** (0.009)	0.005 (0.010)	0.058*** (0.009)	-0.024** (0.010)	0.004 (0.008)	-0.043** (0.019)	0.009 (0.024)	-0.024** (0.010)	0.004 (0.008)
Productivity	0.002 (0.003)	-0.020*** (0.003)	0.003 (0.003)	-0.017*** (0.003)	0.017*** (0.004)	0.007*** (0.003)	0.031*** (0.007)	0.022** (0.009)	0.017*** (0.004)	0.007*** (0.003)
Mills		1.366*** (0.019)		1.366*** (0.019)		1.361*** (0.015)				1.361*** (0.015)
常数项	-2.263*** (0.089)	0.776*** (0.079)	-1.998*** (0.098)	1.039*** (0.087)	-1.450*** (0.294)	2.320*** (0.287)	-2.685*** (0.531)	-0.088 (0.663)	-1.450*** (0.294)	2.321*** (0.287)

续表

变量	基准回归						稳健性分析			
	扩展边际 (1)	集约边际 (2)	扩展边际 (3)	集约边际 (4)	扩展边际 (5)	集约边际 (6)	扩展边际 (7)	集约边际 (8)	扩展边际 (9)	集约边际 (10)
行业效应	No	No	Yes	Yes	Yes	Yes	Yes	Yes	Yes	Yes
国别效应	No	No	No	No	Yes	Yes	Yes	Yes	Yes	Yes
年份效应	No	No	No	No	Yes	Yes	Yes	Yes	Yes	Yes
对数似然值	−8030		−7907		−6961		−6975	−22347	−6961	
$(Pseudo)R2$	0.189	0.375	0.201	0.392	0.297	0.581	0.295	0.172	0.297	0.581
观察值	20100	19904	20097	19904	20097	19904	20097	19904	20097	19904

注:括号内数值为稳健标准误;＊＊＊、＊＊、＊分别表示1%、5%、10%的显著性水平。

三、异质性分析

以全样本为研究对象的基准回归和稳健性分析所得到的参数估计结果,反映的是"一带一路"沿线国家行政审批效率对企业进口二元边际的平均效应。然而现实中不同类型企业的进口行为或许并不相同。为了捕捉这些异质性特征,加深对企业进口二元边际的认识,笔者分别从企业规模大小和企业所有制性质两个视角对基准回归的结论进行异质性分析。

首先,考察企业规模的异质性特征。参照《企业所得税法实施条例》的标准,笔者以100人为界限,将企业划分为小微企业和大型企业,前者员工规模为100人以下,后者为100人(含)以上。基于企业规模划分的子样本回归结果如表3第1—4列所示,从中可以发现,无论是小微企业还是大型企业,行政审批时间的延长均仅对企业进口集约边际产生负面影响,但对扩展边际的影响则不显著。不过,单就前者而言,第2列和第4列的实证结果确实也表明,相比于大型企业,低下的行政审批效率对小微企业进口强度的负向影响更大,因此可以认为,研究假设二的预想部分地得到了验证。除此之外,还可以发现企业年龄和融资约束主要影响的是大型企业的进口扩展边际,前者对大型企业进口扩展边际具有显著的正向影响,即意味着企业年龄越长的大型企业,存在着更强烈的进口意愿;后者对大型企业进口扩展边际具有显著的负向影响,表明相比于小微企业,大型企业的进口行为更受融资困境的制约。

其次,考察企业所有制的异质性特征。根据资本构成是否包含外资成分,笔者将全部企业样本划分为外资企业和内资企业,并分别对两个子样本进行计量回归。回归结果表明(表9.3第5—8列所示),行政审批效率对外资企业的进口二元边际不存在显著影响,但对内资企业进口二元边际的影响则显著。这表明在"一带一路"沿线国家,内资企业的进口意愿和进口强度普遍更受本国行政审批效率的影响,由此验证了研究假设三。在其他方面,外资企业和内资企业也表现出一定的差异性,比如,高级经理的企业管理经验和企业劳动生产率对外资企业的进口行为不存在显著影响,但对内资企业则存在显著的正向影响;融资约束对外资企业的进口集约边际存在显著的负向影响,但对企业进口扩展边际则不存在显著影响,这一情况在内资企业当中则恰好相反。

表9.3　行政审批效率与企业出口二元边际:异质性分析

| 变量 | 企业规模 | | | | 企业所有制 | | | |
| | 小微企业 | | 大型企业 | | 外资企业 | | 内资企业 | |
	扩展边际 (1)	集约边际 (2)	扩展边际 (3)	集约边际 (4)	扩展边际 (5)	集约边际 (6)	扩展边际 (7)	集约边际 (8)
Adm_efficiency	-0.008 (0.008)	-0.010** (0.004)	-0.011 (0.008)	-0.009* (0.004)	-0.016 (0.025)	0.015 (0.026)	-0.011* (0.006)	-0.014*** (0.003)
Capital	0.063 (0.046)	0.272*** (0.037)	0.110* (0.060)	0.232*** (0.046)	0.081 (0.103)	0.248** (0.101)	0.084** (0.039)	0.269*** (0.031)
Citysize	0.054*** (0.019)	0.029** (0.012)	0.011 (0.025)	0.067*** (0.020)	0.077* (0.047)	-0.011 (0.048)	0.044*** (0.016)	0.045*** (0.010)

续表

| 变量 | 企业规模 | | | | 企业所有制 | | | |
| | 小微企业 | | 大型企业 | | 外资企业 | | 内资企业 | |
	扩展边际（1）	集约边际（2）	扩展边际（3）	集约边际（4）	扩展边际（5）	集约边际（6）	扩展边际（7）	集约边际（8）
Firmsize					0.383*** (0.058)	0.348*** (0.057)	0.479*** (0.019)	0.269*** (0.012)
Age	0.026 (0.024)	−0.003 (0.017)	0.067** (0.031)	0.009 (0.023)	−0.033 (0.057)	−0.026 (0.054)	0.028 (0.020)	−0.005 (0.014)
Experience	0.036 (0.025)	0.060*** (0.016)	0.134*** (0.033)	0.051** (0.024)	0.034 (0.055)	−0.075 (0.052)	0.078*** (0.021)	0.073*** (0.014)
Foreign	0.554*** (0.062)	0.586*** (0.061)	0.479*** (0.058)	0.731*** (0.049)				
Register	0.174*** (0.058)	0.086** (0.038)	0.235*** (0.083)	0.092 (0.069)	0.127 (0.143)	0.279** (0.139)	0.186*** (0.051)	0.074** (0.034)
Export	0.861*** (0.035)	0.699*** (0.031)	0.686*** (0.042)	0.756*** (0.034)	0.722*** (0.079)	0.833*** (0.080)	0.761*** (0.029)	0.692*** (0.024)
Finance	−0.021 (0.013)	0.012 (0.009)	−0.036** (0.018)	−0.013 (0.014)	−0.020 (0.034)	−0.067** (0.034)	−0.025** (0.011)	0.010 (0.008)
Productivity	0.021*** (0.005)	0.010*** (0.004)	0.014** (0.006)	0.001 (0.005)	0.006 (0.010)	0.009 (0.009)	0.018*** (0.004)	0.007** (0.003)
Mills		1.327*** (0.019)		1.386*** (0.026)		1.230*** (0.050)		1.380*** (0.016)
常数项	−0.360 (0.317)	2.959*** (0.324)	−1.854** (0.754)	2.139*** (0.636)	−2.764*** (0.985)	3.737*** (0.751)	−1.535*** (0.306)	2.309*** (0.295)
行业效应	Yes	Yes	Yes	Yes	Yes	Yes	Yes	Yes
国别效应	Yes	Yes	Yes	Yes	Yes	Yes	Yes	Yes
年份效应	Yes	Yes	Yes	Yes	Yes	Yes	Yes	Yes
对数似然值	−4199		−2734		−825		−6049	
(Pseudo)R2	0.251	0.518	0.245	0.691	0.196	0.558	0.282	0.563
观察值	14562	14416	5516	5488	1482	1476	18589	18428

注：括号内数值为稳健标准误；***、**、*分别表示1%、5%、10%的显著性水平。

第四节　研究的拓展：基于中国企业
样本的单独考察

前文的实证分析针对的是"一带一路"沿线49个国家的企业样本,但是上述实证分析的一般性结论是否也适用于中国企业? 还需要单独予以考察。为此,笔者运用2012年世界银行中国企业调查数据,对中国情境下的行政审批效率与企业进口行为关系重新进行了实证检验。不过,值得指出的是,关于城市层面的控制变量,考虑到中国的特殊国情,即世界银行2012年中国企业调查所涉及的25个城市的人口数量均为百万以上,①而且首都城市(Capital)虚拟变量仅有"北京"为1,为了避免多重共线性问题,笔者舍弃首都城市虚拟变量和城市人口规模变量,代之利用省会城市(Pro_Capital)虚拟变量和所在城市到港口最近距离的对数值(Distance)作为城市层面的控制变量,其中,企业所在城市如果为省会城市为1,反之则为0;所在城市到港口最近距离根据经纬度测算得到,城市经纬度数据来自谷歌地图,港口数据来自交通部发布的《全国沿海港口布局规划》。除此之外,由于所有企业样本均处于单一国家和单一年份,固定国家和年份效应已经没有意义,因此针对中国企业样本的实证分析,笔者仅固定行业效应。其余的数据处理方式与前文相同。

根据表9.4第1、2列的计量结果可以发现,行政审批效率在10%的显

---

①　2012年世界银行中国企业调查所涉及的城市为合肥、北京、广州、深圳、佛山、东莞、石家庄、唐山、郑州、洛阳、武汉、南京、无锡、苏州、南通、沈阳、大连、济南、青岛、烟台、上海、成都、杭州、宁波、温州。根据《中国城市统计年鉴(2012年)》公布的城市人口数据,上述25个城市当中全市年中平均人口最少的为东莞市,为183.3万人;市辖区年中平均人口最少的是温州市,为146.8万人。因此,无论采取何种标准,调查城市人口均在百万之上。具体参见:国家统计局城市社会经济调查司主编:《中国城市统计年鉴(2012年)》,中国统计出版社,2013年,第13～19页。

著性水平下对企业进口扩展边际产生负向影响,对企业进口集约边际的影响依然为负,但在统计上并不显著。以上结果说明基于"一带一路"沿线国家企业样本所得出的行政审批效率与企业进口行为关系的结论,对中国企业而言,虽然整体上成立,但它主要体现在低下的行政审批效率对企业进口扩展边际的抑制作用方面。进一步地,运用 logit 模型估计之后可以发现,行政审批效率的几率比为 0.871,并通过了 10% 显著性水平检验。换言之,进口许可审批平均时间每额外增加 10 天,企业进口意愿下降 12.9%。这明显高于"一带一路"沿线国家平均水平(1.9%),说明相对于"一带一路"沿线国家企业,中国企业的进口意愿对行政审批效率普遍更为敏感。

如果对中国企业样本进行细分,根据企业从业人数规模将中国企业样本划分为小微企业和大型企业,然后再进行分组回归(表9.4第4—6列),可以发现,行政审批时间的延长显著地降低了小微企业的进口扩展边际,但对小微企业的进口集约边际以及大型企业的进口扩展边际和集约边际均不存在显著影响。这说明相比于大型企业,低下的行政审批效率对小微企业进口积极性的抑制效应更大。

表9.4　行政审批效率与企业进口二元边际:基于中国企业样本的单独分析

变量	扩展边际	集约边际	企业规模				企业所有制			
			小微企业		大型企业		外资企业		内资企业	
	(1)	(2)	扩展边际 (3)	集约边际 (4)	扩展边际 (5)	集约边际 (6)	扩展边际 (7)	集约边际 (8)	扩展边际 (9)	集约边际 (10)
Adm_efficiency	-0.077 * (0.041)	-0.019 (0.016)	-0.155 * * (0.073)	-0.012 (0.021)	-0.047 (0.055)	-0.024 (0.024)	-0.079 (0.118)	-0.171 * * * (0.060)	-0.080 * (0.045)	-0.010 (0.017)
Pro_Capital	0.326 * * (0.129)	0.062 (0.041)	0.184 (0.182)	0.066 (0.047)	0.445 * * (0.187)	0.088 (0.072)	0.237 (0.320)	0.246 (0.217)	0.344 * * (0.140)	0.022 (0.039)
Distance	-0.066 (0.042)	-0.022 * (0.013)	0.034 (0.067)	-0.003 (0.016)	-0.127 * * (0.059)	-0.047 * * (0.021)	0.021 (0.104)	-0.090 (0.063)	-0.077 * (0.046)	-0.013 (0.012)
Firmsize	0.202 * * (0.093)	0.070 * * (0.028)					-0.140 (0.248)	0.208 * (0.121)	0.296 * * * (0.108)	0.073 * * (0.028)

续表

变量	扩展边际	集约边际	企业规模				企业所有制			
			小微企业		大型企业		外资企业		内资企业	
	(1)	(2)	扩展边际 (3)	集约边际 (4)	扩展边际 (5)	集约边际 (6)	扩展边际 (7)	集约边际 (8)	扩展边际 (9)	集约边际 (10)
Age	0.083 (0.123)	-0.007 (0.047)	0.032 (0.225)	-0.020 (0.052)	0.030 (0.150)	-0.021 (0.068)	0.231 (0.322)	-0.181 (0.198)	-0.008 (0.132)	-0.002 (0.045)
Experience	0.151 (0.137)	-0.065 (0.054)	0.019 (0.252)	-0.069 (0.059)	0.377＊＊ (0.173)	-0.054 (0.092)	0.160 (0.280)	-0.182 (0.258)	0.283＊ (0.171)	-0.024 (0.049)
Foreign	0.907＊＊＊ (0.156)	0.746＊＊＊ (0.094)	1.339＊＊＊ (0.257)	0.709＊＊＊ (0.115)	0.656＊＊＊ (0.205)	0.719＊＊＊ (0.134)				
Register	0.435 (0.277)	0.055 (0.085)	0.478 (0.424)	0.125 (0.079)	0.409 (0.333)	-0.052 (0.162)			0.474 (0.320)	0.079 (0.085)
Export	0.860＊＊＊ (0.121)	0.752＊＊＊ (0.059)	0.988＊＊＊ (0.198)	0.618＊＊＊ (0.081)	0.935＊＊＊ (0.161)	0.872＊＊＊ (0.081)	1.039＊＊＊ (0.301)	1.117＊＊＊ (0.161)	0.857＊＊＊ (0.136)	0.698＊＊＊ (0.063)
Finance	-0.078 (0.073)	-0.007 (0.023)	-0.036 (0.108)	0.000 (0.026)	-0.143 (0.096)	-0.031 (0.042)	-0.004 (0.168)	0.019 (0.103)	-0.105 (0.082)	-0.006 (0.023)
Productivity	0.019 (0.024)	0.011 (0.010)	0.036 (0.045)	0.005 (0.009)	0.003 (0.032)	0.016 (0.019)	0.016 (0.044)	0.002 (0.028)	0.028 (0.032)	0.011 (0.011)
Mills		1.544＊＊＊ (0.054)		1.692＊＊＊ (0.085)		1.443＊＊＊ (0.068)		1.897＊＊＊ (0.119)		1.459＊＊＊ (0.056)
常数项	-3.226＊＊＊ (0.642)	0.216 (0.207)	-2.465＊＊ (1.068)	0.138 (0.242)	-3.114＊＊＊ (0.788)	0.701＊＊ (0.340)	-2.240 (1.378)	2.171＊＊ (0.878)	-3.640＊＊＊ (0.766)	0.019 (0.209)
行业效应	Yes	Yes	Yes	Yes	Yes	Yes	Yes	Yes	Yes	Yes
对数似然值	-281		-105		-166		-58		-216	
(Pseudo)R2	0.211	0.625	0.287	0.662	0.187	0.612	0.120	0.819	0.162	0.564
观察值	1206	1203	635	634	568	569	104	106	1096	1097

注:括号内数值为稳健标准误;＊＊＊、＊＊、＊分别表示1%、5%、10%的显著性水平。

如果根据企业所有制性质将中国企业样本划分为外资企业和内资企业,表9.4第7—10列的计量结果则表明,①行政审批时间的延长显著地降

---

① 由于外资企业样本均已正式登记注册,因此关于外资企业的计量回归删除了是否注册的虚拟变量。

低了外资企业的进口集约边际和内资企业的进口扩展边际，但对外资企业的进口扩展边际和内资企业的进口集约边际没有显著影响。对此，一种可能的原因或许在于，内资企业进口受阻的关键环节在获得行政许可之前，因而行政审批效率的高低主要影响的是内资企业的进口决策；相反地，外资企业获取进口许可更容易，它们进口受阻的关键环节在获得行政许可之后，故行政审批效率的高低主要影响的是外资企业的进口强度。

第五节　本章小结

基于2012—2016年世界银行"一带一路"沿线49个国家的企业调查数据，笔者实证考察了行政审批效率对企业进口二元边际的影响，主要结论如下：第一，整体上看，行政审批效率对企业进口二元边际具有显著影响，低下的行政审批效率对企业进口扩展边际和企业进口集约边际的提升均会产生抑制效应。比较而言，低下的行政审批效率对企业进口意愿的抑制效应大于其对企业进口强度的抑制效应。第二，行政审批效率与企业进口二元边际的关系因企业所有制性质的不同而呈现一定的异质性特征，相比于外资企业，内资企业的进口意愿和进口强度普遍更受行政审批效率的影响。第三，针对中国企业样本的实证研究结果表明，行政审批效率对企业进口扩展边际存在显著影响，但对企业进口集约边际则没有显著影响，尤其是小微企业和内资企业，而且低下的行政审批效率对企业进口扩展边际的抑制效应明显高于"一带一路"沿线国家的平均水平。

为了有效促进企业进口，推动形成国内国际双循环的新发展格局，笔者提出如下政策建议：第一，继续深化行政审批制度改革，提高行政审批效率，缩短企业进口行政审批时间。具体地，政府部门可以通过进一步简化进口贸易审批程序,取消或下放部分企业进口行政审批权限,完善企业进口事前审批和事中事后监管的制度设计,积极利用互联网信息技术,普及企业进口审批的在线办理,主动设定企业进口的行政审批时限,倒逼行政审批效率的改善。第二,优化营商环境,强化针对小微企业的行政审批服务。相比于大型企业,中国小微企业的进口意愿受行政审批效率的影响更加明显。为了提高它们的进口积极性,国家进口行政审批政策可以适当对小微企业予以倾斜,比如,尝试开辟专门针对小微企业的进口行政审批窗口,或者设立服务小微企业进口的行政审批专员。第三,针对不同所有制企业提供差异化的行政审批服务,提高不同类型企业的进口贸易。实证分析结果表明,对内资企业,行政审批效率主要影响的是其进口意愿,对外资企业,行政审批效率主要影响的是其进口强度,为了促进更多内资企业参与进口以及提升外资企业的进口数量,政府行政审批部门应当精准施策,针对不同所有制企业的"痛点",差异化地提供企业进口审批服务,从而整体上实现企业进口贸易的增长。第四,加快"一带一路"建设的"五通"建设,以政策沟通促进贸易畅通。国家可通过进一步强化与"一带一路"沿线国家的行政审批合作,确保不同国家行政审批制度的相互衔接以及行政审批效力的相互兼容,节省企业进口的制度性交易成本。

第十章　国家再分配能力与国际贸易

　　由于近期单边主义和贸易保护主义风潮的兴起,国际贸易正在面临式微的困境,如何维护多边贸易体系成为时下众多研究的主题。既有研究表明,国际贸易将会扩大国内收入差距,从而引发社会对贸易自由化的抵触情绪。那么,反其道而行之,国家再分配能力的提高可以换取社会对贸易自由化的支持,进而促进国际贸易向前发展吗? 针对这一问题,本章基于嵌入式自由主义理论,运用1960—2018年153个国家的非平衡面板数据研究发现,国家再分配能力的提高可以显著促进国际贸易的发展,其促进机制之一是通过前者对社会贸易自由化态度的改善;除此之外,在时间上,国家再分配能力对国际贸易的促进效应主要发生在后冷战时期,在主体上,则主要发生在发达国家。分配正义是国际贸易可持续发展的基石,针对居民收入分配差距居高不下的态势,我国应当努力提升国家再分配能力,完善税收政策,加大转移支付力度,及时有效遏制收入差距恶化。

第一节　问题的提出

自 2008 年国际金融危机之后,世界范围内尤其是西方发达国家掀起了一股单边主义和贸易保护主义风潮,长期以来奉行的经济全球化制度规则和意识形态正在发生某种程度的逆转,当今世界仿佛进入了新一轮的"逆经济全球化"周期。基于对过去近三十年波折起伏的经济全球化进程的观察,美国著名的国际关系学者约翰·米尔斯海默(John Mearsheimer,2019)甚至做出预测,冷战之后形成的自由主义国际秩序,在经历了十余年的黄金岁月之后,注定走向崩溃(bound to fail),2019 年即是其崩溃的标志性时间节点,未来接替它的可能是"薄"的现实主义国际秩序(a thin international order)和两个分别由中国和美国主导的"厚有界"的现实主义区域秩序(two thick bounded orders)。[1] 因此,在经济全球化历程中,当下似乎正处于一个关键的历史转折点。具体地,落脚于国际贸易领域,在贸易流量方面,2018 年世界贸易额占世界生产总值的比重为 59.4%,仍然低于 2008 年的水平(为 60.9%);如果以世界货物贸易额占世界生产总值的比重衡量,则下降得更为明显,2018 年该比重为 46.1%,相比于 2008 年(为 51.4%)下降了大约 5.3 个百分点。[2] 在贸易政策方面,根据全球贸易预警组织(Global Trade Alert)统计,2009—2019 年期间,世界各国一共实施了贸易干预措施 24919 项,其中,贸易限制性措施多达 17987 项,占所有贸易干预措施的 72.2%;而

---

[1]　根据米尔斯海默的划分,秩序的"厚""薄"取决于国际制度覆盖范围的广度和深度,广度和深度高的是厚秩序,反之则是薄秩序。详见 Mearsheimer J. John, Bound to Fail: The Rise and Fall of the Liberal International Order, *International Security*, 2019, 43(4).

[2]　数据来源于世界银行世界发展指标数据库:https://data.worldbank.org/。访问日期:2020 年 2 月 24 日。

贸易自由化措施为 6932 项，仅占所有贸易干预措施的 27.8%。[1]

众所周知，自亚当·斯密提出绝对优势理论以来，近 250 年的国际贸易主流理论普遍认为，自由贸易可以优化资源配置、推动经济增长和提高社会福利。然而为什么近十几年来国际自由贸易却面临式微的风险呢？既有理论认为，国际贸易固然可以提升社会整体福利水平，但是它无法自动地实现帕累托改进或卡尔多改进，[2]其引致的收入分配不均问题将会成为经济全球化进程中的利益受损者反对经济全球化和贸易自由化的焦点。比如，英国《金融时报》首席经济学家马丁·沃尔夫（Martin Wolf，2016）指出，全球化失败的深层次原因在于它无法确保更平等地共享收益，尤其是对高收入经济体而言。[3] 蔡昉（2019）也指出，回顾经济发展史，涓流经济学或者渗透经济学只是神话而已，新技术和全球化无疑充当了经济增长发动机的角色，但它同时导致了国内发展不平衡和收入不平等等痼疾。[4] 在实证研究层面，布莱恩·戈斯林（Brian Goesling）和罗伯·克拉克（Rob Clark）的研究均发现，20 世纪 80 年代以来，国家之间的收入差距明显趋于收敛，然而国家内部的收入差距却逐渐扩大。[5] 除此之外，安德烈亚斯·伯格（Andreas Bergh）和特蕾

---

① 数据来源于全球贸易预警组织网站：https://www.globaltradealert.org/global_dynamics。访问日期：2020 年 2 月 24 日。

② 帕累托改进是相对于帕累托最优状态而言的，帕累托最优状态指从一种分配状态到另一种状态的变化中，在没有使任何人境况变坏的前提下，使得至少一个人变得更好，它是资源分配的一种既能达到公平又可以实现效率的理想状态，帕累托改进就是达到帕累托最优的路径和方法。卡尔多改进则是指在集体行动中，整个社会的受益大于部分人的受损，对受损者提供补偿之后还存在净受益的状态，它追求的是社会整体财富和效益的最大化。

③ Martin Wolf, The Tide of Globalisation Is Turning, September 6, 2016. https://www.ft.com/content/87bb0eda-7364-11e6-bf48-b372cdb1043a.

④ 参见蔡昉：《经济学如何迎接新技术革命?》，《劳动经济研究》，2019 年第 2 期。

⑤ See Goesling Brian, Changing Income Inqualities Within and Between Nations: New Evidence, *American Sociological Review*, 2001, 66(5); Clark Rob, World Income Inequality in the Global Era: New Estimates, 1990-2008, *Social Problems*, 2011, 58(4).

丝·尼尔森(Therese Nilsson)针对 1970 年至 2005 年全球 80 个国家的研究,[1]埃琳娜·梅斯基(Elena Meschi)和马尔科·维瓦雷利(Marco Vivarelli)针对 1980 年至 1999 年 65 个发展中国家的研究,[2]以及贾伊·马(Jai Mah)针对 1985 年至 2007 年中国的研究等,[3]也都表明国际贸易对国内收入不平等的形成和加剧具有推波助澜的作用。

　　进一步地,既然当前经济全球化和贸易自由化受阻的缘由普遍被归咎于它们导致的国内收入分配不平等,那么,本书感兴趣的问题是:国内收入分配局面的改善有助于促进国际贸易发展吗? 对于这个疑问,在理论层面予以回答的学者可以追溯至美国政治学家约翰·鲁杰(John Ruggie)。[4] 鲁杰(1982)指出二战后至 20 世纪 70 年代国际经济自由化之所以取得如此突出的成就,其原因在于国家和社会之间达成了一个有效的妥协,即国家承诺以完善的国内社会福利构筑安全网协助社会抵御国际经济自由化的负面影响,国内社会则以国家的补偿承诺为条件支持国家融入国际经济自由化进程的政策决定。他将这种既区别于经济民族主义又不同于古典自由主义的折中方案,称之为"嵌入式自由主义(embedded liberalism)"。言下之意,面对国际贸易所导致的财富分配不均问题,根据国家和社会达成的契约,国家不仅有责任进行必要的调节,而且国家的有效干预也是国际贸易继续向前发展的基础。在实证层面,丹尼·罗德里克(Dani Rodrik,1998)基于 125 个

---

① See Bergha Andreas and Nilsson Therese, Do Liberalization and Globalization Increase Income Inequality? *European Journal of Political Economy*, 2010, p. 26.

② See Meschi Elena and Vivarelli Marco, Trade and Income Inequality in Developing Countries, *World Development*, 2009, 37(2).

③ See Mah S. Jai, Globalization, Decentralization and Income Inequality: The Case of China, *Economic Modelling*, 2013, p. 31.

④ 当然,如果再往前追溯,也可以认为是卡尔·波兰尼(Karl Polanyi),因为约翰·鲁杰的嵌入式自由主义理论也可以理解为波兰尼关于市场扩张和社会保护"双向运动(Double Movement)"的一个注脚。Ruggie Gerard John, International Regimes, Transactions, and Change: Embedded Liberalism in the Postwar Economic Order, *International Organization*, 1982, 36(2).

国家的横截面数据研究发现，贸易开放与政府规模（政府支出占 GDP 比重）存在显著的正相关关系。① 毛捷、管汉晖和林智贤（2015）基于长达一个半世纪（1850—2009 年）的跨国数据研究也发现，在一战前（1850—1913 年）的古典自由主义时期，经济开放导致政府规模相对收缩；二战后（1950—2009 年）的经济开放则显著地促进了政府规模的扩张。② 由于庞大的社会福利开支是以相应的政府支出规模为基础，因此上述研究结论可以认为间接地支持了嵌入式自由主义理论的补偿假说。不过，更为直接的论据还是来自周强（2018）的研究，其实证研究结果表明，补偿程度（政府支出或政府非军事支出占 GDP 比重）的提升可以换取国家更加自由化的经济开放政策，但它的实现条件是所在国家应当具备相对较高的跨行业劳动力流动水平。③

毋庸置疑，上述研究都加深了学术界对嵌入式自由主义理论的理解以及关于收入分配与国际贸易关系的认识。然而如果深入分析，可以发现当前研究还有以下两点值得补充的地方：第一，由于实施主体和发生场域不同，国民收入分配主要可以划分为以市场力量为主体的初次分配和以政府力量为主体的再分配两种类型。④ 周强（2018）的研究强调凭借劳动力的跨行业流动缩小劳动者的收入分配差距，本质上仍然是寄希望于疏通劳动力

① See Rodrik Dani, Why Do More Open Economies Have Bigger Governments? *Journal of Political Economy*, 1998, 106(5).
② 参见毛捷、管汉晖、林智贤：《经济开放与政府规模——来自历史的新发现（1850—2009）》，《经济研究》，2015 年第 7 期。
③ 参见周强：《补偿何时能换来对全球化的支持——嵌入式自由主义、劳动力流动性与开放经济》，《世界经济与政治》，2018 年第 10 期。
④ 初次分配是按照各生产要素对国民收入贡献的大小进行的分配；再分配是在初次分配基础上，对部分国民收入进行的重新分配。不过，2019 年 11 月，国务院副总理刘鹤在解读中国共产党十九届四中全会会议精神时，曾提出以社会力量为主体的"第三次分配"概念，即在道德、文化、习惯等影响下，社会力量自愿通过民间捐赠、慈善事业、志愿行动等方式济困扶弱的行为。应当说，随着经济发展水平和社会文明程度的提高以及社会公益慈善意识的增强，充分发挥第三次分配的积极作用是对政府再分配的有益补充，也是实现国民收入分配合理化的重要发展方向。但是就目前各国的收入分配状况而言，市场初次分配和政府再分配依然是国民收入分配的主要力量和主体类型。参见刘鹤：《坚持和完善社会主义基本经济制度》，《人民日报》，2019 年 11 月 22 日，第 6 版。

市场发挥作用的渠道,充分发挥市场的初次分配调节作用。遗憾的是,随着劳动力产业转移导致的资源重新配置效应式微,劳动力市场的初次分配效应呈现递减趋势,确保收入分配公平已经不能仅仅依赖劳动力市场初次分配机制,而是需要国家承担更大的责任,以更大的力度实施再分配政策(蔡昉,2020)。① 而且从理论上讲,嵌入式自由主义的原意也是充分发挥国家或政府的再分配调节作用。然而目前基于政府再分配视角对收入分配与国际贸易关系进行考察的研究依然缺乏。第二,意欲实现再分配正义,国家或政府通常必须具备两项基础能力,分别是作为输入端的国家汲取能力和作为输出端的国家再分配能力。然而此前绝大多数实证研究都以政府支出规模作为收入再分配的衡量指标,它们的隐含假设是各个国家的政府支出可以有效地转化为收入再分配所需的财政转移支付。事实上,财政转移支付只是政府支出的一部分,而且收入再分配的实际效果也不仅仅取决于输入端的财政转移支付规模,还十分有赖于输出端的国家再分配能力。所以,除了适度扩大政府支出规模之外,提升国家再分配能力也是改善收入分配分化局面不可忽视的一环,然而同样遗憾的是,目前基于国家再分配能力视角对收入分配与国际贸易关系进行考察的研究也依然缺乏。

基于以上考虑,笔者尝试从收入再分配的视角出发,就国家再分配能力与国际贸易的议题进行实证考察。其中,第二部分在既有理论的基础上提出了四个有待检验的研究假说;第三部分至第五部分将对本章提出的四个研究假说进行实证检验,其中,第三部分主要是对第一个研究假说的实证检验,它的主要内容是模型构建和基准估计结果分析,第四部分主要是对第二个和第三个研究假说的实证检验,它的主要内容是关于基准回归结果的内生性和稳健性检验以及异质性分析,第五部分主要是对第四个研究假说的

---

① 参见蔡昉:《创造与保护:为什么需要更多的再分配》,《世界经济与政治》,2020年第1期。

实证检验,它的主要内容是探讨和分析国家再分配能力影响国际贸易的可能机制和渠道;最后一部分为本章小结和政策建议。

第二节　理论分析与研究假说

以往的国际贸易理论普遍认为,国际贸易的直接动因源自比较优势、资源禀赋差异或规模递增效应。国家再分配作为一种对社会稀缺资源进行权威性调配的政策手段,它与国际贸易的内在联系源自贸易自由化对经济社会的负面冲击。如本章第一部分所述,国际贸易在促进经济增长、提升社会福利的同时,也加剧了经济的波动性和社会的不平等。面对开放经济的共同挑战,按照正常逻辑分析,不同的国家通常有三种选择,第一种是视而不见,属于"掩耳盗铃"式的做法,任由国内收入分配差距扩大而不进行干预;第二种是消极处理,属于"釜底抽薪"式的做法,以反经济全球化和贸易保护主义的策略及时止损限制国际贸易;第三种是积极应对,属于"迎难而上"式的做法,以国家再分配的方式提高利益受损者的待遇熨平不同群体之间的收入差距。三者的思想源头分别对应于新自由主义、贸易保护主义和嵌入式自由主义。

如果秉持这样一个事实,即国际贸易不是在真空中运行,一个相对公平的、劳资和谐的社会环境对国际贸易的发展也至关重要,那么嵌入式自由主义"迎难而上"的做法比新自由主义"掩耳盗铃"式与贸易保护主义"釜底抽薪"式的做法,显然更可以维系国际贸易的光明前景。然而关于嵌入式自由主义"迎难而上"的做法,国家除了必须具备再分配的意愿之外,再分配的能力也同样不可或缺。再分配的能力越强,国家才能更从容地应对经济开放的分配性后果,从而为国际贸易的开展创造更有利的外部条件,因此国家再分配能力与国际贸易是一种正向关系。事实上,不少研究也表明,改革开放并不是简单地一放了之,缺少一个强国家或有效政府支撑的良好社会环境,它照样无法获得成功。比如,周黎安(2018)指出,改革开放之后中国工业化的成功依赖于强大的国家能力、适当的政治激励和经济全球化战略的共同作用。[①]　王绍光(2019)在对比分析历史的、跨国的和当代的改革开放实践之后也指出,改革开放未必都可以实现经济繁荣,改革开放的成功还必须仰赖于一个具备强制能力、汲取能力、再分配能力等基础性国家能力的有效政府。[②]　基于以上分析,笔者认为,虽然国家再分配能力不是国际贸易的直接动因,但它作为营造国际贸易运行良好外部环境的重要方面之一,依然可以间接地促进国际贸易。鉴于此,笔者提出第一个研究假说。

研究假说一:国家再分配能力是支撑国际贸易发展的重要力量,在其他条件不变的情况下,国家再分配能力越强,国际贸易的发展程度越高。

在经济全球化的发展历程中,冷战结束是一个重要的时间节点。二战后至冷战结束前,由于美苏争霸,世界被划分为两个相对独立的社会主义阵营和资本主义阵营,极大地阻碍了国际贸易的发展。冷战结束后,随着两极格局的瓦解,国际形势趋于缓和,和平与发展成为时代主题,国际贸易也进入了突飞猛进的历史时期。根据苏黎士联邦理工学院经济研究所(KOF)发布的贸易全球化指数,冷战结束前,该指数由 1970 年的 39.9 上升至 1991 年的 42.8,年均上升幅度仅为 0.14 个单位;冷战结束后,该指数则由 1992 年的 43.9 上升至 2017 年的 58.6,年均上升幅度达到 0.59 个单位,如果以 2008 年国际金融危机为界进行计算,贸易全球化指数年均上升幅度更是高达 0.92 个单位。正是基于冷战前后的重大差别,许多研究对两个不同时段

---

① 参见王绍光:《改革开放、国家能力与经济发展》,《中国政治学》,2019 年第 1 期。
② 参见周黎安:《"官场 + 市场"与中国增长故事》,《社会》,2018 年第 2 期。

的经济全球化状态分别冠以不同的称谓。比如,孙伊然(2010)基于嵌入性和开放度两个维度分析指出,二战后至冷战结束前的经济全球化为内嵌的全球化,冷战后的二十余年则属于脱嵌的全球化,它们对应的自由主义源头分别是嵌入式自由主义和新自由主义。[①] 罗德里克(2011)也以与冷战结束临近的世界贸易组织(WTO)设立年份(1995年)为时间界限,将布雷顿森林体系建立至WTO设立之前的经济全球化称之为"温和的全球化",将WTO设立之后的经济全球化称之为"超级全球化",其中,前一时段国际贸易与国内政策维持着微妙的平衡,后一时段国内政策被迫服从于国际贸易的发展。[②]

对于两种不同的经济全球化,学者们普遍认为冷战后的经济全球化,市场竞争与社会保护逐渐走向失衡,国际贸易的迅速发展促使市场规则开始凌驾于政府规制之上,国内收入分配状况趋于恶化。比如,彼得·伊文斯(Peter Evans)指出,新自由主义全球化时期,自由市场原则已被奉为圭臬,跨国公司的迅速扩张促使市场规模远远超出了政府可以管辖的地理范围,政府管制在所谓的正统意识形态中天然地被认为附带着"有损效率"的原罪,国家无法为社会提供保护。[③] 换言之,由于社会福利保障建设无法跟上国际贸易前进速度,相比于冷战期间,冷战后国际贸易导致的收入分配问题更为严峻,自然地,社会对国家再分配存有更为强烈的需求。因此,面对更严峻的收入分配形势,冷战后国家再分配能力的提高更能促进国际贸易的发展。基于以上分析,笔者提出第二个研究假说。

研究假说二:国际贸易的分配效应在冷战前后存在重大差异,在其他条件不变的情况下,相比于冷战期间,冷战结束后国家再分配能力对国际贸易

---

① 参见孙伊然:《全球化、失衡的双重运动与"内嵌的自由主义"——基于微观层面的探讨》,《世界经济与政治》,2010年第5期。

② See Rodrik Dani, *The Globalization Paradox: Why Global Markets, States, and Democracy Can't Coexist*, Oxford University Press, 2011.

③ See Peter Evans, Is an Alternative Globalization Possible? *Politics & Society*, 2008, 36(2).

的促进作用更大。

根据赫克歇尔－俄林理论（Heckscher－Ohiln Theory），国际分工和国际贸易肇因于各国要素禀赋差异以及由此导致的各国在商品生产上的比较优势，国际自由贸易的最终结果是本国出口丰裕要素密集型产品，进口稀缺要素密集型产品。同时，根据斯托尔珀－萨缪尔森定理（Stolper－Samuelson Theorem），自由贸易将会促使出口行业密集使用的生产要素报酬提高，而使得进口行业密集使用的生产要素报酬下降。综合上述两种逻辑推理，发达国家资本要素相对丰裕而劳动力要素相对稀缺，发展中国家则正好相反，劳动力要素相对丰裕而资本要素相对稀缺，国际贸易将促使发达国家出口资本密集型产品而进口劳动力密集型产品，发展中国家则出口劳动力密集型产品而进口资本密集型产品。因此，国际贸易的最终分配结果将是发达国家的资本要素报酬增加而劳动力要素报酬下降，收入分配差距扩大；发展中国家的劳动力要素报酬增加而资本要素报酬下降，收入分配差距缩小。即使撇开资本与劳动力生产要素的二分法，在劳动者内部，梅琳达·米尔斯（Melinda Mills）的研究也从理论上推导出贸易自由化将促使发达国家收入差距扩大而发展中国家收入差距缩小的相同结论，其原因在于资本逐利性与贸易自由化的结合，将导致发达国家产生高技能劳动者收入提高而低技能收入降低的收入极化效应，而在发展中国家则产生高技能劳动者收入降低而低技能收入提高的收入缓和效应。[1]

除了理论层面的推演，实证层面的不少研究结论也印证了上述假设。比如，针对发达国家，杰森·贝克菲尔德（Jason Beckfield）的研究发现区域经济一体化扩大了西欧国家的收入不平等。[2] 除此之外，罗伊·权（Roy Kwon）

---

[1] See Mills Melinda, Globalization and Inequality, *European Sociological Review*, 2009, 25(1).

[2] See Beckfield Jason, European Integration and Income Inequality, *American Sociological Review*, 2006, 71(6).

针对 21 个先进工业国家的研究也表明,经济与贸易自由化对国内收入不平等存在显著的正向影响。[1] 针对发展中国家,莫森·奥斯库维(Mohsen Oskooee)等的研究发现,经济开放促进了巴拿马、马来西亚和印度尼西亚等国家收入分配差距的缩小。[2] 杰拉多·埃斯基维尔(Gerardo Esquivel)和吉列尔莫·克鲁斯(Guillermo Cruces)的研究则发现,自 1994 年北美自由贸易协定(NAFTA)生效以来,墨西哥扭转了 1984—1994 年收入分配差距持续扩大的趋势,此后十余年基尼系数整体呈下降趋势。[3] 一言以蔽之,相比于发展中国家,国际贸易对发达国家收入差距扩大的促进作用更为明显。因此,面对更为不公的国内收入分配格局,发达国家再分配能力的提高更有助于促进其国际贸易的发展。综合以上分析,笔者提出如下第三个研究假说。

研究假说三:国际贸易的分配效应在发达国家和发展中国家之间存在重大差异,在其他条件不变的情况下,相比于发展中国家,发达国家再分配能力的提升对国际贸易的促进作用更大。

关于国家再分配能力如何影响国际贸易,根据嵌入式自由主义理论,一个合理的解释是国家再分配能力的提高,可以部分抵消国际贸易对收入分配的负面影响,从而改善利益受损者对贸易自由化的反对态度,换取国内社会对国家参与经济全球化更广泛的支持,[4]并最终促进国际贸易的发展。简

---

[1]　See Kwon Roy, Can We Have Our Cake and Eat it Too? Liberalization, Economic Growth, and Income Inequality in Advanced Industrial Societies, *Social Forces*, 2016, 95(2).

[2]　See Oskooee Bahmani Mohsen, Hegerty W. Scott and Wilmeth Harvey, Short – Run and Long – Run Determinants of Income Inequality: Evidence from 16 Countries, *Journal of Post Keynesian Economics*, 2008, 30(3).

[3]　See Esquivel Gerardo and Cruces Guillermo, The Dynamics of Income Inequality in Mexico since NAFTA, *Economía*, 2011, 12(1).

[4]　对此,约瑟夫·斯蒂格利茨(Joseph Stiglitz)也有类似观点,他指出"增加社会保护可以提高社会对全球化的政治支持"。详见 Joseph Stiglitz, Social Protection Without Protectionism, in edited by Joseph Stiglitz and Mary Kaldor, *The Quest for Security*: *Protection Without Protectionism and the Challenge of Global Governance*, Columbia University Press, 2013, pp. 24 – 47.

言之,基于大众政治的视角,国际贸易是国内政治的产物,国家的补偿性干预政策能否实现推动国际贸易的目标,其中一个关键因素在于它能否有效改善国内社会对贸易自由化的态度。关于公众态度对贸易政策的影响,胡安·梅德拉诺(Juan Medrano)和迈克尔·布劳恩(Michael Braun)指出,虽然民意在制定贸易政策的过程中扮演着间接或次要的角色,但是其意见有时却会影响更广泛的政治结果,因此民众的支持或反对态度对国际贸易的发展也至关重要。① 斯蒂芬妮·沃尔特(Stefanie Walter)研究指出,全球化的利益受损群体更倾向于表达经济不安全的情绪,这样的情绪反过来增强了社会对福利国家的偏好和对社会民主党的支持。②

不过,经济全球化利益受损者对经济全球化的反对情绪也并非不可缓和。裘德·海斯(Jude Hays)、肖恩·埃里希(Sean Ehrlich)和克林特·潘哈特(Clint Peinhardt)基于经合组织(OECD)国家宏观和微观层面的实证研究表明,民众对国际贸易的态度取决于国际贸易对自身利益的影响,因而它是可以塑造的;虽然与进口行业激烈竞争的工人倾向于反对自由贸易,但是其态度可因政府实施的失业保险和积极的劳动力市场政策等社会福利政策而发生转变。③ 尔凡·诺鲁丁(Irfan Nooruddin)和妮塔·鲁德拉(Nita Rudra)关于最不发达国家的实证研究也表明,为了保护公民免受全球市场扩张的不利影响,国家可通过公共就业以增强公众对开放的支持。④

---

① See Medrano Díez Juan and Braun Michael, Uninformed Citizens and Support for Free Trade, *Review of International Political Economy*, 2012, 19(3).

② See Walter Stefanie, Globalization and the Welfare State: Testing the Micro – foundations of the Compensation Hypothesis, *International Studies Quarterly*, 2010, 54(2).

③ 积极的劳动力市场政策是指通过再就业培训等方式帮助失业人员重回就业市场的政策。详见 Jude C. Hays, Sean D. Ehrlich and Clint Peinhardt, Government Spending and Public Support for Trade in the OECD: An Empirical Test of the Embedded Liberalism Thesis, *International Organization*, 2005, 59(2).

④ See Nooruddin Irfan and Rudra Nita, Are Developing Countries Really Defying the Embedded Liberalism Compact? *World Politics*, 2014, 66(4).

国内社会对贸易自由化的态度是影响国际贸易政策议程进而影响国际贸易发展的重要因素之一,但是它并非是一成不变的常数,而是关于自身利益的函数。经济全球化利益受损群体之所以对贸易自由化持反对态度,关键在于贸易自由化损害了他们的切身利益。国家再分配的重要作用在于弥补经济全球化利益受损群体的损失程度,缓和或扭转社会对贸易自由化的反对态度,以国家力量重塑社会偏好,从而促进国际贸易发展。因此,本书认为,改善社会的贸易自由化态度是国家再分配能力影响国际贸易的一个重要机制。结合以上分析,笔者提出第四个待检验的研究假说。

研究假说四:国际贸易一定程度上是国内政治的产物,在其他条件不变的情况下,国家再分配能力越强,社会对贸易自由化的态度越积极,国际贸易的发展水平越高。

第三节 模型构建与基准估计结果

为了验证第二部分的研究假说,本部分将对国家再分配能力与国际贸易水平进行实证检验。在实证检验之前,笔者认为有必要对核心解释变量国家再分配能力的衡量方式进行一个简单说明。

一、变量测度与模型设定

根据收入再分配的定义,收入再分配是在初次分配基础上,国家在社会范围内对部分国民收入进行的重新分配。通常而言,收入再分配的手段在输入端一般表现为通过累进制的个人所得税和财产税等税收政策调节个人收入,主要目的是抑制过高收入;在输出端则一般表现为养老保险和失业保险等政府转移支付制度缩小贫富差距,主要目的是提升过低收入。因此,国家再分配能力主要表现为收入再分配的实际效果,借鉴莱恩·肯沃西(Lane Kenworthy)和乔纳斯·蓬图森(Jonas Pontusson)的做法,[①]它的衡量方式可以通过对比收入再分配之后和收入再分配之后的居民收入差距得以反映。如果借以国际上通用的基尼系数表征居民收入差距,那么国家再分配能力(state redistribution capacity)可以表示为如下公式:

$$redist = gini\_pre - gini\_post \tag{10-1}$$

在式(10-1)中,表示国家再分配能力,表示基于总收入(gross income)计算的基尼系数,即税前(pre-tax)和转移支付前(pre-transfer)的基尼系数,表示基于净收入(net income)计算的基尼系数,即税后(post-tax)和转移支付后(post-transfer)的基尼系数。按照正常逻辑推理,经过再分配之后,一个国家的基尼系数和收入不平等通常有所下降,因此,国家实施再分配干预之前的总收入基尼系数一般大于国家再分配干预之后的净收入基尼系数,总收入基尼系数和净收入基尼系数之差往往表现为正值,如果正的差值越大,说明国家再分配能力越强。

基于式(10-1)对国家再分配能力的刻画,本研究设定基准面板回归模型如下:

$$lntrade_{it} = \beta_0 + \beta_1 \times redist_{it} + \beta \times \bar{Z}_{it} + \upsilon_i + \varepsilon_{it} \tag{10-2}$$

在式(10-2)中,下标 i 和 t 分别表示第个国家和第个年份。lntrade 表示被解释变量,即国际贸易水平,为了降低变量的异方差性,它为"1 + 进出口贸易总额/国内生产总值(GDP)"的自然对数值。[②] redist 表示国家再分配

---

①　See Kenworthy Lane and Pontusson Jonas, Rising Inequality and the Politics of Redistribution in Affluent Countries, *Perspectives on Politics*, 2005, 3(3).

②　考虑到有的国家某些年份进出口贸易总额与国内生产总值的比值小于1,为了保证国际贸易水平为正,因此在取对数之前,笔者均在进出口贸易总额与国内生产总值比值的基础上加1。

能力。$\overline{Z}_{it}$ 表示控制变量的向量集合。v_i 和 ε_{it} 分别表示国家固定效应和随机扰动项。表示常数项,和分别表示解释变量和控制变量的参数估计值。

　　根据马克思主义政治经济学基本原理,物质资料的社会再生产过程,包括生产、分配、交换、消费四个环节,其中,生产是起点,它决定了作为中间环节的分配和交换以及作为终点环节的消费。按照四个环节的分类,再分配和国际贸易分别属于社会再生产过程中分配和交换环节的一部分,它们显然也受制于社会生产能力、生产水平以及生产速度。因此,考察国家再分配能力与国际贸易之间的关系,理论上应当控制国内生产总值、人均国内生产总值以及国内生产总值增速等生产层面的常用指标。除此之外,笔者参考Rodrik(1992)和周强(2018)等的研究,① 分别引入了反映 WTO 成员国身份、国家城市化水平、国家民主程度的代理变量。同时,根据新古典贸易理论,要素禀赋的比较优势是国际贸易发生的重要动因,为了控制要素禀赋对国际贸易的影响,笔者还引入了劳动力要素禀赋和土地要素禀赋的代理变量。基于上述考虑,控制变量向量集合的表述如下所示:

$$\overline{Z}_{it} = \gamma_1 \times lngdp_{it} + \gamma_2 \times lngdppc_{it} + \gamma_3 \times gdpgro_{it} + \gamma_4 \times wto_{it} + \gamma_5 \times labor_{it} + \gamma_6 \times land_{it}$$
$$+ \gamma_7 \times urban_{it} + \gamma_8 \times polity_{it} \tag{10-3}$$

　　在式(10 - 3)中,$lngdp$、$lngdppc$ 和 $gdpgro$ 分别表示国家经济规模、经济发展水平和经济增长速度,为了降低变量的异方差性,前两者分别为国内生产总值和人均国内生产总值的自然对数值,后者为 GDP 年增长率的百分比。表示所在国家当年是否为关税及贸易总协定(GATT)或世界贸易组织(WTO)成员国的虚拟变量,如果是为 1,反之则为 0。$labor$、$land$ 分别表示所

---

① See Rodrik Dani, Why Do More Open Economies Have Bigger Governments? *Journal of Political Economy*, 1998, 106(5);周强:《补偿何时能换来对全球化的支持——嵌入式自由主义、劳动力流动性与开放经济》,《世界经济与政治》,2018 年第 10 期。

在国家的劳动力要素禀赋和土地要素禀赋,它们为劳动年龄人口(15～64岁)占总人口比重的百分比以及人均可耕地面积。表示城市化率,它为城市人口占总人口比重的百分比。$polity$ 表示民主程度,它为所在国家的政体评级指数。

二、数据来源与描述统计

在实证分析所使用的数据中,国际贸易水平、国内生产总值、人均国内生产总值、国内生产总值年增长率、劳动年龄人口占比、人均可耕地面积和城市化率等均来源于世界银行公布的世界发展指标(World Development Indicarors,WDI)数据库;国家再分配能力的原始计算数据,即总收入基尼系数和净收入基尼系数,来源于美国爱荷华大学政治学系学者弗雷德里克·索尔特(Frederick Solt)搜集整理的标准化(百分制)世界收入不平等数据库(Standardized World Income Inequality Database,SWIID),[1]它涵盖了1960年至2018年196个国家和地区的基尼系数数据,由于它的标准化特征,它具有跨国可比性。[2] GATT/WTO 成员国的虚拟变量数据,来源于世界贸易组织数据库。政体评级指数来源于目前运用最为广泛的第四代政体数据库(Polity Ⅳ),它的取值介于 - 10 至 10 之间,数值越大,表明民主程度越高。

在剔除人口不足百万和主权存在争议的国家(地区)之后,余下的 153

①　See Solt Frederick. Measuring Income Inequality Across Countries and Over Time：The Standardized World Income Inequality Database, *SWIID Version 8. 2*, November 2019.

②　除此之外,伯格和尼尔森(2010)在对比其他关于收入不平等的测度数据之后,发现标准化世界收入不平等数据更具完整性、有效性和稳健性。参见 Bergha Andreas and Nilsson Therese, Do Liberalization and Globalization Increase Income Inequality? *European Journal of Political Economy*, 2010, 26.

个国家构成了本章的研究对象，[①]它们的时间跨度为 1960 年至 2018 年。所有变量的描述性统计特征和数据来源如表 10.1 所示。通过 OLS 回归可以发现，全部变量的平均方差膨胀因子（VIF）为 2.34，最大值为 6.41，均小于 10 的经验临界值。因此，从统计上观察，变量之间不存在多重共线性问题。

表 10.1　主要变量的描述性统计特征与数据来源

变量	观察值	平均值	标准差	最小值	最大值	数据来源
lntrade	6876	4.095	0.606	0.021	6.083	世界发展指标（WDI）
redist	4711	7.265	7.052	−5.8	25	标准化世界收入不平等数据库（SWIID）
lngdp	7449	23.474	2.331	16.024	30.676	世界发展指标（WDI）
lngdppc	7446	7.393	1.713	3.549	11.542	同上
gdpgro②	7213	3.984	6.526	−64.047	149.973	同上
wto	9027	0.611	0.487	0	1	世界贸易组织数据库
labor	8938	58.888	7.034	45.896	86.398	世界发展指标（WDI）
land	7684	0.317	0.355	0	3.498	同上
urban	8997	48.443	24.125	2.077	100	同上
polity	7979	1.112	7.381	−10	10	第四代政体指数（Polity IV）

资料来源：作者自制。

---

① 它们分别是：阿富汗、阿尔巴尼亚、阿尔及利亚、安哥拉、阿根廷、亚美尼亚、澳大利亚、奥地利、阿塞拜疆、巴林、孟加拉国、白俄罗斯、比利时、贝宁、玻利维亚、波斯尼亚和黑塞哥维那、博茨瓦纳、巴西、保加利亚、布基纳法索、布隆迪、柬埔寨、喀麦隆、加拿大、中非共和国、乍得、智利、中国、哥伦比亚、刚果民主共和国、刚果共和国、哥斯达黎加、克罗地亚、塞浦路斯、捷克共和国、科特迪瓦、丹麦、多米尼克、多米尼加共和国、厄瓜多尔、埃及、萨尔瓦多、赤道几内亚、爱沙尼亚、埃塞俄比亚、芬兰、法国、加蓬、冈比亚、塞舌尔、格鲁吉亚、德国、加纳、希腊、危地马拉、几内亚、几内亚比绍、海地、洪都拉斯、匈牙利、印度、印度尼西亚、伊朗、伊拉克、爱尔兰、以色列、意大利、牙买加、日本、约旦、哈萨克斯坦、肯尼亚、韩国、科威特、吉尔吉斯斯坦、老挝、拉脱维亚、黎巴嫩、莱索托、利比里亚、利比亚、立陶宛、北马其顿、马达加斯加、马拉维、马来西亚、马里、毛里塔尼亚、毛里求斯、墨西哥、摩尔多瓦、蒙古、摩洛哥、莫桑比克、缅甸、纳米比亚、尼泊尔、荷兰、新西兰、尼加拉瓜、尼日尔、尼日利亚、挪威、阿曼、巴拿马、巴布亚新几内亚、巴拉圭、秘鲁、菲律宾、波兰、葡萄牙、卡塔尔、罗马尼亚、俄罗斯、卢旺达、沙特阿拉伯、塞内加尔、塞尔维亚、塞拉利昂、新加坡、斯洛伐克、斯洛文尼亚、索马里、南非、南苏丹、西班牙、斯里兰卡、苏丹、斯威士兰、瑞典、瑞士、叙利亚、塔吉克斯坦、坦桑尼亚、泰国、东帝汶、多哥、特立尼达和多巴哥、突尼斯、土耳其、土库曼斯坦、乌干达、乌克兰、阿联酋、英国、美国、乌拉圭、乌兹别克斯坦、委内瑞拉、越南、也门、赞比亚、津巴布韦。

② 1991 年处于海湾战争中的伊拉克当年 GDP 增长率为 −64.047%；1996 年赤道几内亚在其领海内发现了大量石油资源，次年（1997 年）其 GDP 增长率高达 149.973%。

三、基准回归与实证分析

对于面板数据的处理,主要存在两种模型,即固定效应模型和随机效应模型。关于二者的选择,通常借助于豪斯曼(Hausman,1978)检验。检验结果强烈拒绝了(P值为 0.000)"不可观测的个体异质性与所有解释变量不相关"的原假设,因此本书应当使用面板固定效应模型。除此之外,根据面板数据同时具有横截面和时间两个维度的特点,为了避免同一国家不同年份随机扰动项可能存在的自相关关系,本章所有参数估计值的标准误均为聚类稳健标准误。基准回归结果如表 10.2 所示,其中模型(1)为仅包含自变量和常数项的回归结果,模型(2)则在模型(1)的基础上添加了所有控制变量。根据模型(1)和模型(2)的回归结果可以发现,无论是否控制其余变量,国家再分配能力对国际贸易水平的影响均在 1% 的显著性水平之下为正,换言之,国家再分配能力越强,国际贸易水平越高,二者呈正相关关系,这与研究假说一的理论推断相吻合。若以模型(2)的估计结果为基准,进行简单的反推计算,可以发现国家再分配能力即总收入基尼系数与净收入基尼系数之差每扩大 1 个单位,国际贸易(进出口总额)占 GDP 的比重平均上升约 3.87 个百分点。

在控制变量方面,国家经济规模、经济发展水平以及经济增长速度与国际贸易的相关性不显著,这说明国家经济特征与国际贸易之间并不存在一般性规律。土地要素禀赋与国际贸易显著负相关,其原因或许在于人均可耕地面积更大的国家,相对而言更自给自足,故而对国际贸易的参与程度更低。相反地,国家城市化水平、国家民主化水平则与国际贸易显著正相关,关于前者,一种可能的解释是伴随着城市化进程,人口逐渐从农村转移到城市,推动了消费需求的不断增长,由此进一步地促进了国际贸易的发展;关于后者,其原因或许如 Milner & Mukherjee(2009)所言,民主化进程削弱了支持贸易保护主义的利益集团的政治影响力,从而推动了国际贸易水平的提高。①

第四节　内生性与稳健性检验

一、国家再分配能力的内生性问题

如前两部分所述,许多研究指出国际贸易将会扩大国内收入差距。虽然严格地讲,国内收入分配状况与国家再分配能力是两个不同的概念,因为前者是对一种客观事实的描述,后者是对一种潜在能力的判断,理论上二者不存在一一对应关系,即国内收入分配状况恶化一定可以促使国家再分配能力提升,但在现实世界中,缩小收入差距作为绝大多数国家重要的政策目标之一,国内收入分配状况的恶化通常要求国家提升再分配能力,因此,二者事实上又可能存在紧密的关联。综合地看,国际贸易水平提升或许会通过恶化国内收入分配状况迫使国家再分配能力提升,形成国际贸易反向影响国家再分配能力的可能。对实证研究而言,即产生由逆向因果引致的内生性问题。

基于以上考虑,笔者将借用工具变量剥离国家再分配能力与随机扰动项的相关部分,以规避内生性问题及其对参数估计一致性的影响。当然,工具变量的选择也是一个棘手的难题。一个有效的工具变量通常应当满足两

---

① See Milner V. Helen and Mukherjee Bumba, Democratization and Economic Globalization, *The Annual Review of Political Science*, 2009, 12.

个条件,即与内生解释变量相关的相关性条件以及与随机扰动项不相关的外生性条件。根据一些医学和经济学方面的实证研究,预期寿命(Life Expectancy)与收入分配存在比较强的相关关系,通常认为收入分配越合理,人均预期寿命越长(Wilkinson,1992;Messias,2003;Chetty et. al,2016)。[①] 另外,考虑到国家再分配能力的强化有助于塑造更平等的收入分配状况,因此可以认为人均预期寿命与国家再分配能力存在一定的相关关系。除此之外,按照正常的逻辑分析,人均预期寿命与国际贸易理论上不存在相关关系,也即是与随机扰动项不相关。综合以上分析,笔者认为人均预期寿命是国家再分配能力的一个合理的工具变量。不过,为了稳健起见,本章还借鉴前人研究(周强,2018)的做法,[②]同时将自变量的滞后项作为工具变量,具体地,以国家再分配能力的三阶滞后作为国家再分配能力的工具变量。

根据表10.2模型(3)的两阶段最小二乘法(2SLS)估计结果,可以看出自变量国家再分配能力的估计系数依然显著为正,这说明在考虑了可能的内生性影响之后,国家再分配能力的提高确实促进了国际贸易的发展。比较模型(2)和模型(3)的估计结果之后则可以发现,考虑了内生性问题之后,国家再分配能力对国际贸易的促进作用更大。[③] 与此同时,不同类型统计量的结果也表明笔者所选取的工具变量具有一定的合理性。比如,LM统计量在1%的显著性水平下不为零,说明工具变量与解释变量相关,工具变量不

---

① See Wilkinson R. G., Income Distribution and Life Expectancy, *British Medical Journal*, 1992, 304; Messias Erick, Income Inequality, Illiteracy Rate, and Life Expectancy in Brazil, *American Journal of Public Health*, 2003, 93(8); Chetty Raj, Stepner Michael, Abraham Sarah, et. al., The Association Between Income and Life Expectancy in the United States, 2001 –2014, *The Journal of the American Medical Association*, 2016, 315(16).

② 参见周强:《补偿何时能换来对全球化的支持——嵌入式自由主义、劳动力流动性与开放经济》,《世界经济与政治》,2018年第10期。

③ 经过简单的反推计算可以发现,排除了内生性干扰之后,国家再分配能力对国际贸易的促进效应约为4.71个百分点,比基准回归的平均效应量高0.84个百分点。

存在不可识别的问题;Wald rk F 统计量远大于 Stock – Yogo 检验 10% 显著性水平下的临界值(为 19.93),说明工具变量与解释变量具有较强的相关性,工具变量不存在弱识别问题。除此之外,相比于基准回归,模型(3)中土地要素禀赋、国家城市化率等控制变量的显著性水平得到提升,这进一步佐证了基准回归的结论;GATT/WTO 成员国身份、劳动力要素禀赋与国际贸易的相关性水平则由不显著变成显著为正,它表明加入世界贸易一体化进程更有利于开展国际贸易,而且劳动力资源丰富的国家介入国际贸易的程度也普遍更深。

二、基于指标、样本和模型的稳健性分析

通过基准回归和内生性检验,本研究基本证实了国家再分配能力与国际贸易的正相关关系。然而该结论是否稳健? 依然有待于进一步地实证检验。因此,为了确保本研究核心结论的可靠性和有效性,笔者将从以下四个方面进行稳健性检验:

一是在因变量指标测度方面,笔者运用苏黎士联邦理工学院经济研究所(KOF)发布的贸易全球化(trade globalization)指数作为国际贸易的衡量指标,重新估计了国家再分配能力对国际贸易的影响,回归结果如表10.3 模型(4)所示。

二是在自变量指标测度方面,考虑到初始收入分配状况对国家再分配能力的影响,以及政府支出规模对国家再分配能力的重要作用,笔者参照戴维·布拉德利(David Bradley)等的做法,①运用总收入基尼系数减去净收入

---

① See Bradley David, Huber Evelyne, Moller Stephanie and Nielsen François, Distribution and Re-distribution in Postindustrial Democracies, *World Politics*, 2003, 55(2).

基尼系数的差值除以总收入基尼系数的百分比（redist_ratio），[①]以及政府支出规模占国内生产总值的比重（expend）作为国家再分配能力的衡量指标，重新估计了国家再分配能力对国际贸易的影响，其回归结果分别如表 10.3 模型（5）和模型（6）所示。

三是在样本取值方面，为了克服样本异常值对参数估计的可能影响，笔者对国家再分配能力指标数据进行了 1% 的缩尾处理，然后重新进行了回归估计，其回归结果如表 10.3 模型（7）所示。

四是在模型设定方面，为了稳妥起见，笔者也基于随机效应模型对国家再分配能力与国际贸易的关系重新进行了估计，其回归结果如表 10.2 模型（8）所示；另外，联想到西蒙·库兹涅茨（Simon Kuznets）关于经济增长与收入分配的倒 U 型理论，以及道格拉斯·诺思（Douglass North）提出的"国家悖论"，即国家既是经济增长的关键，又是人为经济衰退的根源。[②] 所以，一个合理的推测是国家再分配能力对国际贸易的影响或许也存在类似的倒 U 型曲线。基于此，笔者在基准回归方程中加入了国家再分配能力的二次项（redist2）重新进行了估计，其回归结果如表 10.2 模型（9）所示。

表 10.2 稳健性检验结果显示，无论是替换因变量或自变量的衡量指标还是排除异常值的可能干扰，或者采用随机效应模型，国家再分配能力对国际贸易的正向影响依然通过了 10% 显著性水平下的检验，再次印证了基准回归的基本结论。除此之外，模型（9）的估计结果显示，加入了国家再分配

---

① 运用数学公式直观地表示即为：$redist\_ratio = \dfrac{gini\_pre - gini\_post}{gini\_pre} \times 100\%$。

② See Simon Kuznets, Economic Growth and Income Inequality, *American Economic Review*, 1955, 45（1）；［美］道格拉斯·诺思：《经济史中的结构与变迁》，陈郁、罗华平等译，上海三联书店出版社，1991 年，第 20 页。除诺思之外，达龙·阿西莫格鲁也有类似观点，他认为国家能力太强意味着征税过高，容易挫伤投资者的积极性；国家能力太弱意味着统治者从经济发展中可以获得的预期回报过低，缺乏对社会公共产品供给的激励，二者均会对经济活动造成扭曲，因此最合意的国家能力既不必太高也不能过低，而是应当控制在一个中间水平。详见 Acemoglu Daron, Politics and Economics in Weak and Strong States, *Journal of Monetary Economics*, 2005, 52（7）.

能力的二次项之后,国家再分配能力及其二次项在统计上均不显著,由此说明国家再分配能力与国家贸易不存在非线性的倒 U 型关系,基准回归的模型设定是正确的。在控制变量方面,笔者发现,更换了因变量或自变量(以政府支出规模占比代替原自变量)测度方式之后,GDP 增长速度与国际贸易呈现显著的正相关关系;对自变量进行缩尾处理或以随机效应模型代替固定效应模型之后,GDP 总量与国际贸易呈现显著的负相关关系,人均 GDP 则与国际贸易呈现显著的正相关关系;其余变量的系数符号和显著性水平与基准回归结果大体一致。综合以上内生性与稳健性检验结果,我们基本可以保证基准回归结果的稳健性。

表 10.2　国家再分配能力与国际贸易的基准回归和稳健性检验结果

变量	基准回归		稳健性检验						
	模型(1)	模型(2)	模型(3)	模型(4)	模型(5)	模型(6)	模型(7)	模型(8)	模型(9)
redist	0.063***	0.038***	0.046***	0.017*			0.013*	0.015**	0.008
	(0.011)	(0.011)	(0.004)	(0.009)			(0.007)	(0.007)	(0.025)
redist_ratio					0.011*				
					(0.006)				
expend						0.006**			
						(0.002)			
redist2									0.001
									(0.001)
lngdp		−0.003	0.023	0.120	−0.016	−0.147	−0.092**	−0.091**	−0.004
		(0.097)	(0.033)	(0.097)	(0.097)	(0.147)	(0.036)	(0.037)	(0.095)
lngdppc		0.045	0.011	−0.087	0.079	0.224	0.158***	0.155***	0.035
		(0.102)	(0.035)	(0.103)	(0.101)	(0.152)	(0.045)	(0.045)	(0.099)
gdpgro		0.001	0.000	0.005***	0.001	0.003**	0.001	0.001	0.001
		(0.001)	(0.001)	(0.001)	(0.001)	(0.002)	(0.001)	(0.001)	(0.001)
wto		0.055	0.053***	0.078*	0.049	0.031	0.047	0.048	0.057
		(0.044)	(0.017)	(0.041)	(0.044)	(0.056)	(0.042)	(0.042)	(0.043)
labor		0.007	0.006***	0.014**	0.005	0.012	0.010*	0.010*	0.008
		(0.006)	(0.002)	(0.006)	(0.006)	(0.008)	(0.005)	(0.005)	(0.006)

续表

变量	基准回归		稳健性检验						
	模型(1)	模型(2)	模型(3)	模型(4)	模型(5)	模型(6)	模型(7)	模型(8)	模型(9)
land		-0.192*	-0.197***	-0.124	-0.249**	-0.276*	-0.325***	-0.323***	-0.201**
		(0.100)	(0.042)	(0.088)	(0.100)	(0.141)	(0.094)	(0.094)	(0.100)
urban		0.010**	0.009***	0.009***	0.009**	0.004	0.007**	0.007**	0.010***
		(0.004)	(0.001)	(0.003)	(0.004)	(0.005)	(0.003)	(0.003)	(0.004)
polity		0.008***	0.009***	0.004	0.008**	0.008	0.008***	0.009***	0.008***
		(0.003)	(0.001)	(0.003)	(0.003)	(0.005)	(0.003)	(0.003)	(0.003)
常数项	3.676***	2.590*		0.108	2.895**	4.821**	4.223***	4.196***	2.683*
	(0.076)	(1.430)		(1.424)	(1.431)	(2.138)	(0.593)	(0.594)	(1.415)
Prob > F	0.000	0.000	0.000	0.000	0.000	0.000	0.000	0.000	0.000
组内 R2	0.063	0.316	0.309	0.440	0.303	0.243	0.304	0.306	0.319
国家数	150	145	139	146	145	124	145	14	145
样本数	4396	4156	3857	4154	4156	2880	4156	4156	4156

注:括号内为参数估计值的聚类稳健标准误;＊＊＊、＊＊、＊分别表示1%、5%、10%的显著性水平。

第五节　异质性分析

值得注意的是,前面的基准回归和稳健性检验针对的是全部样本,其结论在不同贸易方式或贸易主体等异质性条件下是否适用呢? 还有待于进一步的实证检验。鉴于此,笔者分别从贸易方向、贸易内容、贸易时段、贸易主体四个方面对国家再分配能力与国际贸易的关系进行异质性分析。

一、国际贸易方式的异质性

在贸易方式层面,笔者将国际贸易进一步区分为出口贸易和进口贸易,为了与国际贸易的衡量方式保持一致,它们分别由"1＋出口贸易总额占国内生产总值比重"和"1 + 进口贸易总额占国内生产总值比重"的自然对数值表示，其实证结果分别如表 10.3 模型（1）和模型（2）所示。根据实证检验结果可以发现，国家再分配能力与出口贸易和进口贸易均表现为显著的正向关系，这说明国家再分配能力对国际贸易的促进作用并不受贸易方式的影响。

二、国际贸易内容的异质性

在贸易内容层面，笔者将国际贸易进一步区分为货物贸易和服务贸易，类似地，它们分别由"1 + 货物贸易总额占国内生产总值比重"和"1 + 服务贸易总额占国内生产总值比重"的自然对数值表示，其实证结果分别如表 10.3 模型（3）和模型（4）所示。实证结果表明，国家再分配能力与货物贸易和服务贸易均表现为正向关系，所不同的是，前者在统计上不显著，后者则在 1% 的显著性水平下显著，这说明国家再分配能力对国际贸易的正向影响主要表现在服务贸易领域。

三、国际贸易时段的异质性

在贸易时段层面，笔者以 1992 年苏联解体为时间节点，将所考察的时间跨度划分为冷战时期（1960—1991 年）和后冷战时期（1992—2018 年）两个阶段，并先后对国家再分配能力与国际贸易的关系分别再次进行回归分析，它们的实证结果如表 10.3 模型（5）和模型（6）所示。实证结果表明，国家再分配能力与国际贸易的关系因国际环境而异，在冷战期间，二者不存在显著的相关关系，但在冷战后，二者则表现出显著的正向相关关系，它证实了本章第二部分的第二个研究假说。

四、国际贸易主体的异质性

在贸易主体方面,笔者将所考察的国家类型根据发展水平区分为经合组织国家(OECD)和非经济组合国家,[①]它们的实证结果分别如表10.3模型(7)和模型(8)所示。实证结果表明,在OECD国家,国家再分配能力与国际贸易存在显著的正向相关关系,但是在非OECD国家,二者则不存在显著的相关关系。由此说明,相比于经济发展水平更低的非OECD国家,国家再分配能力对国际贸易的促进作用主要体现在经济发展水平更高的OECD国家,这也证实了本章第二部分的第三个研究假说。除此之外,考虑到在当今"逆经济全球化"的时代背景下,中国提出的"一带一路"倡议正在成为推动共赢主义"新经济全球化"的重要平台,笔者也以"一带一路"沿线国家为研究对象重新考察了国家再分配能力对国际贸易的影响,其实证结果如表10.3模型(9)所示。从实证结果可以看出,在"一带一路"沿线国家,就统计意义上而言,国家再分配能力与国际贸易水平之间不存在显著的相关关系。

表10.3　国家再分配能力与国际贸易的异质性分析结果

变量	贸易方向		贸易内容		贸易时段		贸易主体		
	出口贸易	进口贸易	货物贸易	服务贸易	冷战期间	冷战后	OECD	非OECD	一带一路
	模型(1)	模型(2)	模型(3)	模型(4)	模型(5)	模型(6)	模型(7)	模型(8)	模型(9)
redist	0.043 ***	0.032 ***	0.018	0.050 ***	−0.001	0.059 ***	0.037 ***	−0.017	0.005
	(0.013)	(0.010)	(0.012)	(0.015)	(0.018)	(0.015)	(0.012)	(0.024)	(0.024)
lngdp	−0.068	0.051	−0.025	−0.122	−0.195	0.038	0.346	0.030	−0.055
	(0.103)	(0.099)	(0.104)	(0.182)	(0.142)	(0.108)	(0.289)	(0.118)	(0.142)

① 根据经合组织成员官方名单,目前OECD成员国分别为澳大利亚、奥地利、比利时、加拿大、智利、捷克、丹麦、爱沙尼亚、芬兰、法国、德国、希腊、匈牙利、冰岛、爱尔兰、爱尔兰、以色列、意大利、日本、韩国、拉脱维亚、立陶宛、卢森堡、墨西哥、荷兰、新西兰、挪威、波兰、葡萄牙、斯洛伐克、斯洛文尼亚、西班牙、瑞典、瑞士、土耳其、英国、美国。

续表

变量	贸易方向		贸易内容		贸易时段		贸易主体		
	出口贸易	进口贸易	货物贸易	服务贸易	冷战期间	冷战后	OECD	非OECD	一带一路
	模型（1）	模型（2）	模型（3）	模型（4）	模型（5）	模型（6）	模型（7）	模型（8）	模型（9）
lngdppc	0.119	-0.021	0.069	0.159	0.219	-0.032	-0.273	-0.045	0.079
	(0.107)	(0.105)	(0.110)	(0.185)	(0.150)	(0.118)	(0.296)	(0.126)	(0.149)
gdpgro	0.001	0.001	0.009***	0.002	0.004***	0.000	0.004**	0.001	-0.000
	(0.001)	(0.002)	(0.002)	(0.002)	(0.001)	(0.001)	(0.002)	(0.001)	(0.002)
wto	0.023	0.078*	0.136**	0.037	0.079	0.038	0.236**	0.048	0.081
	(0.046)	(0.044)	(0.053)	(0.060)	(0.062)	(0.042)	(0.096)	(0.041)	(0.054)
labor	0.010	0.004	0.011*	0.001	0.028**	0.003	0.002	0.014*	0.017*
	(0.007)	(0.005)	(0.006)	(0.011)	(0.012)	(0.007)	(0.006)	(0.007)	(0.009)
land	-0.162	-0.200*	-0.253*	-0.437**	-0.327	-0.123	0.009	-0.061	0.258
	(0.107)	(0.106)	(0.128)	(0.192)	(0.274)	(0.162)	(0.152)	(0.295)	(0.406)
urban	0.012***	0.008**	0.008**	0.011**	0.009	0.012**	0.008	0.010*	0.015**
	(0.004)	(0.004)	(0.004)	(0.005)	(0.006)	(0.005)	(0.005)	(0.005)	(0.006)
polity	0.008**	0.008***	0.005	0.001	-0.001	0.008**	0.003	0.008**	0.006
	(0.003)	(0.003)	(0.004)	(0.005)	(0.003)	(0.003)	(0.006)	(0.003)	(0.005)
常数项	2.523*	1.456	2.595	3.462	4.820**	2.264	-3.854	2.499	3.046
	(1.509)	(1.473)	(1.595)	(2.625)	(2.161)	(1.568)	(4.566)	(1.708)	(2.027)
Prob > F	0.000	0.000	0.000	0.000	0.000	0.000	0.000	0.000	0.000
组内 R2	0.285	0.272	0.284	0.118	0.240	0.120	0.606	0.231	0.297
国家数	145	145	147	142	78	145	34	111	58
样本数	4156	4156	4318	3653	1215	2941	1325	2831	1440

注：括号内为参数估计值的聚类稳健标准误；＊＊＊、＊＊、＊分别表示1%、5%、10%的显著性水平。

第六节　影响机制分析

通过面板固定效应模型的计量分析，前文考察了国家再分配能力对国际贸易的影响，发现国家再分配能力的增强可以有效地提高国际贸易的水平。但是二者关系的影响机制如何？它会如研究假设四所言，国家再分配能力通过改善国内社会对自由贸易的态度,从而影响国际贸易的发展吗?这仍然有待于进一步的实证检验。

　　为了验证国家再分配能力对国际贸易的传导机制,根据鲁本·巴伦(Reuben Baron)和戴维·肯尼(David Kenny)提出的逐步检验法(causal steps approach),[①]笔者构建了以国内社会的贸易自由化态度为中介变量的中介效应模型。按照逐步检验法的基本步骤:首先,笔者需要对自变量国家再分配能力和因变量国际贸易水平进行回归分析,它的具体形式如基准回归分析中的式(10–2)所示;其次,对自变量国家再分配能力和中介变量国内社会的贸易自由化态度($attitude\_tr$)进行回归分析,具体如式(10–4)所示;最后,对自变量国家再分配能力、中介变量国内社会的贸易自由化态度和因变量国际贸易水平一起进行回归分析,具体如式(10–5)所示。

$$attitude\_tr_{it} = \varphi_0 + \varphi_1 \times redist_{it} + \varphi \times \overline{Z} + \upsilon_i + \mu_{it} \qquad (10-4)$$

$$lntrade_{it} = \theta_0 + \theta_1 \times redist_{it} + \theta_2 \times attitude\_tr_{it} + \theta \times \overline{Z} + \upsilon_i + \nu_{it} \qquad (10-5)$$

　　在式(10–4)和式(10–5)中,φ_0、θ_0以及μ_{it}、ν_{it}分别表示各回归式的常数项和随机扰动项;仍然表示控制变量的向量集合,它的具体形式与式(10–3)一致;其余与前文中的含义相同。根据中介效应模型的基本原理,式(10–2)中自变量估计系数反映的是国家再分配能力对国际贸易的总效应,它的显著是中介效应检验的前提条件。式(10–4)中的估计系数φ_1与式(10–5)中的估计系数的乘积反映的是间接效应。式(10–5)中估计系数θ_1反映的是考虑了间接效应之后的直接效应,一般而言,如果系数不显著而θ_2系数显著,属于完全中介效应;如果θ_1和θ_2系数同时显著,则属于部分中

---

　　① See Baron M. Reuben and Kenny A. David, The Moderator – Mediator Variable Distinction in Social Psychological Research, *Journal of Personality and Social Psychology*, 1986, 51(6).

介效应。① 中介效应的效应量(effect size)为间接效应占总效应的比重。

关于社会的贸易自由化态度的测度,据笔者所知,目前尚无直接与之对应的衡量指标。不过,周强(2018)的研究采用 KOF 全球化指数的子指标,即法律层面上的全球化(de jure globalization),构造了全球化支持态度指数,②与本研究所需的中介变量存在相近之处。受其研究启发,笔者采用事实层面的贸易全球化(de facto trade globalization)与法律层面的贸易全球化(de jure trade globalization)比值的百分比作为社会的贸易自由化态度的衡量指标。③ 如此做法的理由在于以下两点:首先,霍达巴洛·巴塔卡(Hodabalo Bataka)以及帕特里西娅·洛亚尔(Patrícia Leal)、安东尼奥·马克斯(António Marques)等的研究已经注意到事实层面的全球化和法律层面的全

---

① 关于中介效应检验的前提条件,也有观点认为不必要,因为当存在间接效应系数与直接效应系数符号相反时,虽然总效应的估计系数可能由于直接效应和间接效应的作用相互抵消而变得不显著,但它也完全有可能表现为中介效应的另一种形式,即"遮掩效应(suppression effects)"。除此之外,也有观点认为完全中介效应的概念不严谨,因为它排除了探索其他中介效应的可能性,因而主张放弃完全中介效应的说法。考虑到以上不同观点并不影响本研究的开展,因此此处的表述仍遵循主流看法。详见 David Mackinnon, Jennifer L. Krull, Chondra M. Lockwood, Equivalence of the Mediation, Confounding and Suppression Effect, *Prevention Science*, 2000, 1(4); Keenan A. Pituch, Tiffany A. Whittaker and Laura M. Stapleton, A Comparison of Methods to Test for Mediation in *Multisite Experiments*, *Multivariate Behavioral Research*, 2005, 40(1); Kristopher J. Preacher and Andrew F. Hayes, Asymptotic and Resampling Strategies for Assessing and Comparing Indirect Effects in Multiple Mediator Models, *Behavior Research Methods*, 2008, 40(3).

② 参见周强:《补偿何时能换来对全球化的支持——嵌入式自由主义、劳动力流动性与开放经济》,《世界经济与政治》,2018 年第 10 期。

③ 根据 KOF 全球化指数的构造方式,贸易全球化指数等于事实层面的贸易全球化指数和法律层面的全球化指数的平均值,其中,前者包括货物贸易(trade in goods,40.9%)、服务贸易(trade in services,45.0%)以及贸易伙伴多元化(trade partner diversification,14.1%)三个维度;后者包括贸易法规(trade regulations,32.5%)、贸易税(trade taxes,34.5%)以及关税(tariffs,33.0%)三个维度,括号里的百分数表示各个维度的构成占比。详见 Dreher Axel, Does Globalization Affect Growth? Evidence from a New Index of Globalization, *Applied Economics*, 2008, 38(10); Savina Gygli, Florian Haelg, Niklas Potrafke and Jan–Egbert Sturm, The KOF Globalisation Index Revisited, *The Review of International Organizations*, 2019, 14(3).

球化之间存在重大区别,而且它们各自对经济增长和环境污染具有不同影响,①因此,事实层面的贸易全球化和法律层面的贸易全球化也不能混为一谈,将二者进行区分是必要的。其次,根据事实层面的贸易全球化和法律层面的贸易全球化两个指标的构造方式,可以发现前者展现的是一个国家参与国际贸易的实然状态,而后者展现的则是一个国家参与国际贸易的应然追求,它们二者之间的比值反映的是贸易全球化应然追求的实现程度,通常而言,社会对贸易自由化的支持态度越强烈,现实中贸易全球化程度相对于其理应达到的水准便会越高,因此事实层面的贸易全球化与法律层面的贸易全球化的比值本质上也是社会对贸易自由化态度的一种写照,该比值越大,表明社会对贸易自由化的支持态度越强烈,反之则反。

通过表 10.2 的回归结果可知,国家再分配能力对国际贸易的总效应显著,因此它符合中介效应检验的前提条件。同时,根据表 10.4 模型(1)和模型(2)的回归结果,可以发现间接效应和直接效应均在 1% 的显著性水平下为正,说明社会的贸易全球化态度对国家再分配能力和国际贸易的关系确实起了部分中介作用。为了保证中介效应结论的稳健性,笔者还以社会的经济全球化态度(attitude_ec)作为中介变量重新进行了中介效应检验,其回归结果如表 10.4 模型(3)和模型(4)所示。回归结果表明间接效应和直接效应的系数符号和显著性水平没有发生改变,这也再次说明中介效应的确存在,这也证明了本章第二部分研究假说四的成立。除此之外,根据前文异质性分析结果可知,国家再分配能力对国际贸易的影响主要发生在发达国家。为了验证前述中介效应在发达国家的存在性,以及对比全体国家和发

---

① See Bataka Hodabalo, De jure, De facto Globalization and Economic Growth in Sub‐Saharan Africa, *Journal of Economic Integration*, 2019, 34(1); Leal Hipólito Patrícia and Marques Cardoso António, Are de jure and de facto Globalization Undermining the Environment? Evidence from High and Low Globalized EU Countries, *Journal of Environmental Management*, 2019, 250(15).

达国家中介效应量的大小,笔者也分别以社会的贸易全球化态度和社会的经济全球化态度作为中介变量,对 OECD 国家进行了重新回归,其回归结果如表 10.4 模型(5)、模型(6)和模型(7)、模型(8)所示。根据回归结果可以发现,无论是以社会的贸易自由化态度作为中介变量,还是以社会的经济全球化态度作为中介变量,间接效应和直接效应均显著为正,由此表明中介效应在发达国家也存在。若以社会的贸易自由化态度为中介变量,通过简单计算,可以发现发达国家中介效应的效应量约为54.7%,而以全部国家为考察对象,其平均效应量约为33.8%,①说明从统计上看,发达国家社会的贸易自由化态度对国家再分配能力与国际贸易的传导作用高于全部样本的平均水平。

表 10.4　国家再分配能力与国际贸易的影响机制分析结果

变量	全部国家				OECD 国家			
	因变量 attitude_tr	因变量 ntrade	因变量 attitude_ec	因变量 lntrade	因变量 attitude_tr	因变量 lntrade	因变量 attitude_ec	因变量 lntrade
	模型(1)	模型(2)	模型(3)	模型(4)	模型(5)	模型(6)	模型(7)	模型(8)
redist	0.045 *** (0.013)	0.027 *** (0.009)	0.046 *** (0.014)	0.026 *** (0.010)	0.043 *** (0.014)	0.019 * (0.010)	0.050 *** (0.016)	0.017 * (0.010)
attitude_tr		0.285 *** (0.030)				0.471 *** (0.057)		
attitude_ec				0.328 *** (0.042)				0.454 *** (0.052)
lngdp	−0.210 (0.149)	0.053 (0.092)	−0.202 * (0.121)	0.051 (0.088)	0.108 (0.241)	0.255 (0.222)	−0.301 (0.298)	0.443 ** (0.187)
lngdppc	0.151 (0.157)	−0.015 (0.098)	0.229 * (0.130)	−0.040 (0.092)	−0.149 (0.245)	−0.173 (0.233)	0.368 (0.306)	−0.411 ** (0.198)
gdpgro	0.005 ** (0.002)	0.000 (0.001)	0.004 ** (0.002)	0.000 (0.001)	0.001 (0.002)	0.004 * (0.002)	−0.003 (0.002)	0.005 *** (0.002)

① 根据中介效应的效应量计算方法,发达国家的效应量 = (0.043 × 0.471)/0.037 = 0.547;全部国家的平均效应量 = (0.045 × 0.285)/0.038 = 0.338.

变量	全部国家				OECD 国家			
	因变量 attitude_tr	因变量 ntrade	因变量 attitude_ec	因变量 lntrade	因变量 attitude_tr	因变量 lntrade	因变量 attitude_ec	因变量 lntrade
	模型(1)	模型(2)	模型(3)	模型(4)	模型(5)	模型(6)	模型(7)	模型(8)
wto	0.005 (0.066)	0.026 (0.037)	0.066 (0.045)	0.007 (0.039)	0.167 (0.102)	0.159 * (0.080)	0.188 * (0.095)	0.152 * (0.085)
labor	-0.013 * (0.007)	0.014 *** (0.005)	-0.020 *** (0.006)	0.017 *** (0.005)	-0.011 (0.013)	0.008 (0.010)	-0.025 *** (0.009)	0.014 * (0.008)
land	-0.208 (0.206)	-0.185 * (0.103)	-0.269 (0.171)	-0.161 * (0.097)	0.178 (0.166)	-0.114 (0.123)	-0.117 (0.168)	0.024 (0.105)
urban	0.005 (0.006)	0.009 *** (0.003)	0.010 ** (0.004)	0.007 ** (0.003)	0.009 * (0.004)	0.004 (0.006)	0.011 ** (0.005)	0.003 (0.005)
polity	0.002 (0.004)	0.007 ** (0.003)	-0.002 (0.003)	0.008 *** (0.003)	-0.009 (0.008)	0.008 (0.005)	-0.012 (0.007)	0.009 (0.005)
常数项	8.768 *** (2.199)	0.115 (1.346)	7.988 *** (1.763)	0.117 (1.270)	1.958 (3.818)	-4.066 (3.438)	8.713 * (4.717)	-7.101 ** (2.936)
Prob > F	0.000	0.000	0.000	0.000	0.048	0.000	0.000	0.000
组内 R2	0.090	0.397	0.111	0.375	0.140	0.680	0.378	0.654
国家数	145	143	146	144	34	34	34	34
样本数	4153	4029	4154	4030	1290	1290	1290	1290

注:括号内为参数估计值的聚类稳健标准误;＊＊＊、＊＊、＊分别表示1%、5%、10%的显著性水平。

第七节 本章小结

2008 年国际金融危机之后,世界范围内掀起了一股逆经济全球化和贸易保护主义风潮,关于这股风潮兴起的缘由,一种广为流传的观点认为,其原因是国际贸易自由化导致的世界各国收入分配不平等加剧,这最终反噬了经济全球化的发展前途。为了推动经济全球化进一步向前发展,正确认识和处理收入分配与国际贸易的关系是症结所在。针对这一问题,既有研究已经从市场初次分配的视角作了有益探索。在前人研究的基础上,本研究更进一步地从国家再分配的视角考察了国家再分配能力对国际贸易的影响。基于1960—2018年153个国家的非平衡面板数据,研究发现:其一,国家再分配能力的提高可以显著促进国际贸易的发展;其二,在时间上,国家再分配能力对国际贸易的促进效应主要发生在后冷战时期;其三,在主体上,国家再分配能力对国际贸易的促进效应主要发生在OECD等发达国家;其四,国家再分配能力对国际贸易的影响机制之一是通过前者对国内社会贸易自由化态度的改善。上述研究结论经过内生性和稳健性检验之后依然成立。

分配正义是国际贸易可持续发展的基石,国家再分配能力应当与国际贸易发展水平相适应。关于当前世界收入分配形势,法国著名经济学家托马斯·皮凯蒂(Thomas Piketty)曾指出,过去几十年来,不平等现象已经有所扩大,并且朝着不断恶化的方向前进,其严重程度已非市场机制可以完全解决。[1] 丹尼·罗德里克(2018)指出,当今发达民主国家最大的政策挫折是国家未能解决日益严重的不平等问题。[2] 为了避免重蹈西方发达国家的覆辙,促进国际贸易的发展和经济全球化的再兴,未来一段时期,我国应当努力提升国家再分配能力,健全和完善税收调节、社会保障和转移支付政策,建立更加公平合理收入分配制度,及时有效地遏制区域、城乡以及行业收入分配差距的扩大趋势,促进经济社会的可持续发展。

---

① 参见[法]托马斯·皮凯蒂:《21世纪资本论》,巴曙松、陈剑等译,中信出版社,2014年,第24页。

② 参见[法]丹尼·罗德里克:《贸易的真相:如何构建理性的世界经济》,卓贤译,中信出版社,2018年,第207~210页。

参考文献

一、中文文献

(一)中文著作

1.《毛泽东选集》(第一卷),人民出版社,1991年。

2.《习近平谈治国理政》(第一卷),外文出版社,2018年。

3.《〈中共中央关于制定国民经济和社会发展第十四个五年规划和二〇三五年远景目标的建议〉辅导读本》,人民出版社,2020年。

4.胡鞍钢、王绍光主编:《政府与市场》,中国计划出版社,2000年。

5.胡鞍钢、鄢一龙:《中国国情与发展》,中国人民大学出版社,2016年。

6.胡鞍钢:《中国政治经济史论(1949—1976)》(第2版),清华大学出版社,2008年。

7.黄清吉:《论国家能力》,中央编译出版社,2013年。

8.黄硕风:《大国较量——世界主要国家综合国力国际比较》,世界知识出版社,2006年。

9.林尚立:《中国共产党与国家建设》,天津人民出版社,2009年。

10. 欧树军:《国家基础能力的基础》,中国社会科学出版社,2013年。

11. 世界银行:《一带一路经济学:交通走廊的机遇与风险》,世界银行出版集团,2019年。

12. 田野:《国家的选择:国际制度、国内政治与国家自主性》,上海人民出版社,2014年。

13. 王绍光、胡鞍钢:《中国国家能力报告》,辽宁人民出版社,1993年。

14. 温福星、邱皓政:《多层次模式方法论:阶层线性模式的关键问题与试解》,经济管理出版社,2014年。

15. 萧冬连:《筚路维艰:中国社会主义路径的五次选择》,社会科学文献出版社,2014年。

16. 许家云:《中间品进口贸易与中国制造业企业竞争力》,经济科学出版社,2018年。

17. 杨光斌:《比较政治学:理论与方法》,北京大学出版社,2016年。

18. 张孝芳:《战争与国家能力:抗日根据地政权建设研究》,中国社会科学出版社,2019年。

19. 张之洞:《劝学篇》,广西师范大学出版社,2008年。

20. 郑永年:《中国模式——经验与困局》,浙江人民出版社,2010年。

(二)中译文著作

1. [印]阿玛蒂亚·森:《以自由看待发展》,仁赜、于真译,中国人民大学出版社,2002年。

2. [英]安格斯·麦迪森:《世界经济二百年回顾》,李德伟、盖建玲译,改革出版社,1997年。

3. [英]安格斯·麦迪森:《世界经济千年史》,伍晓鹰、许宪春等译,北京大学出版社,2003年。

4. [英]安格斯·麦迪森:《中国经济的长期表现:公元960—2030年》

(修订版),伍晓鹰、马德斌译,上海人民出版社,2018 年。

5.[英]保罗·肯尼迪:《大国的兴衰:1500—2000 年的经济变革与军事冲突》(上、下),王保存等译,中信出版社,2013 年。

6.[美]彼得·埃文斯、迪特里希·鲁施迈耶、西达·斯考切波主编:《找回国家》,方力维、莫宜端、黄琪轩等译,上海三联书店,2009 年。

7.[美]查尔斯·蒂利:《强制、资本和欧洲国家(公元 990—1992 年)》,魏洪钟译,上海世纪出版集团,2012 年。

8.[美]丹尼·罗德里克:《贸易的真相:如何构建理性的世界经济》,卓贤译,中信出版社,2018 年。

9.[美]丹尼·罗德里克:《全球化的悖论》,廖丽华译,中国人民大学出版社,2011 年。

10.[美]道格拉斯·诺思:《经济史中的结构与变迁》,陈郁、罗华平等译,上海三联书店,1991 年。

11.[美]弗朗西斯·福山:《国家建构:21 世纪的国家治理与世界秩序》,郭华译,学林出版社,2017 年。

12.[美]弗朗西斯·福山:《政治秩序的起源:从前人类时代到法国大革命》,毛俊杰译,广西师范大学出版社,2014 年。

13.[美]弗朗西斯·福山:《政治秩序与政治衰败:从工业革命到民主全球化》,毛俊杰译,广西师范大学出版社,2015 年。

14.[美]汉斯·摩根索:《国家间政治:权力斗争与和平》,徐昕等译,北京大学出版社,2012 年。

15.[美]加布里埃尔·阿尔蒙德、小 G. 鲍威尔:《比较政治学——体系、过程与政策》,曹沛霖、郑世平等译,东方出版社,2007 年。

16.[匈牙利]卡尔·波兰尼:《巨变:当代政治与经济的起源》,黄树民译,社会科学文献出版社,2013 年。

17.[美]罗伯特·基欧汉、约瑟夫·奈:《权力与相互依赖》(第 3 版),门洪华译,北京大学出版社,2002 年。

18.[英]迈克尔·曼:《社会权力的来源》(第二卷·上),陈海宏等译,上海世纪出版集团,2007 年。

19.[美]曼瑟尔·奥尔森:《集体行动的逻辑》,陈郁、郭宇峰、李崇新译,格致出版社、上海人民出版社,2014 年。

20.[美]彭慕兰:《大分流:欧洲、中国及现代世界经济的发展》,史建云译,江苏人民出版社,2008 年。

21.[荷]皮尔·弗里斯:《国家、经济与大分流:17 世纪 80 年代到 19 世纪 50 年代的英国和中国》,郭金兴译,中信出版集团,2018 年。

22.[美]乔尔·米格代尔:《强社会与弱国家——第三世界的国家社会关系及国家能力》,张长东、朱海雷、隋春波等译,江苏人民出版社,2012 年。

23.[美]塞缪尔·亨廷顿:《变革社会中的政治秩序》,王冠华、王为等译,上海人民出版社,2021 年。

24.[美]托马斯·埃特曼:《利维坦的诞生——中世纪及现代早期欧洲的国家与政权建设》,郭台辉译,上海世纪出版集团,2016 年。

25.[美]托马斯·罗斯基:《战前中国经济的增长》,唐天巧、毛立坤、姜修宪译,浙江大学出版社,2009 年。

26.[法]托马斯·皮凯蒂:《21 世纪资本论》,巴曙松、陈剑等译,中信出版社,2014 年。

27.[美]西达·斯考切波:《国家与社会革命:对法国、俄国和中国的比较分析》,何俊志、王学东译,上海人民出版社,2013 年。

(三)期刊

1.鲍明晓:《构建举国体制与市场机制相结合新机制》,《体育科学》,2018 年第 10 期。

2. 鲍明晓:《关于建立和完善新型举国体制的理论思考》,《天津体育学院学报》,2001 年第 4 期。

3. 毕青苗、陈希路、徐现祥、李书娟:《行政审批改革与企业进入》,《经济研究》,2018 年第 2 期。

4. 蔡昉:《创造与保护:为什么需要更多的再分配》,《世界经济与政治》,2020 年第 1 期。

5. 蔡昉:《经济学如何迎接新技术革命?》,《劳动经济研究》,2019 年第 2 期。

6. 蔡昉:《全球化、趋同与中国经济发展》,《世界经济与政治》,2019 年第 3 期。

7. 曹海军:《"国家学派"评析:基于国家自主与国家能力维度的分析》,《政治学研究》,2013 年第 1 期。

8. 曹胜:《探寻利维坦的行动逻辑——国家中心范式的研究进路与分析框架》,《学海》,2019 年第 2 期。

9. 樊鹏、汪卫华、王绍光:《中国国家强制能力建设的轨迹与逻辑》,《经济社会体制比较》,2009 年第 5 期。

10. 樊鹏:《中国社会结构与社会意识对国家稳定的影响》,《政治学研究》,2009 年第 2 期。

11. 封凯栋、姜子莹、赵亭亭:《国家工业理解能力:基于中国铁路机车与汽车产业的比较研究》,《社会学研究》,2021 年第 3 期。

12. 冯晨、史贝贝、白彩全、张妍:《灾害冲击与国家能力塑造——来自历史四川的证据(公元前 26—公元 1905 年)》,《经济学》(季刊),2021 年第 3 期。

13. 冯仕政:《中国国家运动的形成与变异:基于政体的整体性解释》,《开放时代》,2011 年第 1 期。

14. 冯笑、王永进、刘灿雷:《行政审批效率与中国制造业出口——基于行政审批中心建立的"准自然实验"》,《财经研究》,2018 年第 10 期。

15. 高培勇:《论国家治理现代化框架下的财政基础理论建设》,《中国社会科学》,2014 年第 12 期。

16. 何虎生:《内涵、优势、意义:论新型举国体制的三个维度》,《人民论坛》,2019 年第 32 期。

17. 何自力:《美国发动贸易战凸显其霸权主义本质》,《红旗文稿》,2018 年第 17 期。

18. 胡鞍钢、刘生龙:《中国实现现代化经济社会结构的展望》,《山东大学学报》(哲学社会科学版),2018 年第 2 期。

19. 胡鞍钢、王洪川、谢宜泽:《强国强军的战略逻辑》,《清华大学学报》(哲学社会科学版),2017 年第 5 期。

20. 胡鞍钢、王蔚:《从"逆全球化"到"新全球化":中国角色与世界作用》,《学术界》,2017 年第 3 期。

21. 胡鞍钢、郑云峰、高宇宁:《对中美综合国力的评估(1990—2013 年)》,《清华大学学报》(哲学社会科学版),2015 年第 1 期。

22. 胡鞍钢:《国家生命周期与中国崛起》,《教学与研究》,2006 年第 1 期。

23. 胡鞍钢:《美国为何衰落》,《学术界》,2014 年第 5 期。

24. 华民:《从世界经济发展看中国的伟大复兴》,《复旦学报》(社会科学版),2009 年第 1 期。

25. 黄宝玖:《国家能力:涵义、特征与结构分析》,《政治学研究》,2004 年第 4 期。

26. 黄玖立、冯志艳:《用地成本对企业出口行为的影响及其作用机制》,《中国工业经济》,2017 年第 9 期。

27. 黄清吉:《国家能力基本理论研究》,《政治学研究》,2007 年第 4 期。

28. 黄清吉:《现代国家能力的构成:国内政治与国际政治的统合分析》,《教学与研究》,2010 年第 3 期。

29. 黄宗智:《发展还是内卷? 十八世纪英国与中国——评彭慕兰〈大分岔:欧洲、中国及现代世界经济的发展〉》,《历史研究》,2002 年第 4 期。

30. 简泽、张涛、伏玉林:《进口自由化、竞争与本土企业的全要素生产率——基于中国加入 WTO 的一个自然实验》,《经济研究》,2014 年第 8 期。

31. 姜佳莹、胡鞍钢、鄢一龙:《确保实现第一个百年奋斗目标——国家“十三五”规划实施评估(2016—2018)》,《新疆师范大学学报》(哲学社会科学版),2019 年第 4 期。

32. 蒋冠宏:《融资约束与中国企业出口方式选择》,《财贸经济》,2016 年第 5 期。

33. 焦豪、焦捷、刘瑞明:《政府质量、公司治理结构与投资决策——基于世界银行企业调查数据的经验研究》,《管理世界》,2017 年第 10 期。

34. 焦建华:《南京国民政府前期财政汲取能力再评价(1927—1936)》,《华中师范大学学报》(人文社会科学版),2020 年第 7 期。

35. 金碚:《论中国特色社会主义经济学的范式承诺》,《管理世界》,2020 年第 9 期。

36. 景维民、张慧君:《国家权力与国家能力:俄罗斯转型期的国家治理模式演进——兼论“梅—普”时代的国家治理前景》,《俄罗斯研究》,2008 年第 3 期。

37. 李春顶:《中国出口企业是否存在“生产率悖论”:基于中国制造业企业数据的检验》,《世界经济》,2010 年第 7 期。

38. 李飞跃、张冬、刘明兴:《抗日战争的经济遗产:国家能力、经济转型与经济发展》,《南开经济研究》,2019 年第 3 期。

39. 李军、刘海云:《生产率异质性还是多重异质性——中国出口企业竞争力来源的实证研究》,《南方经济》,2015 年第 3 期。

40. 李君如:《抗日战争是中华民族伟大复兴的历史转折点》,《中国特色社会主义研究》,2015 年第 4 期。

41. 李坤望、邵文波、王永进:《信息化密度、信息基础设施与企业出口绩效——基于企业异质性的理论与实证分析》,《管理世界》,2015 年第 4 期。

42. 李路路、朱斌:《家族涉入、企业规模与民营企业的绩效》,《社会学研究》,2014 年第 2 期。

43. 李奇泽、黄平:《经济全球化与发达国家收入不平等》,《红旗文稿》,2017 年第 22 期。

44. 李强:《国家能力与国家权力的悖论:兼评王绍光、胡鞍钢〈中国国家能力报告〉》,《中国书评》(香港),1998 年第 11 期。

45. 林毅夫:《有为政府参与的中国市场发育之路》,《广东社会科学》,2020 年第 1 期。

46. 林毅夫:《中国的新时代与中美贸易争端》,《武汉大学学报》(哲学社会科学版),2019 年第 2 期。

47. 凌争:《国家能力研究的中国学术图景:评述与展望》,《公共行政评论》,2018 年第 6 期。

48. 刘成良:《2020 年后国家贫困瞄准能力建设研究》,《农业经济问题》,2021 年第 6 期。

49. 刘逖:《1600—1840 年中国国内生产总值的估算》,《经济研究》,2009 年第 10 期。

50. 刘学成:《非传统安全的基本特性及其应对》,《国际问题研究》,2004 年第 1 期。

51. 刘志彪、张杰:《我国本土制造业企业出口决定因素的实证分析》,

《经济研究》,2009 年第 8 期。

52. 龙登高、王明、陈月圆:《论传统中国的基层自治与国家能力》,《山东大学学报》(哲学社会科学版),2021 年第 1 期。

53. 龙小宁、林志帆:《中国制造业企业的研发创新:基本事实、常见误区与合适计量方法讨论》,《中国经济问题》,2018 年第 2 期。

54. 毛捷、管汉晖、林智贤:《经济开放与政府规模——来自历史的新发现(1850—2009)》,《经济研究》,2015 年第 7 期。

55. 毛克疾:《"印度制造"的双重困境——印度工业化的曲折道路》,《文化纵横》,2019 年第 3 期。

56. 毛其淋、盛斌:《贸易自由化与中国制造业企业出口行为:"入世"是否促进了出口参与?》,《经济学》(季刊),2014 年第 2 期。

57. 毛其淋:《贸易政策不确定性是否影响了中国企业进口?》,《经济研究》,2020 年第 2 期。

58. 孟天广、王烨:《国家治理现代化的"新叙事":转型中国的党建与国家建设》,《华中师范大学学报》(人文社会科学版),2020 年第 6 期。

59. 庞金友、汤彬:《当代西方"回归国家"学派国家能力理论的逻辑与影响》,《天津社会科学》,2018 年第 2 期。

60. 裴长洪、郑文:《国家特定优势:国际投资理论的补充解释》,《经济研究》,2011 年第 11 期。

61. 邱斌、闫志俊:《异质性出口固定成本、生产率与企业出口决策》,《经济研究》,2015 年第 9 期。

62. 沈国兵、袁征宇:《企业互联网化对中国企业创新及出口的影响》,《经济研究》,2020 年第 1 期。

63. 盛丹、包群、王永进:《基础设施对中国企业出口行为的影响:"集约边际"还是"扩展边际"》,《世界经济》,2011 年第 1 期。

64. 孙楚仁、田国强、章韬:《最低工资标准与中国企业的出口行为》,《经济研究》,2013 年第 2 期。

65. 孙兴杰:《国家能力论纲》,《社会科学战线》,2016 年第 1 期。

66. 孙伊然:《全球化、失衡的双重运动与"内嵌的自由主义"——基于微观层面的探讨》,《世界经济与政治》,2010 年第 5 期。

67. 谭之博、赵岳:《企业规模与融资来源的实证研究——基于小企业银行融资抑制的视角》,《金融研究》,2012 年第 3 期。

68. 田野:《探寻国家自主性的微观基础——理性选择视角下的概念反思与重构》,《欧洲研究》,2013 年第 1 期。

69. 汪三贵:《中国 40 年大规模减贫:推动力量与制度基础》,《中国人民大学学报》,2018 年第 6 期。

70. 王浦劬、汤彬:《论国家治理能力生产机制的三重维度》,《学术月刊》,2019 年第 4 期。

71. 王绍光:《改革开放、国家能力与经济发展》,《中国政治学》,2019 年第 1 期。

72. 王绍光:《国家汲取能力的建设——中华人民共和国成立初期的经验》,《中国社会科学》,2002 年第 1 期。

73. 王绍光:《国家治理与基础性国家能力》,《华中科技大学学报》(社会科学版),2014 年第 3 期。

74. 王绍光:《治理研究:正本清源》,《开放时代》,2018 年第 2 期。

75. 王义桅:《中美贸易战的美方逻辑、本质及中方应对》,《新疆师范大学学报》(哲学社会科学版),2019 年第 1 期。

76. 王仲伟、胡伟:《国家能力体系的理论建构》,《国家行政学院学报》,2014 年第 1 期。

77. 魏浩、郭也:《中国进口增长的三元边际及其影响因素研究》,《国际贸易问题》,2016 年第 2 期。

78. 魏建:《金融扎根、与人民一体和国家能力源泉——北海银行低利贷款的启示》,《管理世界》,2021 年第 5 期。

79. 巫强、刘志彪:《中国沿海地区出口奇迹的发生机制分析》,《经济研究》,2009 年第 6 期。

80. 武力超、刘莉莉:《信贷约束对企业中间品进口的影响研究——基于世界银行微观企业调研数据的实证考察》,《经济学动态》,2018 年第 3 期。

81. 谢伏瞻:《论新工业革命加速拓展与全球治理变革方向》,《经济研究》,2019 年第 7 期。

82. 谢富胜、潘忆眉:《正确认识社会主义市场经济条件下的新型举国体制》,《马克思主义与现实》,2020 年第 5 期。

83. 许家云、毛其淋:《生产性补贴与企业进口行为:来自中国制造业企业的证据》,《世界经济》,2019 年第 7 期。

84. 许家云、佟家栋、毛其淋:《人民币汇率变动、产品排序与多产品企业的出口行为——以中国制造业企业为例》,《管理世界》,2015 年第 2 期。

85. 薛澜、张帆、武沐瑶:《国家治理体系与治理能力研究:回顾与前瞻》,《公共管理学报》,2015 年第 3 期。

86. 燕继荣:《反贫困与国家治理——中国"脱贫攻坚"的创新意义》,《管理世界》,2020 年第 4 期。

87. 阳佳余:《融资约束与企业出口行为:基于工业企业数据的经验研究》,《经济学》(季刊),2012 年第 4 期。

88. 杨光斌:《关于国家治理能力的一般理论——探索世界政治(比较政治)研究的新范式》,《教学与研究》,2017 年第 1 期。

89. 杨虎涛、刘方:《理解中国模式——国家能力的视角》,《政治经济学报》,2019 年第 3 期。

90. 杨宜勇、谭永生:《中华民族复兴进程监测评价指标体系及其测算》,《中共中央党校学报》,2012 年第 3 期。

91. 易靖韬:《企业异质性、市场进入成本、技术溢出效应与出口参与决定》,《经济研究》,2009 年第 9 期。

92. 余永定:《中美贸易战的回顾与展望》,《新金融评论》,2018 年第 3 期。

93. 郁建兴、徐越倩:《全球化进程中的国家新角色》,《中国社会科学》,2004 年第 5 期。

94. 张杰、郑文平、陈志远、王雨剑:《进口是否引致了出口:中国出口奇迹的微观解读》,《世界经济》,2014 年第 6 期。

95. 张向晨、徐清军、王金永:《WTO 改革应关注发展中成员的能力缺失问题》,《国际经济评论》,2019 年第 1 期。

96. 赵鼎新:《论机制解释在社会学中的地位及其局限》,《社会学研究》,2020 年第 2 期。

97. 赵伟、赵金亮:《生产率决定中国企业出口倾向吗?——企业所有制异质性视角的分析》,《财贸经济》,2011 年第 5 期。

98. 郑妍妍、李磊、庄媛媛:《国际质量标准认证与企业出口行为——来自中国企业层面的经验分析》,《世界经济研究》,2015 年第 7 期。

99. 钟飞腾:《超越霸权之争:中美贸易战的政治经济学逻辑》,《外交评论》(外交学院学报),2018 年第 6 期。

100. 周黎安、罗凯:《企业规模与创新:来自中国省级水平的经验证据》,《经济学》(季刊),2005 年第 3 期。

101. 周黎安:《"官场 + 市场"与中国增长故事》,《社会》,2018 年第 2 期。

102. 周黎安:《如何认识中国?——对话黄宗智先生》,《开放时代》,

2019 年第 3 期。

103. 周强:《补偿何时能换来对全球化的支持——嵌入式自由主义、劳动力流动性与开放经济》,《世界经济与政治》,2018 年第 10 期。

104. 朱佳木:《中国共产党的百年历史与对初心的不渝坚守》,《马克思主义研究》,2021 年第 5 期。

二、外文文献

1. Acemoglu Daron and Johnson A. James, The Emergence of Weak, Despotic and Inclusive States, *NBER Working Paper* No. 23657, August 2017.

2. Acemoglu Daron, Politics and Economics in Weak and Strong States, *Journal of Monetary Economics*, 2005, 52(7).

3. Acemoglu Daron, Johnson Simon and Johnson A. James, The Colonial Origins of Comparative Development: An Empirical Investigation, *American Economic Review*, 2001, 91(5).

4. Amiti M., O. Itskhoki and J. Konings, Importers, Exporters, and Exchange Rate Disconnect, *American Economic Review*, 2014, 104(7).

5. Andersen David, Møller Jørgen and Skaaning Svend – Erik, The State – Democracy Nexus: Conceptual Distinctions, Theoretical Perspectives, and Comparative Approaches, *Democratization*, 2014, 21(7).

6. Arthur N. Young, *China's Nation – Building Effort*, 1927 – 1937: *the Financial and Economic Record*, Hoover Institution Press, 1971.

7. Asian Development Bank (ADB), An Updated Assessment of the Economic Impact of Covid – 19, *ADB Briefs No.* 133, 2020.

8. Baron M. Reuben and Kenny A. David, The Moderator – Mediator Varia-

ble Distinction in Social Psychological Research, *Journal of Personality and Social Psychology*, 1986, 51(6).

9. Bataka Hodabalo, De jure, De facto Globalization and Economic Growth in Sub – Saharan Africa, *Journal of Economic Integration*, 2019, 34(1).

10. Beckfield Jason, European Integration and Income Inequality, *American Sociological Review*, 2006, 71(6).

11. Bergha Andreas and Nilsson Therese, Do Liberalization and Globalization Increase Income Inequality? *European Journal of Political Economy*, 2010 (26).

12. Bernard B. Andrew and Wagner Joachim, Exports and Success in German Manufacturing, *Weltwirtschaftliches Archiv*, 1997, 133(1).

13. Bernard B. Andrew, Eaton Jonathan, Jensen J. Bradford and Kortum Samuel, Plants and Productivity in International Trade, *American Economic Review*, 2003, 93(4).

14. Besley Timothy and Persson Torsten, The Causes and Consequences of Development Clusters: State Capacity, Peace, and Income, *Annual Review of Economics*, 2014(6).

15. Besley Timothy and Persson Torsten, The Origins of State Capacity: Property Rights, Taxation, and Politics, *American Economic Review*, 2009, 99 (4).

16. Besley Timothy and Persson Torsten, Wars and State Capacity, *Journal of the European Economic Association*, 2008, 6(2 – 3).

17. Besley Timothy and Persson Torsten, Why Do Developing Countries Tax So Little? *Journal of Economic Perspectives*, 2014, 28(4).

18. Bishwanath G, Determinants of Import Intensity of India's Manufactured

Exports Under the New Policy Regime, *Indian Economic Review*, 2013, 48(1).

19. Bradley David, Huber Evelyne, Moller Stephanie and Nielsen François, Distribution and Redistribution in Postindustrial Democracies, *World Politics*, 2003, 55(2).

20. Brandt Loren, Ma Debin and Rawski G. Thomas, From Divergence to Convergence: Reevaluating the History behind China's Economic Boom, *Journal of Economic Literature*, 2014, 52(1).

21. Brett Doyle, Lessons on Collaboration from Recent Conflicts: The Whole – of – Nation and Whole – of – Government Approaches in Action, *Inter-Agency Journal*, 2019, 10(1).

22. Chetty Raj, Stepner Michael, Abraham Sarah, et. al., The Association Between Income and Life Expectancy in the United States, 2001 – 2014, *JAMA: The Journal of the American Medical Association*, 2016, 315(16).

23. Cingolani Luciana, The Role of State Capacity in Development Studies, *Journal of Development Perspectives*, 2018, 2(1 – 2).

24. Clark Rob, World Income Inequality in the Global Era: New Estimates, 1990 – 2008, *Social Problems*, 2011, 58(4).

25. Cohen Jacob, *Statistical Power Analysis for the Behavioral Sciences* (2nd edition), Eribaum, 1988.

26. Cullen Hendrix, Measuring State Capacity: Theoretical and Empirical Implications for the Study of Civil Conflict, *Journal of Peace Research*, 2010, 47 (3).

27. David Mackinnon, Jennifer L. Krull, Chondra M. Lockwood, Equiva-lence of the Mediation, Confounding and Suppression Effect, *Prevention Science*, 2000, 1(4).

28. Dincecco Mark and Wang Yuhua, Violent Conflict and Political Development over the Long Run: China versus Europe, *Annual Review of Political Science*, 2018 (21).

29. Djankov Simeon, Freund Caroline and Pham S. Cong, Trading on Time, *World Bank Policy Research Working Paper No. 3909*, May 2006.

30. Dollar David, Mary Hallward – Driemeier and Taye Mengistae, Investment Climate and International Integration, *World Development*, 2006, 34(9).

31. Dreher Axel, Does Globalization Affect Growth? Evidence from a New Index of Globalization, *Applied Economics*, 2008, 38(10).

32. Eric A. Nordlinger, Theodore J. Lowi and Sergio Fabbrini, The Return to the State: Critique, *American Political Science Review*, 1988, 82(3).

33. Esquivel Gerardo and Cruces Guillermo, The Dynamics of Income Inequality in Mexico since NAFTA, *Economía*, 2011, 12(1).

34. Evans Peter, Is an Alternative Globalization Possible? *Politics & Society*, 2008, 36(2).

35. Evans Peter, Rueschemeyer Dietrich, and Skocpol Theda, eds., *Bringing the State Back In*, Cambridge University Press, 1985, p.9.

36. Fortin Jessica, A Tool to Evaluate State Capacity in Post – Communist Countries, 1989 – 2006, *European Journal of Political Research*, 2010 (49).

37. Fukuyama Francis, The Thing That Determines a Country's Resistance to the Coronavirus, *The Atlantic*, March 30, 2020.

38. Gennaioli Nicola and Voth Hans – Joachim, State Capacity and Military Conflict, *Review of Economic Studies*, 2015, 82(4).

39. Gleeson Anne Marie and Ruane Frances, Irish Manufacturing Export Dynamics: Evidence of Exporter Heterogeneity in Boom and Slump Periods, *Review*

of World Economics, 2007, 143(2).

40. Goesling Brian, Changing Income Inequalities Within and Between Nations: New Evidence, *American Sociological Review*, 2001, 66(5).

41. Halpern L., M. Koren and A. Szeidl, Imported Inputs and Productivity, *American Economic Review*, 2015, 105(12).

42. Hamm Patrick, King Lawrence and Stuckler David, Mass Privatization, State Capacity, and Economic Growth in Post – Communist Countries, *American Sociological Review*, 2012, 77(2).

43. Hanna Bäck and Axel Hadenius, Democracy and State Capacity: Exploring a J – Shaped Relationship, *Governance: An International Journal of Policy, Administration and Institutions*, 2008, 21(1).

44. Jonathan K. Hanson and Sigman Rachel, Leviathan's Latent Dimensions: Measuring State Capacity for Comparative Political Research, *Journal of Politics*, 2021, 83(4).

45. Jonathan K. Hanson, Democracy and State Capacity: Complements or Substitutes? *Studies in Comparative International Development*, 2015, 50(3).

46. Joseph Stiglitz and Mary Kaldor, *The Quest for Security: Protection Without Protectionism and the Challenge of Global Governance*, Columbia University Press, 2013.

47. Joseph Stiglitz, Of the 1%, by the 1%, for the 1%, *Vanity Fair*, May 2011.

48. Jude C. Hays, Sean D. Ehrlich and Clint Peinhardt, Government Spending and Public Support for Trade in the OECD: An Empirical Test of the Embedded Liberalism Thesis, *International Organization*, 2005, 59(2).

49. Kaldor Nicholas, Will Underdeveloped Countries Learn to Tax? *Foreign*

Affairs, 1963 (41).

50. Keenan A. Pituch , Tiffany A. Whittaker and Laura M. Stapleton, A Comparison of Methods to Test for Mediation in Multisite Experiments, *Multivariate Behavioral Research*, 2005, 40(1).

51. Kenworthy Lane and Pontusson Jonas, Rising Inequality and the Politics of Redistribution in Affluent Countries, *Perspectives on Politics*, 2005, 3(3).

52. Kristopher J. Preacher and Andrew F. Hayes, Asymptotic and Resampling Strategies for Assessing and Comparing Indirect Effects in Multiple Mediator Models, *Behavior Research Methods*, 2008, 40(3).

53. Kwon Roy, Can We Have Our Cake and Eat it Too? Liberalization, Economic Growth, and Income Inequality in Advanced Industrial Societies, *Social Forces*, 2016, 95(2).

54. Leal Hipólito Patrícia and Marques Cardoso António, Are de jure and de facto Globalization Undermining the Environment? Evidence from High and Low Globalized EU Countries, *Journal of Environmental Management*, 2019, 250 (15).

55. Lu Jiangyong, Lu Yi and Tao Zhigang, Exporting Behavior of Foreign Affiliates: Theory and Evidence, *Journal of International Economics*, 2010, 81(2).

56. Lu Yi and Travis Ng, Import Competition and Skill Content in U. S. Manufacturing Industries, *Review of Economics and Statistics*, 2013, 95(4).

57. Mah S. Jai, Globalization, Decentralization and Income Inequality: The Case of China, *Economic Modelling*, 2013 (31).

58. Mark Dincecco and Gabriel Katz, State Capacity and Long – run Economic Performance, *The Economic Journal*, 2014 (126).

59. Maslow A. H., A Theory of Human Motivation, *Psychological Review*,

1943（50）.

60. Mearsheimer J. John, Bound to Fail: The Rise and Fall of the Liberal International Order, *International Security*, 2019, 43(4).

61. Medrano Díez Juan and Braun Michael, Uninformed Citizens and Support for Free Trade, *Review of International Political Economy*, 2012, 19(3).

62. Melitz J. Marc, The Impact of Trade on Intra – Industry Reallocations and Aggregate Industry Productivity, *Econometrica*, 2003, 71(6).

63. Meschi Elena and Vivarelli Marco, Trade and Income Inequality in Developing Countries, *World Development*, 2009, 37(2).

64. Messias Erick, Income Inequality, Illiteracy Rate, and Life Expectancy in Brazil, *American Journal of Public Health*, 2003, 93(8).

65. Mills Melinda, Globalization and Inequality, *European Sociological Review*, 2009, 25(1).

66. Milner V. Helen and Mukherjee Bumba, Democratization and Economic Globalization, *The Annual Review of Political Science*, 2009 (12).

67. Neil A. Englehart, State Capacity, State Failures, and Human Rights, *Journal of Peace Research*, 2009, 46(2).

68. Nettl J. P., The State as a Conceptual Variable, *World Politics*, 1968, 20(4).

69. Nick Wing, Gun Violence Has Cut More Than 4 Years off the Life Expectancy of Black Americans, *HuffPost*, December 6, 2018.

70. Nooruddin Irfan and Rudra Nita, Are Developing Countries Really Defying the Embedded Liberalism Compact? *World Politics*, 2014, 66(4).

71. Organski Kenneth and Kugler Jacek, *The War Ledger*, The University of Chicago Press, 1980.

72. Oskooee Bahmani Mohsen, Hegerty W. Scott and Wilmeth Harvey, Short – Run and Long – Run Determinants of Income Inequality: Evidence from 16 Countries, *Journal of Post Keynesian Economics*, 2008, 30(3).

73. Rodrik Dani, Why Do More Open Economies Have Bigger Governments? *Journal of Political Economy*, 1998, 106(5).

74. Rodrik Dani, *The Globalization Paradox: Why Global Markets, States, and Democracy Can't Coexist*, Oxford University Press, 2011.

75. Ruggie Gerard John, International Regimes, Transactions, and Change: Embedded Liberalism in the Postwar Economic Order, *International Organization*, 1982, 36(2).

76. Savina Gygli, Florian Haelg, Niklas Potrafke and Jan – Egbert Sturm, The KOF Globalisation Index Revisited, *The Review of International Organizations*, 2019, 14(3).

77. Serikbayeva Balzhan, Abdulla Kanat and Oskenbayevb Yessengali, State Capacity in Responding to COVID – 19, *International Journal of Public Administration*, 2021, 44(11 – 12).

78. Simon Kuznets, Economic Growth and Income Inequality, *American Economic Review*, 1955, 45(1).

79. Sng Tuan – Hwee and Moriguchi Chiaki, Asia's Little Divergence: State Capacity in China and Japan before 1850, *Journal of Economic Growth*, 2014, 19(4).

80. Song Y. G., Y. G. Wu, G. Y. Deng and P. F. Deng, Intermediate Imports, Institutional Environment, and Export Product Quality Upgrading: Evidence from Chinese Micro – Level Enterprises, *Emerging Markets Finance and Trade*, 2019, 57(3).

81. Thies G. Cameron, Of Rulers, Rebels, and Revenue: State Capacity, Civil War Onset, and Primary Commodities, *Journal of Peace Research*, 2010, 47(3).

82. Walter Stefanie, Globalization and the Welfare State: Testing the Micro – foundations of the Compensation Hypothesis, *International Studies Quarterly*, 2010, 54(2).

83. Wilkinson R. G., Income Distribution and Life Expectancy, *British Medical Journal*, 1992 (304).

84. Xia J. C. and C. Liu, Effects of China's Administrative Approval Reforms on Transaction Cost and Economic Growth, *China Economist*, 2017, 12(5).